本书获河南省社会科学院
哲学社会科学创新工程试点经费资助

中原学术文库·青年丛书

中原城市群一体化
发展研究

RESEARCH ON INTEGRATED DEVELOPMENT OF CENTRAL PLAINS
URBAN AGGLOMERATION

杨兰桥／著

社会科学文献出版社
SOCIAL SCIENCES ACADEMIC PRESS (CHINA)

目　录

前　言

城市是生产力发展的产物，是人类文明进步的象征。随着工业革命以来近现代工商业的兴起，城市在经济社会发展中的作用日益凸显，成为先进生产力发展、先进文化创造与传播的集中地和区域政治、经济、文化中心。进入 20 世纪以后，一些发达国家和地区在经济文化发展、技术创新、制度变革、交通运输进步和人口迁移等多种因素综合作用下，出现了新的城市空间形态——城市群体（又称集合城市）。20 世纪中期以来，由于交通运输和信息技术的迅猛发展，城市发展的步伐进一步加快，这些国家和地区城市内部、城市区域、城市之间的联系日益紧密，逐渐形成了大都市区、城市群以及城市连绵带。这种城市形态带动了经济区域化和全球化活动的加强，并逐步成为国际上城市化的主体形态和经济发展的主导力量。目前，国家之间、区域之间的竞争日益呈现出城市群体参与的趋势。通过加快城市群发展，带动本国或区域经济发展，提升经济竞争力，不仅是发达国家现代化进程中的一条重要经验，也日益成为一些发展中国家或地区实现经济跨越式发展的必然选择。

改革开放以来，随着东部沿海地区的率先开放和加快发展，我国逐步形成了以上海为中心的长江三角洲城市群，以广州、深圳为中心的珠江三角洲城市群，以北京、天津为中心的京津冀城市群。这三大城市群有力地带动了全国的发展，已成为我国参与国际经济竞争的战略高地。近年来中西部地区的一些城市群，也在政府的强力推动和市场的双重作用下，不断加快发展，正在成为带动区域经济发展和参与竞争的重要力量。

为了融入经济全球化的大潮，积极应对日趋激烈的区域竞争，加快现代化进程，实现全面建成小康社会的战略目标，河南省委、省政府审时度势，于 2003 年出台了《关于加快城镇化进程的决定》，做出了实施中心城市带动战略的决策，并由省发改委牵头，编制了《中原城市群发展战略构想》。2004 年 2 月，河南省《政府工作报告》强调要"突出抓好中原城市群建设，完成中原城市群发展规划，建立中原城市群联动发展机制"。2006 年初，《河南省国民经济和社会发展第十一个五年规划纲要》提出："加快中原城市群发展，把中原城市群建成带动中原崛起、促进中部崛起的重要增长极。"随后，河南出台了《中原城市群总体发展规划纲要》，确定中原城市群以郑州为中心，包括洛阳、开封、新乡、焦作、许昌、平顶山、漯河、济源共 9 个省辖市，14 个县级市、33 个县、340 个建制镇，在空间上形成三大圈层——以郑州为中心的都市圈（开封作为郑州都市圈的一个重要功能区）、紧密联系圈（其他 7 个节点城市）和辐射圈（接受城市群辐射带动作用的周边城市）。2009 年，河南省委、省政府提出进一步完善中原城市群规划，着力构建"一极两圈三层"现代城镇体系。"一极两圈三层"的中原城市群框架为："一极"即构建带动全省经济社会发展的核心增长极，就是"郑汴新区"，包括"大郑东新区"和"汴西新区"。"两圈"即加快城市群轨道交通体系建设，在全省形成以郑州综合交通枢纽为中心的"半小时交通圈"和"一小时交通圈"。"半小时交通圈"就是以城际快速轨道交通和高速铁路为纽带，实现以郑州为中心、半小时通达洛阳等 8 个省辖市；"一小时交通圈"就是以高速铁路为依托，形成以郑州为中心、一小时通达南阳等 9 个省辖市的格局。"三层"即中原城市群核心层、紧密层、辐射层。核心层指郑汴一体化区域，包括郑州、开封两市区域；紧密层包括洛阳、平顶山等 7 个省辖市；辐射层包括南阳、商丘等 9 个省辖市。2016 年 12 月，国务院批复的《中原城市群发展规划》指出，中原城市群以河南省郑州市、开封市、洛阳市、平顶山市、新乡市、焦作市、许昌市、漯河市、济源市、鹤壁市、商丘市、周口市和山西省晋城市、安徽省亳州市为核心发展区，联动辐射河南省安阳市、濮阳市、三门峡市、南阳市、信阳市、驻马店市，河北省邯郸市、邢台市，山西省长治市、运城市，安徽省宿州市、阜阳市、淮北市、蚌埠市，山东省聊城市、菏泽市等中原经济区其他城市。在这一战略规划的指导下，中原城市群城镇化步伐明显加快，走上了快速、健康、协调发展的轨道。目前中原城市群良好的基础和发展态势得到了国家和省内外方方面面的认同与重视。实践证明，促进中原城市群加快发展，是符合国家现代化建设实际的现实选择，它对于构筑河南省乃至中部地区具有强劲集聚效应和辐射带动作用的核心增长极，带动中原崛起，促进中部崛起，进而支撑中国经济社会的快速发展，具有十分重要的现实意义和深远的历史意义。

　　本书以中原城市群为研究对象，主要探讨城市群一体化发展问题。本书所提的城市群一体化发展，就是城市群各个城市要秉持开放合作、互利共赢、共建共享的思路理念，以协同发展为主线，以产业分工协作为重点，以交通设施对接为先导，以改革开放为动力，着力推进基础设施相连相通、产业发展互补互促、资源要素对接对流、公共服务共建共享和生态环境联防联控，积极探索一体化发展的新模式、新举措和新机制，着力形成规划同筹、交通同网、信息同享、就业同系、市场同体、产业同布、社会同建、旅游同线、环境同治、群众同富的一体化发展新格局。本书希望为新时期推进城市群一体化发展，形成城市群一体化发展新格局，提供有价值的思路和对策。

第一章　中原城市群一体化发展的战略机遇

作为区域经济发展演化的一种空间组织形态，城市群一体化发展的研究由来已久。因此，有必要对城市群一体化发展的相关理论进行系统梳理，以期为深入研究奠定基础。

第一节　中原城市群一体化发展的理论基础

目前，推进城市群一体化发展，有增长极理论、点轴开发理论、网络开发理论等理论，这些都是中原城市群一体化发展的理论基础。

一　中原城市群一体化发展的理论基础

1. 中原城市群一体化的相关理论

关于区域一体化发展，多种理论研究涉及这一问题，在此介绍几种主要的相关理论，并在此基础上探讨中原城市群一体化发展的概念及内涵。

——增长极理论。20 世纪 50 年代，法国经济学家弗朗索瓦·佩鲁最早提出"增长极"这个概念，在此基础上一些经济学家对这一理论进行了丰富和扩展。增长极理论的主要观点是，由某些城市、产业、企业率先得到发展，通过它们将资本、人口、技术等重要的生产要素高度集中起来，发挥规模经济效益，形成较高的增长速度和经济效益，由此就能形成一种极强的经济扩散和辐射效应，从而对周边地区的生产和消费产生拉动作用，进而带动落后地区的经济发展。依据这个理论，政府需要制定和实行一些经济发展的倾斜政策，培育和扶植新的经济增长极。

——点轴开发理论。这种理论是生长轴理论和中心地理论的发展，主要观点是，随着连接各个中心地的重要交通干线如铁路、公路、河流航线等的建立，形成有利的区位，方便人口的流动，降低运输费用，从而降低生产成本。这种理论把国民经济看作由"点"即增长极和"轴"即交通干线组成的空间组织形式，通过"点"对区域经济发展的作用和"轴"对经济扩展的影响，实现经济活动的空间移动和扩散。具体来说，就是在一定的区域范围内，选择若干资源较好、具有开发潜力的重要交通干线经过的地带作为发展"轴"予以重点开发；在各个发展"轴"上，确定重点发展的增长极（中心城镇），确定其发展方向和功能；然后确定各个增长极（中心城镇）和"发展轴"（交通干线）的等级体系，首先集中力量重点开发高级的增长极和发展轴，随着区域经济实力的增强，开发重点逐步转移扩展到级别较低的发展轴（交通干线）和增长极（中心城镇）。这种理论实际上是以区域经济非均衡发展理论为基本依据展开的。

——网络开发理论。网络开发理论是在点轴开发理论基础上延伸形成的。该理论认为，在区域开发的点轴系统比较完善的区域，要实现区域经济的进一步发展，可以构造现代区域的空间结构并形成网络开发系统，即通过实现已有"点""轴"系统的延伸，扩大区域内各个"节点"即增长极的各类中心城镇、各"域面"之间即沿轴线两侧"节点"吸引的范围，特别是节点与域面之间生产要素交流的广度和密度，促进区域经济发展的一体化特别是城乡经济发展的一体化；同时通过"网络"，即由商品、资金、技术、信息、劳动力等生产要素组成的经济要素和交通、通信等组成的经济发展网络的外延，加强与区域外其他区域经济网络的联系，或者将区域的经济技术优势向区域四周扩散，在更大的范围内将更多的生产要素进行合理的配置组合。这种理论一般比较适用于经济较发达的区域或经济重心地区。

——分工协作理论。该理论认为，由于区域自然条件、经济发展条件、经济能级和结构、资源配置效率等因素的差异，地区中各个区域的经济存在一定差异，而且区域间的差异具有普遍性和动态性，这就是区域经济合作与分工的基础。区域分工有利于最大限度发挥区域优势，促使区域主导产业部门、一般专业部门以及区域内部各经济部门之间的空间结构和比例关系趋向合理。区域分工协作理论认为通过合理的地域分工，使资源配置在不断扩展的区域范围内调整和重组，使地区之间、行业之间等保持动态协调与自组织状态，进而形成高级有序的地区产业结构与空间结构。

——"大都市圈"理论。该理论又称城市群理论，是区域发展的基础理论之一。这一理论自 1957 年法国著名经济学家戈特曼教授提出以来，已在全世界被广泛运用，并被作为衡量一个国家或地区经济和社会发展水平的重要标志。所谓"大都市圈"理论，通俗的说法就是指在一定地理或行政区域内，以一两个大城市或特大城市为核心，辐射并带动周边一定范围内的一批中小城市，使其成为在世界范围内有一定影响力、竞争力的区域城市群或城市带。城市群理论是随着城市的发展而逐渐兴起的。在城市化进程中，人们发现，如果某一地域内有相当数量的不同性质、类型和等级规模的城市，并且其中有一个以上超大或特大城市作为核心，依托一定的自然环境条件，借助通达的交通运输和信息网络，城市之间就会形成比较密切的经济、社会、生态等联系，共同构成一个相对完整的城市集合体，使整个区域经济呈现出强劲的增长势头。于是，把城市发展和区域发展结合起来，为城市群的形成创造条件，并更好地发挥城市群的作用，不仅成为城市群理论的主要研究课题，而且成为很多城市增强核心竞争力的实践内容。

2. 中原城市群一体化的概念与内涵

理论上讲，区域一体化是指相邻国家或地区之间围绕各方利益契合点，在自愿、平等基础上，遵循客观经济规律，通过分工协作、优势互补，促进资源要素合理配置，实现区域互惠互利，共赢发展。一体化区域通常具有空间上整合、经济上互补、功能上错位、设施上共享和政策上趋同等特征。由此，笔者认为，所谓中原城市群一体化，不是简单地把郑州、洛阳、开封等城市群城镇联系起来，而是把其作为一个大的战略区域进行统筹谋划和发展，实行统一决策、统一规划、统一布局和统一政策，推进区域统筹开发、要素统筹配置、产业统筹布局、城镇统筹谋划、基础设施统筹建设、公共服务统筹考虑、生态环境统筹营造，最终形成优势互补、良性互动、协同共进、互利共赢的一体化发展新格局。其核心内涵主要包括：（1）把城市群地区作为一个有机体，进行统一决策、规划、开发和建设，体现发展的整体性；（2）中原城市群一体化发展内容丰富，构成成分复杂多样，不仅包括城镇建设、产业发展、要素流动，而且还涵盖基础设施建设、公共服务设施配置、生态环境建设等内容，体现发展的复杂性；（3）中原城市群一体化发展，是循序渐进的历史演变过程，体现发展的动态性；（4）中原城市群一体化发展，不仅是区域内部的分工、协作和要素优化配置，而且同时还与外部区域进行着资本、要素、信息等的交换、流动，体现发展的开放性。

二 国内外城市群一体化发展的经验借鉴

城市群一体化发展是区域经济发展演化的一种空间组织形式。随着区域经济的快速发展，欧美等国出现了一些闻名全球的如纽约都市圈、东京都市圈等一体化区域，我国自 20 世纪 80 年代以来已有部分区域开始区域一体化发展的探索实践。学习和借鉴国内外区域一体化发展的经验，对推动中原城市群一体化发展具有重要的现实意义。

1. 国外城市群一体化发展的探索

——纽约都市圈一体化。纽约大都市圈是从美国东北部的缅因州，向西南方向延伸至弗吉尼亚州，跨越 10 个州，包括波士顿、纽约、费城、华盛顿 4 大城市群，以及巴尔的摩等 40 个 10 万人以上的中小城市，构成长约965 千米、宽度 48~160 千米的带状大都市群，总面积约 13.8 万平方千米，占美国国土总面积的 1.5%；人口约 6500 万，占美国总人口的 20%，是目前世界上最大的都市圈。纽约都市圈一体化的经验有三：一是城市规划尊重经济社会发展客观规律并持之以恒。纽约城市规划由非官方和非营利性组织"纽约区域规划协会"（RAP）编制，迄今为止共编制过三次纽约区域规划，在规划中确立了纽约大都市圈的全新理念，即保持并提高纽约作为世界一流城市的地位，占据发展的制高点。二是纽约与周围城市形成合理的地域分工格局和产业链。都市圈内的中心城市以其科技、资本和产业的优势，在产业结构调整中起着先导的创新作用。三是交通网络发展，是纽约大都市圈发展的主要推动力。纽约大都市圈大力发展公共交通运输系统，尤其是轨道交通体系，极大地促进了都市圈内产业结构、空间结构的布局，对于大都市圈内各区域经济一体化发展，城市与郊区紧密联系发挥了最为关键的作用。

——东京都市圈一体化。东京都市圈又称首都圈，是以东京为中心，半径 100 千米范围内的地区，主要包括东京都、琦玉县、神奈川县、千叶县、茨城县、群马县、栃木县和山梨县一都七县，面积 3.6 万平方公里，占日本国土总面积的 9.6%；人口 4000 多万，占日本总人口的 32%；国内生产总值约占全国的1/3。二战后，日本进入经济高速发展时期，经济活动和人口大量向以东京为中心的大都市圈集中，导致城市建设用地急剧扩张，范围迅速扩大，带来了严重的经济、社会和环境等问题。为缓解经济活动和人口集聚带来的问题，日本政府和东京都地方政府做出了推进东京都市圈一体化发展的战略决策。为形成一体化发展格局，日本政府和东京都地方政府出台了一系列重大举措，颁布了《首都圈整治法》《首都圈市街地开发区域整备法》《首都圈近郊绿地保护法》等法律法规，编制出台了5次"首都圈建设规划"，成立了组织协调机构大都市整备局和都市圈整备特别委员会，着力在交通体系、产业联动、新城新区等方面推进一体化建设。当前，东京都市圈已成为一个具有强大国际竞争力的城市密集区。

——首尔都市圈一体化。首尔都市圈包括首尔特别市、仁川广域市和京畿道，面积11726平方千米，占韩国国土总面积的11.8%；人口2000多万，占韩国总人口的近一半。其中首尔是韩国的政治、经济、文化中心。然而，随着城市规模的迅速膨胀，房价飞涨、交通拥堵、污染较重等问题也日益突出，严重制约着首尔发展。面对首尔都市圈发展中出现的各种矛盾，韩国中央政府采取了一系列强有力的规划和政策措施，积极推进首都圈一体化进程。其主要做法主要包括：进行区域规划和绿化带建设，分散城市功能，开展新城建设、新村促进运动，实施区域协调政策等，其中在区域规划方面，制定了《首都圈整备规划》《首都圈整治规划》《工业分散法》等系列规划，用于指导首都圈建设；在新城建设方面，重点在首尔周边规划建设了板桥、东滩、金浦、坡州、光桥、杨州玉井、杨州会泉、松潭、平泽、黔丹等一批新城。这些规划和政策的作用点是分散经济活动、控制人口流入首尔，同时促进韩国其他地区迅速发展，与首尔都市圈达到协调发展。

2. 国内城市群一体化发展的实践

——长株潭一体化。长株潭一体化是指以长沙、株洲、湘潭三市为中心，以1.5小时通勤为半径，包括岳阳、常德、益阳、娄底、衡阳5个省辖市在内的区域实施区域一体化。长株潭一体化发端于1997年，1997年湖南省做出了推进长株潭经济一体化的战略决策，提出在交通同环、电力同网、金融同城、信息同享、环境同治等方面，统筹推进长沙、株洲、湘潭三市一体化。2006年湖南省在长沙、株洲、湘潭三市一体化基础上，提出将岳阳、常德、益阳、娄底、衡阳等5市纳入一体化范围。为促进长株潭一体化发展，湖南省政府出台了一系列扶持政策，成立了省级协调机构，编制了《长株潭经济一体化"十五"规划》《长株潭产业一体化规划》《长株潭城市群区域规划》《长株潭城市群城际轨道交通网规划（2009~2020年)》等系列规划，制定了《长株潭城市群区域规划条例》。经过多年的开发建设，长株潭一体化发展取得了显著成效，经济实力显著增强，区域分工合作成效明显，基础设施互联互通能力大幅提高，协同发展呈现新局面。2007年，长株潭地区成为全国"两型社会"试点地区。2015年，长株潭地区与武汉城市圈、环鄱阳湖城市群一起被纳入长江中游城市群，上升为国家战略。目前，长株潭地区已成为引领带动湖南全省发展的核心板块，成为长江中游城市群和中部地区崛起的战略增长极。

——昌九一体化。2013年，在推进昌九工业走廊建设的基础上，江西省委、省政府做出了"做强南昌、做大九江、昌九一体、龙头昂起"，全力推进昌九一体化的重大战略部署。昌九一体化区域范围包括南昌市、九江市所辖全部县（市、区）、开发区，国土面积2.63万平方千米，2014年常住人口1004.1万人，地区生产总值5448.0亿元。为促进昌九一体化的顺利开展和快速实施，江西省委、省政府和南昌、九江两市市委、市政府相继制定实施了一系列重大政策举措，编制了《昌九一体化发展规划（2013~2020年)》，制定了《南昌市推进昌九一体化方案》《南昌市2014年推进昌九一体化发展工作要点》等方案，建立了昌九一体化发展领导小组和工作机制，谋划实施了昌九大道、昌九高速全线"四改八"扩建工程等重大基础设施建设。经过两年多的推进建设，昌九一体化发展取得积极成效，开通了南昌至九江永修的城际公交线路；取消了两市间移动电话长途费、漫游费和固定电话长途费；实现了商业银行银行卡、存折业务同城化，取消了异地存取款手续费；开展了大气联防联控、监测数据共享与信息平台建立等方面的合作；推进了两市教育资源共建共享；完成了两市公立的市级新农合定点医疗机构互认等。"十三五"时期，江西省将持续加大昌九一体化推进力度，大力打造南昌核心增长极，推进九江沿江开放开发，培育形成引领江西发展升级、小康提速、绿色崛起的强大引擎和核心支撑。

——广佛肇一体化。2009年3月，在推进广（州）佛（山）一体化发展的基础上，广东省委、省政府做出推进广（州）佛（山）肇（庆）一体化发展的战略决策，提出在规划对接、产业协作、科技创新、环境保护、旅游合作、交通运输、社会事务、区域合作八个领域推进区域一体化。广佛肇一体化区域范围包括广州、佛山、肇庆三市所辖行政区域，陆域国土面积 2.6 万平方千米，2014 年常住人口约 2446.7 万人，地区生产总值26155.2 亿元。为促进广佛肇一体化的顺利开展，广东省委、省政府和广州、佛山、肇庆三市市委、市政府相继实施一批重大战略性举措，签署了《广佛肇经济圈建设合作框架协议》和交通、产业、环保、教育等多个专项合作协议；建立了三市合作工作机制和市长联席会议制度；编制了《广佛肇经济圈发展规划（2010～2020 年）》《广佛肇经济圈产业协作规划（2010～2020 年）》《广佛肇环保合作规划》等系列规划。经过多年来的规划建设，广佛肇一体化取得重大成效，基础设施连接对接取得积极进展，产业分工合作扎实推进，区域生态环境共保共治成效突出，基本公共服务均等化取得显著进展，已成为珠三角一体化发展的先行区和广东省经济社会持续快速发展的战略增长极。

——郑汴一体化。2003 年，为实现全面建成小康社会和中原崛起的宏伟目标，河南省委、省政府在制定《河南省全面建设小康社会规划纲要》时，提出加快中原城市群发展、实现中原崛起的战略思路，并确定以郑州为中心，一个半小时经济圈内的开封、洛阳、新乡、焦作、许昌、平顶山、漯河、济源 9 个省辖市组成中原城市群。2005 年，河南省委、省政府又作出了实施中原城市群建设、率先推进郑汴一体化发展的重大部署。为促进郑汴一体化的快速发展，河南省委、省政府和郑州、开封两市市委、市政府积极实施了一系列的重大举措，签署了《关于建立协调发展机制，加快推进郑汴一体化的协定》，建立了郑汴两市市政府联席会议制度，完成了相关行政区划调整，编制了《郑汴产业带总体规划（2006～2020 年）》《郑开大道沿线地区景观规划》《郑开大道两侧功能区规划》等相关规划，并在交通同网、信息同城、产业同兴等方面进行积极探索实践。2006 年 10 月郑州、开封两地电信同价，取消或降低长途费用；2006 年 11 月郑开大道建成通车；2013 年 1 月郑州、开封两地正式实施金融同城；2013 年 10 月实施电信同城，郑州、开封共用 0371 区号；2014 年 12 月郑开城际铁路正式开通运营等。目前，郑汴一体化已成为河南经济社会发展的重要战略增长极，成为中原崛起河南振兴富民强省的重大战略支撑。

3. 国内外城市群一体化的经验启示

由于国别差异、所处发展阶段不同等因素，国内外推进城市群一体化发展的条件、路径、模式各不相同，做法也不一样，但有一些共同的经验值得我们借鉴。

政府引导与支持是城市群一体化发展的保障。从国内外一体化发展的实践来看，政府的引导和扶持具有举足轻重的作用，尤其是在一体化发展的初期。比如在纽约都市圈和东京都市圈一体化的过程中，政府相继制定了一系列的支持鼓励政策，引导产业发展、人口布局和基础设施建设；首尔都市圈的发展在很大程度上得益于"政府主导型"的经济运营体制。国内在推进一体化发展的过程中，各地政府往往会出台相应的规划，引导一体化发展的方向，并通过实施优惠政策、简化行政审批等手段，优先保证一体化发展所需土地、资金、交通等各种要素，吸引外资投入。对中原城市群一体化而言，当前亟需突破现有行政区划束缚，通过高起点、高水平地制定并实施统一的经济社会发展规划，从区域共同发展和产业结构调整、产业转移大背景下统筹考虑城市间的分工与合作，着力做好各个城市的功能定位、产业分工、空间布局和区域基础设施的统筹安排，在此基础上细化推动一体化发展的财税、金融等政策。

区域发展规划是实现区域一体化发展的龙头。区域发展规划为城市群一体化战略的实施提供了有效的空间依据，构筑了一体化战略的动力平台和支撑体系。无论是纽约都市圈一体化、东京都市圈一体化，还是长株潭一体化、昌九一体化，均把区域规划放在突出重要的位置，依托自身区位优势和已有产业基础，确定区域发展战略、空间布局以及结构调整的重点和方向，协调区域内各主体的发展步伐，为区域一体化协调发展勾画了蓝图。国内外的实践表明，用科学的理念对本区域发展进行整体谋划，通过强化经济区域概念，冲破原有体制中的行政区利益和部门利益狭隘思想的束缚，对促进区域分工协作与整体竞争力的提升具有重要的引领作用。

建立利益协调机制是实现城市群一体化发展的关键。总的来说，城市群一体化发展的过程，实质是区域共同利益目标的探索过程和区域共同利益机制的形成过程。在推进城市群一体化过程中，国内外一些地区以设定区域发展目标作为推动力，坚持"市场主导、政府推动、多边协调、互利互惠"的原则，对区域财税体制、利益补偿机制、利益分配机制和政绩评价机制等区域利益协调机制改革进行了积极的尝试，化解了各利益主体之间的矛盾，形成了区域一体化的发展合力。实践表明，切实处理好区域内各经济主体的利益关系至关重要，只有充分考虑各方的利益要求，形成区域利益协调机制，才能有效解决区域内地区间的利益冲突，实现各利益主体自发合作，走出一条区域经济建设和地方利益公平实现的和谐发展和良性互动之路。

基础设施一体化是实现城市群一体化发展的先导。实践表明，国内外一体化发展较为成功的地区，无不是以完善的交通体系为支撑，以枢纽型、功能型、网络化基础设施建设为重点，加快区域道路网、公共交通网、市政设施网的建设，全面构筑现代化基础设施体系，形成了方式多样、功能互补的综合基础设施体系，为区域一体化发展奠定了坚实的物质基础。因此，在推进中原城市群一体化发展的过程中，要坚持把基础设施作为城市群一体化的先行资本，加快构建和完善适度超前、功能配套、安全高效的现代化基础设施体系，形成功能完善的基础设施网络，为一体化发展奠定坚实基础。

市场一体化是实现城市群一体化发展的基础。区域一体化的实质就是从以行政区划为特征的行政区域格局向以产业互动为基础的经济区域整合的转变，其核心就是区域市场的一体化。市场一体化通过消除市场壁垒，加快要素自由流通，有利于降低经营成本，有利于资源在更大区域空间内实现有效配置。同时，市场一体化带动市场规模的进一步扩大，使企业能在更大范围内实现规模经济和范围经济，从而为整个区域经济一体化构建深层的互动融通网络。国内外区域一体化发展相对成熟的地区，往往通过制度创新打破地区间的行政壁垒、条块分割，在市场配置资源的基础上，让生产要素在地区间自由流动，实现了资源的优化配置和区域之间的分工合作。因此，在推进中原城市群一体化发展的过程中，要以构建统一开放的现代市场体系为重点，促进要素的自由流动和资源跨地区优化重组，形成区域市场一体化。

第二节　中原城市群一体化发展的机遇挑战

推进中原城市群一体化发展，既面临着重大发展机遇，同时也存在着一些风险挑战。要积极抢抓战略机遇，着力应对风险挑战，开创形成城市群一体化发展的新格局。

一 中原城市群一体化发展面临的重大机遇

1. 全球空间格局调整引发重大变革

当前，随着经济全球化、区域一体化的深入发展，新一轮国际产业分工以及跨国公司区域布局战略调整，促进了价值链在全球范围内的配置和全球城市网络的形成，中心性较强的节点型城市地位日益凸显，并与其周边城市高度协同，形成"全球城市区域"，成为引领全球经济发展的核心力量。世界经济发展重心和国际产业向亚太地区转移继续深化，亚太区域合作与交流日益密切，国内跨区域战略合作不断兴起，给以郑州为核心的中原城市群一体化发展提供了重大机遇，也为郑州与周边地区的协同发展提出新的要求。尤其是随着新一轮技术革命、产业变革的强势兴起，全球正处于产业革命的重要关口，大量新产业和新业态不断涌现，产业规模处于快速扩张阶段，技术和产业以前所未有的速度进行扩散和转移，这为中原城市群地区加快推进战略性新兴产业发展，推动产业结构的优化、升级和调整带来了难得的机遇。

2. 中央"四个全面"战略布局蕴藏重大机遇

十八大以来，党中央从坚持和发展中国特色社会主义的全局出发，提出并形成了全面建成小康社会、全面深化改革、全面依法治国、全面从严治党"四个全面"的宏伟战略布局。"四个全面"的战略布局，是新一届党中央治国理政的新方略，是我们在新的历史起点上坚持和发展中国特色社会主义，实现"两个一百年"奋斗目标和中华民族伟大复兴中国梦的行动指南。"四个全面"的战略布局，尤其是十八届三中、四中全会做出的全面深化改革和依法治国的重大战略部署，为中原城市群地区全面深化改革，创造制度红利，以改革促转型、促开放、促发展、促跨越，提供了重要基础，也为依法推进区域协同发展，推进中原城市群一体化发展，提供了重要保障。

3. 国家区域发展新战略带来重大机会

当前我国由东向西、由沿海向内地，依托大江大河和交通干线，发挥航空、高铁等综合带动效应，中央和地方正合力构建沿海与中西部相互支撑、良性互动的新棋局。特别是党的十九大以来，中央在坚持原有东、中、西、东北总的区域发展战略的基础上，更加注重"一带一路"建设、京津冀协同发展和长江经济带建设，统筹推进"四大板块"与"三个支撑带"的战略组合，加快推进新型城镇化发展，为中原城市群一体化发展带来重大战略机遇。一方面，为中原城市群地区全面融入国家区域发展新棋局，深度融入"一带一路"建设，积极对接长江经济带、京津冀经济圈等战略区域，提供重大机遇；另一方面，也为中原城市群地区新兴产业的快速发展、新型城镇化的加速推进、对外开放的全面深化、基础设施的建设与互联互通、生态环境的治理与改善等提供重要契机。

4. 中部崛起战略深度实施提供重大契机

近年来，为加快推进中部地区发展，中央出台了一系列重大政策措施，全力推进中部崛起进程。2009 年 9 月国务院通过了《促进中部地区崛起规划》，2010 年 5 月国家发改委印发了《关于促进中部地区城市群发展的指导意见的通知》，2010 年 8 月国家发改委印发了《促进中部地区崛起规划实施意见的通知》，尤其是 2012 年 8 月国务院发布了《关于大力实施促进中部地区崛起战略的若干意见》，提出了新形势下促进中部崛起，要推动重点地区加快发展，大力推进改革创新，全方位扩大开放等新要求。同时，为配合和深化中部崛起战略，国务院先后批复了《鄱阳湖生态经济区规划》《皖江城市带承接产业转移示范区规划》《郑州航空港经济综合实验区发展规划（2013～2025 年）》等规划，谋划实施了中原经济区、长江中游城市群、长江经济带等重大发展战略。这一系列的动作和动向充分表明，中部崛起战略进入加快推进期。随着中部崛起战略的深度实施，将会为中原城市群一体化发展提供重大机遇和政策支持。

5. 河南众多国家战略和战略平台深度推进注入强大动力

2008 年以来，面对国内外严峻经济形势和经济下行压力，河南科学把握发展大势，积极推进经济社会平稳发展，谋划实施了一大批打基础、增后劲的大事要事，成功推动粮食生产核心区、中原经济区、郑州航空港经济综合实验区、中国（郑州）跨境电子商务综合试验区、中国（河南）自由贸易试验区、郑洛新国家自主创新示范区、郑州国家中心城市、国家大数据综合试验区等战略平台获得国家密集批准，为经济社会平稳较快发展打下了坚实基础。随着河南众多国家战略和战略平台的深度推进与实施，尤其是郑州航空港经济综合实验区的建设，将有利于打造开放发展的高端平台和载体，加快形成开放发展新格局，为中原城市群地区实现更大规模、更高层次、更广领域的"引进来"和"走出去"，提供重要机会和契机；有利于促进中原城市群地区电子信息、智能装备、生物医药等战略性产业发展，推进现代物流、金融、会展等生产性服务业发展，为经济社会发展提供强大产业支撑动力；有利于形成大枢纽带动大物流、大物流带动产业群、产业群带动郑巩洛一体化发展的新格局。

二　中原城市群一体化发展面临的风险挑战

1. 新一轮国际分工争夺日趋激烈

国际金融危机对全球经济发展影响尚未消除，全球供给结构和需求结构都发生了深刻变化，世界各国都面临调整经济结构的巨大压力。美欧等发达国家和地区提出"再工业化"和扩大出口，发展中国家加快推进工业化进程，资源富集国家谋求产业链条延伸，世界主要国家都在转变发展模式，重塑比较优势产业，抢占国际分工制高点。这必然导致全球市场争夺更加激烈，各种形式的保护主义纷纷抬头，从贸易向投资、技术、就业等领域扩散，从具体产品上升到行业、标准、制度甚至意识形态层面。在此背景下，中原城市群地区传统优势产业领域、新兴产业、出口贸易等发展空间都将面临发达国家的严重挤压，中原城市群发展面临严峻挑战。

2. 经济新常态带来新挑战

当前，我国经济发展进入新常态，认识新常态、适应新常态、引领新常态，是今后一个时期我国经济发展的大逻辑。经济新常态背景下，中原城市群一体化发展既面临着重大机遇，但同时也存在着一些新的风险挑战。一是我国经济发展进入新常态，中原城市群地区劳动力资源、自然资源等一些传统优势正在弱化，改革红利、创新活力等新动力尚未形成有效支撑，经济平稳运行的基础还不牢固，动力转换尚需时日，下行压力相对较大。二是中原城市群传统产业比重大，战略性新兴产业发展慢，新产业、新业态、新模式发展滞后，活力不足，创新不强，尤其是铝工业、装备制造、石油化工、能源电力、硅光伏等传统支柱产业面临较大困难，处理不好会导致实体经济风险和财政金融风险相互交织、相互传递。三是伴随着经济增速下调和产业结构变动，被高速增长掩盖的社会事业历史欠账较多、资源环境约束不断加剧等风险逐步显性化，维护社会和谐稳定压力明显加大。这些风险挑战给中原城市群经济社会发展带来很大影响，严重制约着中原城市群一体化发展，影响着中原城市群一体化的深入推进。

3. 区域间的竞争日趋加剧

当前，在发展经济的强烈愿望下，地方政府对微观经济主体的过多干预和短期行为造成的政策性过剩日益严重，进一步增大了区域竞争压力。在河南外部，围绕资源、市场、技术、人才和区域核心增长极，中原城市群一体化发展面临着全国其他城市群的激烈竞争。在河南内部，区域间产业同构现象严重，工业布局与区域优势不协调，各地区争资金、争项目的情况时有发生。在中原城市群内部，由于资源禀赋相似，各园区、集群之间产业结构趋同，也存在较强的区域竞争。以铝工业为例，巩义、上街、登封等地铝工业都是其主导产业之一，对当地工业经济增长的贡献比较大，而且都集中在产业链的中上游，缺乏终端产品。周边城市群诸如成渝城市群、关中城市群具有的产业优势、文化优势、商业优势、土地资源优势等竞争优势，对于中原城市群一体化发展形成强大压力，资金、技术、信息和人才等资源要素的争夺更趋激烈。

4. 经济发展后续动力不足

中原城市群是河南工业产业密集区，也拥有许多国家传统老工业基地，传统产业比重高、份额大，新兴产业发展慢，企业发展模式偏传统，大多数企业处在传统产业领域，发展理念相对滞后，产业链分割严重，企业之间、企业与研发机构之间、产业链上下游之间缺乏战略合作，难以形成发展合力。尤其是受当前国际经济形势复杂多变、国内经济发展进入新常态和经济结构转型的影响，中原城市群地区工业经济效益增速逐年降低，企业盈利能力持续下滑，高端人才引进储备匮乏，新项目建设和研发投入后劲不足，支撑引领发展的新兴动力尚未形成，经济增长后续动力明显不足，经济下行压力较大，直接影响着中原城市群经济社会的发展，制约着中原城市群一体化进程。

第三节　中原城市群一体化发展的战略意义

在经济全球化和区域经济一体化加速发展，我国发展进入经济新常态的大背景下，在中部崛起战略深入推进和河南众多国家战略和战略平台深度实施的过程中，积极推进城市群一体化发展，具有极其重要的战略意义和战略价值。

一 更好融入国家区域发展的宏伟布局

1. 融入国家区域发展新棋局

十八大以来，党中央提出了"四大板块"和"三个支撑带"战略组合的区域发展新思想，意在运用新地缘经济和新信息技术条件下的交通、物流和信息流等综合优势，谋划沿海与中西部相互支撑、良性互动的新棋局，推动国内与国外、内陆地区与沿海沿边地区联动发展。中原城市群地处新亚欧大陆桥的中段，是中部崛起的重要增长极和国家"一带一路"倡议实施的重要支撑。加快推进中原城市群一体化发展，有利于进一步强化我国东部与中西部的战略联系，完善我国东西向的战略布局，凸显中原城市群在东中西部良性互动的全国区域发展格局中的重要地位和作用；有利于加快融入国家"一带一路"倡议，培育形成新的增长极，着力强化"一带一路"的战略支撑；有利于进一步加强与京津冀、长江中游经济带的战略协作，形成京津冀城市群、中原经济区与长江中游经济带的良性互动、协同发展的新局面。

2. 贯彻落实国家发展新方略

为加快实现全面建成小康社会目标和中华民族伟大复兴的中国梦，十八大以来，党中央制定和实施了一系列新的发展方略，提出了"四个全面"的战略布局，制定了"五化"协同发展、新型城镇化建设、城乡一体化发展、跨区域城市战略合作、中国制造2025、互联网＋行动计划等新的战略，为我国各地区推进区域发展指明了方向和明确了重点。中原城市群是河南经济社会发展水平较高，工业化、城镇化水平较高的地区。推进中原城市群一体化发展，有利于加快形成体制新优势，创造制度新红利，激发发展新动力；有利于更好促进新型工业化、城镇化、信息化、绿色化和农业现代化的协同发展，积累"五化"协同发展新经验；有利于加快推进新型城镇化，促进城乡发展一体化，形成以工促农、以城带乡、工农互惠、城乡一体的新型工农城乡关系；有利于更好推进区域一体化发展，在协同机制、基础社会互联互通、公共服务共享方面进行新探索，提供新示范；有利于更好落实中国制造 2025、"互联网＋"行动计划等战略，形成传统优势产业，新产业、新业态、新模式协同发展新格局。

3. 促进中部崛起迈上新征程

促进中部地区崛起，是党中央、国务院站在全局和战略高度做出的重大决策，是新时期我国区域发展战略的重要组成部分。推进中部崛起，需要中部各省和各核心板块的共同努力与有效支撑。中原城市群作为中部地区的重要增长极和发展水平相对较高的地区，在中部崛起进程中占据十分重要的地位。加强中原城市群一体化发展，既有利于进一步发挥这一区域的整体优势，有效承接沿海地区产业转移，有效集聚区内外的生产要素，促进中原城市群的发展，又有利于集合城市群城市的整体力量，打造中部地区重要经济增长极，形成中部地区经济发展隆起带，加快推进中部崛起进程；同时还可以进一步密切与长江中游城市群、皖江城市带、太原都市圈等地区的经济联系，共同支撑中部崛起未来发展大计，着力推动中部崛起迈向新征程。

二　强化中原崛起河南振兴的战略支撑

1. 增强中原崛起河南振兴新动力

中原城市群是河南省工业化、城镇化发展较好的地区，是支撑和引领河南未来发展的核心增长极，对于促进中原崛起河南振兴富民强省具有极其重要的战略意义。加快推进中原城市群一体化发展，形成优势互补、良性互动、协调发展的新格局，有利于发挥城市群城市发展优势，促进城市群地区的产业发展，强化河南发展的产业支撑，增强河南发展的新动力；有利于提升城市群地区经济社会发展水平，提高河南发展综合实力和区域影响力，强化河南在国家大局中的枢纽地位和作用；有利于打造形成河南发展的战略支撑极，引领和带动中原崛起河南振兴富民强省进程。

2. 强化中原崛起河南振兴新支撑

加快重点地区发展，率先形成带动经济发展的区域增长极，不仅是发达国家的重要经验，也日益成为发展中国家和地区实现跨越式发展的必然选择。中原城市群地区交通便利，区位优势突出，资源丰富，现有产业基础较好，资源和环境承载能力较高，具有较大的发展优势、发展后劲和发展潜力，其完全有可能通过整合资源和协同发展，培育和打造成为河南重要增长极和战略新支撑。加快推进中原城市群一体化发展，有利于整合区域优势资源，统筹区域功能分区和布局，推进区域的优势互补，发挥区域协同和集合效应，构筑形成具有强大集聚作用和辐射带动作用的战略增长极，为中原崛起河南振兴富民强省提供新支撑。

3. 提升中原崛起河南振兴新优势

中原城市群是河南工业发展基础最好、发展潜力巨大的区域。推进中原城市群一体化发展，有利于更好承接产业转移，形成产业联动发展格局，打造产业发展高地，形成产业发展隆起带，巩固提升河南产业发展新优势；有利于提升河南对外开放的整体水平，更好建设和打造内陆开放型经济新高地，巩固提升河南开放发展新优势；有利于更好加快推进河南新型城镇化进程，提升河南发展的内需优势和市场空间，增强河南发展的后发优势；有利于更好促进河南比较优势向综合优势转变，提升河南发展的动力和活力。

三 促进城市群地区经济社会的快速发展

1. 形成合理的区域分工

区域一体化的核心在于形成合理的区域分工体系。推进中原城市群一体化发展，有利于优化城镇的空间布局，明确城镇职能定位，合理规划城镇规模等级，形成分工合理、协作高效的新型城镇体系；有利于立足各成员的产业基础和比较优势，制定区域性发展规划和产业政策，统筹和整合区域资源，支持和引导区域产业转移和优势产业扩张，加速区域内产业的相互配套与相互融合，形成优势互补和区域性的产业分工与协作，促进区域产业结构调整和优化，形成区域性产业优势；有利于促进相关企业间的合资和合作，形成互利互惠的产业链条，共同提高市场竞争力。

2. 实现区域优势互补

经济理论认为，由于区域存在着比较优势，只有相互协作，才能实现更好的发展效益。同时，经济学也强调，由于相同的市场、产品、生产技术，相同的竞争对手或发达的交通、通信联系等，区域间经济发展具有较强的互补性，具有市场竞争中共命运的共生发展环境。推进中原城市群一体化发展，有利于实现区域的优势互补，实现区域的共赢发展。比如，可以充分发挥郑州、洛阳等城市的科技研发优势，积极推进城市群产业的优化升级，实现城市群相关企业互通有无、信息共享等。尤其是中原城市群这一区域，旅游资源较为丰富，实现中原城市群一体化发展，有利于推进旅游资源的深度合作、资源共享，为中原城市群旅游业快速发展提供重大机遇。

3. 助推区域协同发展

世界经济发展经验表明，推进区域一体化，是许多国家和地区经济发展的共同要求，也是实现区域共同发展的客观需要。推进中原城市群一体化发展，既是顺应区域经济一体化发展的必然要求，也是促进城市群协调发展、共同发展的现实需要。具体来讲，加强中原城市群一体化发展，有利于共同破解"结构过重"等区域性发展难题，推动区域产业结构的转型升级，转变区域经济发展方式，提升区域发展质量和可持续发展能力，推动区域的快速发展；有利于打破区域行政分割，形成区域发展共同体，共同应对各种风险和挑战，共同分享各种发展资源和发展机会，实现区域和谐共生；有利于整合区域优势资源，合理划定区域的职能分工，打造培育经济增长极，提升区域整体实力和竞争能力，促进区域协同发展。

四　探索形成城市群一体化发展的新经验

1. 积累城市群一体化发展的新经验

推进城市群一体化发展，是城市群经济发展的时代主题。如何推进城市群一体化发展，形成区域内各个主体的分工协作、互动发展新格局，成为当前我国城市群一体化发展过程中必须破解的现实难题。推进中原城市群一体化发展，在中原城市群进行一体化发展的率先示范，不仅有利于消除行政区划鸿沟，实现这一地区的融合、协同发展，也有利于创新区域合作模式和合作方式，构筑形成新型区域合作关系，积累新形势下城市群一体化发展的新经验，为全国推进城市群一体化发展提供有益示范。

2. 创新城市群一体化发展的机制

城市群一体化发展能否顺利开展，关键在于是否拥有良好的区域合作机制。一些城市群的一体化发展，为什么难以推进，难以进入实质性合作阶段，问题在于区域的合作机制。推进城市群一体化发展，亟需完善和创新现有的区域合作机制，探索创新城市群一体化发展的机制。推进中原城市群一体化发展，有利于探索建立区域沟通组织协调机制、区域互惠互利发展机制、区域利益分配机制、区域开发与建设机制、区域的管理机制等相关新机制；有利于探索建立跨区域、高层次、制度性的组织协调机构，完善区域合作的制度框架，并在此基础上，建立起从决策层、协调层到执行层的区域合作新机制，推进区域进入实质性合作阶段。

3. 探索城市群一体化发展的新模式

推进城市群一体化发展，既要创新城市群一体化发展的体制机制，同时也要探索创新城市群一体化发展的合作模式。推进中原城市群一体化发展，可以在原有区域合作模式的基础上，积极进行实践创新，探索建立区域合作新模式。比如，在中原城市群可以设立区域合作"特别试验区"，实行共同规划、共同开发、共同经营、共同管理、共同受益；可以采取"异地产业园"合作模式，互惠互利，协作共赢；可以采取承接产业转移企业的"优势地"安置原则，把其放在条件优越、关联性较高的地区，实行利益分成、利益共享等。这些城市群一体化发展的模式探索、创新与实践，将为其他地区实施城市群一体化发展提供有益示范。

第二章　中原城市群一体化发展的历程演进

党的十九大报告指出要"以城市群为主体构建大中小城市和小城镇协调发展的城镇格局"，中原城市群以历史上的中原地区为基础，综合考虑自然、地理、历史和当前经济社会发展因素，以郑州为中心，确定以河南全省为主体，连接周边四省12个省辖市，这些城市具有血脉相通、文脉相近、经济相连、发展水平相近的区域特点，具有共同的加快发展诉求和承担国家粮食安全的使命，具有广泛的合作空间和坚实基础。

第一节　中原城市群发展的历史变迁与演进

中原城市群从"八五"计划开始酝酿，至今已经历时20多年。随着国家区域发展战略的调整，河南发展阶段和发展基础的变化，交通通信技术的进步，中原城市群的空间范围也在不断进行调整。现阶段，中原经济区上升为国家战略，《国家新型城镇化规划》也将中原城市群定位为中西部地区推动国土空间均衡开发、引领区域经济发展的四个重要增长极之一，迫切需要按照国家级城市群的发展定位、发展要求和发展思路，切实明确中原城市群发展的战略举措，合理确定推动中原城市群发展的主要任务、工作重点、政策措施，切实推动中原城市群一体化发展，为加快中原崛起河南振兴富民强省进程，让中原更出彩提供战略支撑。

从"八五"计划开始，河南决策层和专家学者就对构建中原城市群的可能性和必要性进行探索，2003年第一次明确提出由9个省辖市构成中原城市群空间范围，随后根据形势发展变化逐步扩展至涵盖中原经济区30个省辖市的空间范围。

一 中原城市群的酝酿与提出

中原城市群概念在研究"八五"计划时就进行了探索。20世纪90年代初期，像沿海经济带和沿长江经济带，都是根据交通指向规律，围绕交通运输进行布局形成的。在考虑河南经济布局规划时，有两种不同的观点，一种是沿黄经济带，另一种是中原城市群。后者的提出，主要考虑到黄河生态的限制，认为黄河不具有联络的作用，不是经济大动脉，不具备基本的运输功能，认为以郑州为核心形成城市群，在经济交往中联系比较紧密，更合理一些。

1995年，中共河南省委第六次党代会报告第一次明确提出中原城市群的概念，并初步提出了中原城市群的发展思路，即"加快以郑州为中心的中原城市群大发展步伐，着力培植主导产业，使之逐步成为亚欧大陆桥上的一个经济密集区，在全省经济振兴中发挥辐射带动作用"。这是河南在正式文件中第一次明确提出中原城市群的概念。此后，河南省委、省政府组织专门力量调研了中原城市群问题，从战略角度提出了关于构建中原城市群的有利条件和对策建议。随后在"九五"计划实施过程中，河南省委、省政府多次在文件中提到中原城市群，提出统一协调中原城市群重大基础设施、产业布局、城镇体系和生态环境建设。

二 中原城市群空间范围和发展思路的演进

2003年7月，为积极顺应国内外城镇化发展趋势，进一步加快城镇化进程，河南省委、省政府提出了《中原城市群发展战略构想》，并将其纳入《河南省全面建设小康社会规划纲要》，第一次明确界定了中原城市群的范围，即"以郑州为中心，包括洛阳、开封、新乡、焦作、许昌、平顶山、漯河、济源在内的城市密集区作为中原城市群的空间范围"。

2003～2004年，由河南省发改委牵头，组织编制了《中原城市群经济隆起带发展战略构想》，提出"中原城市群城市体系在大的构架上分为三个层次：第一层次是大郑州都市圈；第二层次是以大郑州都市圈为中心，以洛阳、济源、焦作、新乡、开封、许昌、平顶山、漯河八个中心城市为节点，构成中原城市群紧密联系圈；第三层次为外围带"，并将中原城市群定位为"实施区域性中心城市带动战略，整合区域资源和经济优势，着力构筑中原城市群经济隆起带，率先实现全面建设小康社会的战略目标，带领全省向现代化迈进，成为全省对外开放、东引西进的主要平台，全国重要的制造业基地，区域性商贸金融中心和科教文化中心，中西部综合竞争力较强的开放型经济区"。

2004年2月，河南省《政府工作报告》强调要"突出抓好中原城市群建设，完成中原城市群发展规划，建立中原城市群联动发展机制"。

2006年初，《河南省国民经济和社会发展第十一个五年规划纲要》提出，"加快中原城市群发展，把中原城市群建成带动中原崛起、促进中部崛起的重要增长极"。随后，河南出台了《中原城市群总体发展规划纲要》，确定中原城市群以郑州为中心，包括洛阳、开封、新乡、焦作、许昌、平顶山、漯河、济源共9个省辖市，14个县级市、33个县、340个建制镇，在空间上形成三大圈层——以郑州为中心的都市圈（开封作为郑州都市圈的一个重要功能区）、紧密联系圈（其他7个节点城市）和辐射圈（接受城市群辐射带动作用的周边城市）。

2009年，河南省委、省政府提出进一步完善中原城市群规划，着力构建"一极两圈三层"现代城镇体系。"一极两圈三层"的中原城市群框架为："一极"即构建带动全省经济社会发展的核心增长极，就是"郑汴新区"，包括"大郑东新区"和"汴西新区"。"两圈"即加快城市群轨道交通体系建设，在全省形成以郑州综合交通枢纽为中心的"半小时交通圈"和"一小时交通圈"。"半小时交通圈"就是以城际快速轨道交通和高速铁路为纽带，实现以郑州为中心、半小时通达洛阳等8个省辖市；"一小时交通圈"就是以高速铁路为依托，形成以郑州为中心、一小时通达南阳等9个省辖市的格局。"三层"即中原城市群核心层、紧密层、辐射层。核心层指郑汴一体化区域，包括郑州、开封两市区域；紧密层包括洛阳、平顶山等7个省辖市；辐射层包括南阳、商丘等9个省辖市。

2013年9月，中原经济区涉及的5省30个市在郑州举行了中原经济区首届市长联席会议，30个省辖市市长签署了共同推进中原城市群建设战略合作框架协议，将全力打造跨省级行政区域的中西部城市群，使之成为与长江中游城市群南北呼应、引领中西部经济发展的重要增长极。至此，以涵盖中原经济区全部城市来构建中原城市群成为共识，中原城市群的空间范围也扩展至中原经济区的30个省辖市。

三 国家对中原城市群发展的定位和要求

2006年4月15日，中共中央、国务院印发的《关于促进中部地区崛起的若干意见》明确提出："以武汉城市圈、中原城市群、长株潭城市群、皖江城市带为重点，形成支撑经济发展和人口集聚的城市群，带动周边地区发展。支持城市间及周边地区基础设施建设，引导资源整合、共建共享，形成共同发展的合作机制。"

2010年5月9日，为深入实施促进中部地区崛起战略，引导和支持中部地区城市群健康发展，国家发改委会同有关方面研究制定了《关于促进中部地区城市群发展的指导意见》，明确提出，中部地区已经初步形成了以武汉城市圈、中原城市群、长株潭城市群、皖江城市带、环鄱阳湖城市群和太原城市圈六大城市群为主的发展格局，在中部地区经济社会发展中具有举足轻重的地位。要求不断壮大城市群经济实力，增强产业集聚能力，提高城镇化水平，把城市群建成支撑中部地区崛起的核心经济增长极和促进东中西部良性互动、带动全国又好又快发展的重要区域。

2010年8月25日，《促进中部地区崛起规划》实施意见出台，提出培育城市群增长极：中原城市群以客运专线和城际快速轨道交通等重要交通干线为纽带，重点以郑东新区、汴西新区、洛阳新区建设为载体，整合区域资源，加强分工合作，推进区域内城市空间和功能对接，率先在统筹城乡、统筹区域协调发展的体制机制创新方面实现新突破，提升区域整体竞争力和辐射带动力，把中原城市群建设成为沿陇海经济带的核心区域和重要的城镇密集区、先进制造业基地、农产品生产加工基地及综合交通运输枢纽。

2011年9月28日，《国务院关于支持河南省加快建设中原经济区的指导意见》明确提出：充分发挥中原城市群辐射带动作用，形成大中小城市和小城镇协调发展的城镇化格局；实施中心城市带动战略，提升郑州作为我国中部地区重要的中心城市地位，发挥洛阳区域副中心城市作用，加强各城市间分工合作，推进交通一体、产业连接、服务共享、生态共建，形成具有较强竞争力的开放型城市群。支持郑汴新区加快发展，建设内陆开发开放高地，打造"三化"协调发展先导区，形成中原经济区最具活力的发展区域。推进教育、医疗、信息资源共享，实现电信、金融同城，加快郑汴一体化进程。加强郑州与洛阳、新乡、许昌、焦作等毗邻城市的高效联系，实现融合发展。推进城市群内多层次城际快速交通网络建设,促进城际功能对接、联动发展,建成沿陇海经济带的核心区域和全国重要的城镇密集区。

2014年3月,《国家新型城镇化规划(2014~2020年)》出台,明确提出"加快培育成渝、中原、长江中游、哈长等城市群,使之成为推动国土空间均衡开发、引领区域经济发展的重要增长极"。中原城市群被列入国家重点培育发展的跨省级行政区的国家级城市群,战略地位持续提升。

2016年12月,国务院批复的《中原城市群发展规划》指出,中原城市群以河南省郑州市、开封市、洛阳市、平顶山市、新乡市、焦作市、许昌市、漯河市、济源市、鹤壁市、商丘市、周口市和山西省晋城市、安徽省亳州市为核心发展区,联动辐射河南省安阳市、濮阳市、三门峡市、南阳市、信阳市、驻马店市,河北省邯郸市、邢台市,山西省长治市、运城市,安徽省宿州市、阜阳市、淮北市、蚌埠市,山东省聊城市、菏泽市等中原经济区其他城市。至此,中原城市群范围和规模最终确定。

第二节　中原城市群一体化发展的现实基础

经过多年发展,中原城市群一体化发展已经具备一定的基础,自然地理条件优越,区位交通优势明显,产业发展基础扎实,人文资源积淀深厚,这些都为中原城市群一体化的发展提供了坚实的物质、文化、人力等支撑。

一　综合实力较强

中原城市群产业体系完备,装备制造、智能终端、有色金属、食品等产业集群优势明显,物流、旅游等产业具有一定国际影响力。科技创新能力持续增强,国家和省级创新平台数量众多,人力资源丰富,劳动人口素质持续提升。合芜蚌、郑洛新自主创新示范区建设全面展开,郑州航空港经济综合实验区建设不断取得突破,引领开放、带动全局的效应日益凸显。据统计,中原城市群国土总面积达到28.9平方千米,占全国比重达到3%;总人口为1.6亿,占全国比重达到11.9%。与《国家新型城镇化规划(2014~2020)》确定的长三角、珠三角、京津冀、长江中游、成渝、哈长等其他六个国家级城市群相比,中原城市群在国土面积上,仅次于长江中游城市群和哈长城市群,大于长三角城市群、珠三角城市群、京津冀城市群和成渝城市群，在七大城市群中居第 3 位；在人口规模上，中原城市群在七大城市群中居第 1 位，分别为长三角城市群、珠三角城市群、京津冀城市群、长江中游城市群、成渝城市群和哈长城市群的 1.6 倍、2.7 倍、1.8 倍、1.1 倍、2 倍和 4 倍；在经济规模上，2016 年，中原城市群实现生产总值60396.75 亿元，高于成渝城市群和哈长城市群。

二　交通区位优越

中原城市群地处沿海开放地区与中西部地区的接合部，是我国经济由东向西梯次推进发展的中间地带，位于陇海—京广的"大黄金十字"交叉地区，发达的综合交通通信网络初步形成，这为城市群内城镇的内聚外联提供了保障。陇海—京广两大铁路枢纽在郑州交会，以全国少有的大黄金十字交叉形成中原城市群的主干骨架。"三横五纵"的国家铁路干线与密集分布的铁路支线、地方铁路，共同编织了中原城市群发达的铁路交通网络。《国务院关于支持河南省加快建设中原经济区的指导意见》明确提出，加快建设蚌埠、阜阳、商丘、聊城、邯郸、安阳、新乡、长治、洛阳、三门峡、南阳、漯河、信阳、运城、菏泽、邢台等地区性交通枢纽，形成与郑州联动发展的枢纽格局，这将与快捷的交通网络一道，构成以郑州为中心，300千米为半径的一小时高铁通勤圈。同时，连霍、京港澳等 9 条高速公路，以及 105、106、107、207、310、311、312 等 9 条国道经过这里，公路网密度和道路等级在中西部地区处于明显优势，城镇之间联系通道较为密集。这一范围内拥有一个国际机场和多个民用机场，郑州航空港经济综合实验区建设打开了中原经济区建设的战略突破口，基础建设大规模展开，航空枢纽建设取得重大进展；客流特别是货运超常增长，招商引资、承接产业转移获得重大突破；口岸建设取得很大进步，中欧班列（郑州）运行超出预期；对周边地区的虹吸效应持续增强，辐射带动范围已经超过了河南自身。国家骨干公用电信网的"三纵三横"和南北、东西两条架空光缆干线，构成"四纵四横"的信息高速公路基本框架。交通运输和邮电通信强大的基础保障，使中原城市群内部的凝聚和外部的互动、交流、协作获得了强有力的支撑。

三　城镇体系完整

中原城市群拥有特大城市郑州和数量众多、各具特色的大中小城市，是以河南省郑州市、开封市、洛阳市、平顶山市、新乡市、焦作市、许昌市、漯河市、济源市、鹤壁市、商丘市、周口市和山西省晋城市、安徽省亳州市为核心发展区，联动辐射河南省安阳市、濮阳市、三门峡市、南阳市、信阳市、驻马店市，河北省邯郸市、邢台市，山西省长治市、运城市，安徽省宿州市、阜阳市、淮北市、蚌埠市，山东省聊城市、菏泽市等中原经济区其他城市。该区域城镇空间聚合形态较好，常住人口城镇化率接近50%，大中小城市和小城镇协调发展格局初步形成，正处于工业化、城镇化加速推进阶段。

四　自然禀赋优良

中原城市群地处南北气候过渡地带和第二阶梯向第三阶梯的过渡地带，自然景观荟萃，动植物资源丰富，气候兼有南北之长，人居环境优良。平原、丘陵、山地兼具，以平原为主，产业发展、城镇建设受自然条件限制较小。中原城市群主体河南省是矿产资源大省，在已探明储量的矿产资源中，居全国首位的有钼矿、蓝晶石、红柱石、天然碱、伊利石、水泥配料用黏土、珍珠岩、霞石正长岩8种，居前五位的有25种，居前十位的有48种。其中，煤拥有量居全国第四位，并且完成了以平煤集团、义煤集团、郑煤集团、鹤煤集团、焦煤集团、永煤集团、中原大化为主体的七大煤业集团重组活动。加强与新疆、西藏、内蒙古、甘肃、四川等互补性较强省区的铁、铜、铅、锌等矿种的勘查工作，获取探矿权130个，与非洲及我国周边国家战略合作，有计划地开展矿产资源的开发与勘探工作，获取矿业权超过百个。河南省铝土矿资源储量居全国第三位，氧化铝、电解铝产量居全国第一位，铝土矿资源主要分布在三门峡—郑州—平顶山之间的三角地带，含矿系分布面积达3万平方公里，目前河南省已经形成以铝为主，铜、铅、钼等为辅的有色金属工业制造基地。河南省地矿局与国合公司、永煤集团等单位联合开展的几内亚铝土矿勘探，一期工程提交铝土矿储量4.3亿吨，超过了河南省铝土矿现有保有资源量的总和。粮食、油料、棉花、畜产品、花木、烟叶、中药材等农产品资源在全国占有重要地位。丰富的自然资源为中原城市群一体化发展奠定了坚实的基础。

五 文化底蕴深厚

中原城市群历史源远流长、博大精深，长期是中国古代政治、经济、文化中心，人民勤劳、聪慧，富有自强不息、开拓进取、刚柔相济和兼容并蓄的优良文化传统，是中华民族和中华文明的主要发祥地之一，在中华文明很长的一段历史时期占据着重要地位。从中国第一个夏王朝的建立，到金代灭亡的3500年间，先后有夏、商、西周（成周洛邑）、东周、西汉（初期）、东汉、曹魏、西晋、北魏、隋、唐（含武周）、五代、北宋和金等20多个朝代200多位帝王建都或迁都于此，中国八大古都中，中原城市群就占了四个，分别为夏商故都郑州、商都安阳、十三朝古都洛阳和七朝古都开封。中原城市群的主体河南省地上文物保有量全国第二，地下文物保有量全国第一，为全国文物保护单位最多的省份，被史学家誉为"中国历史自然博物馆"。全省现已查清的各类文物点28168处，全国重点文物保护单位97处，省级文物保护单位666处，县级文物保护单位约4000处，拥有各类文物藏品约130万件，占全国总数的1/8。区域自然风光秀美，人文景观丰富，以少林武术、太极拳、洛阳龙门石窟、开封宋都古城、河南博物院、郑汴洛沿黄"三点一线"、焦作云台山水等为代表的历史文化遗产和精品旅游景区，在国内外具有较高的知名度。

第三节 中原城市群一体化发展存在的问题

中原城市群一体化的谋划和推进，还面临着一些客观存在的问题，包括发展诉求不一致，沟通协调机制没有建立，产业集群的层次整体偏低，生态环境保护压力依然较大等问题，严重影响了中原城市群一体化进程的顺利推进。

一 行政障碍壁垒较为突出

中原城市群①是跨省级行政区的城市群，涉及范围大、面积广，涵盖5

---

① 本文所研究的中原城市群，是以中原经济区为基础，包括河南、山西、河北、山东、安徽5省30个省辖市和3个县（区）所涉及的范围。

省 30 个省辖市，由于分属不同的省份，隶属不同的行政关系，行政壁垒和行政障碍比较突出。尤其是中原城市群是以河南省为主体，山西、河北、山东、安徽四省涉及城市相对较少，因此往往认为中原城市群是河南一省的事情，在有重大利益的时候其往往习惯于"搭便车"，而在不能给自身带来利益的情况下往往缺乏合作"热情"，行政壁垒较为突出，市场分割较为严重，区域障碍比较明显，跨行政区协调难度较大。同时，一些城市基于地方利益和政绩考核的考虑，往往从本地区的角度来考虑问题，缺乏大局意识和整体观念，导致在跨界交通设施建设、水资源使用、生态环境治理以及人员流动上以邻为壑，尤其是不存在行政隶属关系的城镇之间，这种现象尤其突出，使得城市群各城市政府间的横向合作受到严重阻碍。此外，由于中原城市群存在着等级分明的行政隶属关系，城市群中小城市和小城镇，在资源配置中往往处于"从属"和"弱势"地位，导致中小城市发展受到严重约束。因此，在推进中原城市群一体化发展的过程中，如何打破"一亩三分地"的思维定式，破除行政区划的壁垒障碍，成为亟待解决的现实性难题。

二　协调制度建设严重滞后

建立城市群发展的协调机制与协调制度，是国内外成熟城市群发展的典型经验和主要做法。然而，截至目前，中原城市群尚未建立起真正的区域协调制度，直接影响着中原城市群一体化发展和协调共进。一是区域协调机构缺失。目前，针对中原城市群的发展，无论是国家层面的协调机构，还是河南、山西、河北、山东、安徽五省间的协调制度，抑或是中原城市群各城市之间的区域协调制度，均没有建立起来。虽然其间为推动城市群的协同发展，中原城市群建立了诸如九市与省直有关部门联席会议、九市市长论坛、九市政协主席联席会议等议事机构和制度，但这种制度一方面仅限于郑州、洛阳、开封、新乡、焦作、许昌、漯河、平顶山、济源 9 个城市，尚未拓展到中原城市群的所有城市；另一方面这种相对松散、缺乏约束力的协调议事制度，很难真正起到解决城市群协同发展问题的作用。二是城市群协调机制尚不健全。尤其是促进中原城市群协同发展中的利益协调机制、利益分享机制、利益补偿机制、激励约束机制、生态环境联防联控机制等机制还有待进一步建立和完善。

三 核心城市辐射带动力弱

核心城市是城市群快速发展的关键和保证。核心城市发展速度的快慢、规模的大小以及实力的强弱，对于城市群发展的速度、质量和效益具有举足轻重的作用。与长三角、珠三角、京津冀、山东半岛以及成渝城市群等发展相对成熟城市群的核心城市相比，中原城市群核心城市郑州市，无论是经济总量和发展规模，还是经济实力和竞争能力等方面，都还有不小的差距。2015 年，郑州市实现地区生产总值 7315.2 亿元，而同期的北京市、上海市、天津市、广州市、武汉市、重庆市和成都市等国家中心城市分别达到 22968.6 亿元、24964.99 亿元、16538.19 亿元、18100.41 亿元、10905.60 亿元、15719.72 亿元和 10801.2 亿元，郑州市仅为北京市的31.8%、上海市的29.3%、天津市的44.2%、广州市的40.4%、武汉市的67.1%、重庆市的46.5%和成都市的67.7%。因此，如何进一步做大做强中原城市群的核心城市，提高郑州市的综合实力和辐射带动力，成为构建中原城市群过程中必须考虑的重大现实性问题。

四 产业同质化现象比较明显

城市群发展的核心在于推进区域经济发展一体化，关键在于形成合理的区域分工体系，尤其是要形成合理的区域产业分工。由于受行政区划分割、地方利益驱使等多重因素的影响，中原城市群城市职能定位同化，产业同构、同质化现象比较突出，直接影响和制约着城市群的协调发展。比如在主导产业选择和重点产业发展方面，中原城市群所有城市均把装备制造业作为重点发展产业，有 8 个城市把生物医药产业、新材料产业作为发展重点，有 7 个城市把食品工业、化工工业、电子信息产业、新能源产业作为发展重点，有 6 个城市把发展汽车及零配件产业作为发展重点，有 5 个城市把节能环保产业作为发展重点，有 4 个城市把纺织服装产业作为发展重点等。这些相似的产业发展重点，极易引发城市间的资源争夺、恶性竞争，进而导致区域间的重复建设和资源浪费，破坏城市间的和谐发展和区域一体化进程。比如在新一轮招商引资过程中，各城市为了获取相同的产业发展项目，竞相压低地价，甚至是以零成本或负成本来出让土地，造成城市间的恶性竞争，影响城市群发展的整体效益。

五　交通体系建设有待加强

构建高效便捷的区域交通运输网络是城市群协调发展的重要内容，也是城市群协调发展的重要基础。近年来，随着中原城市群交通运输设施的建设，城市群综合交通网络已形成一定的基础，体系网络不断完善，区域交通联系日益便捷，但是相对于城市群协调发展，以及城市群区域联系日益增强的态势而言，中原城市群综合交通运输网络体系支撑能力还相对较弱，其中最为突出地表现在三个方面：一是核心城市郑州市与除开封市之外的其他城市的快速通道建设相对滞后，特别是与济源市、平顶山市等不在主要交通要道上城市的联系通道建设尤其滞后，直接影响到这些城市与核心城市的交通联系；二是除核心城市外其他城市间的交通联系通道建设还比较欠缺，尤其是各个城市间的快捷通道比较紧缺，也影响和制约着这些城市间的交通联系和区域合作；三是小城镇与核心城市、区域性中心城市的联系通道能力比较薄弱，亟需进行改造与提升。因此，加强中原城市群综合交通运输网络体系建设，增强城市群城镇间和城乡间的交通联系，仍是中原城市群未来发展的努力方向和战略重点。

第三章　中原城市群一体化发展的
总体思路

推进中原城市群一体化发展，机遇和挑战并存，必须善于观大势、谋大事，切实增强紧迫感和责任感，解放思想，开拓创新，明确发展思路和目标任务，突出战略任务和重点领域，合理规划实施路径，创新合作方式，积极探索区域一体化发展的新途径和新机制，走出一条符合科学发展和自身实际的一体化发展路子。

第一节　中原城市群一体化发展的基本思路

推进中原城市群一体化发展，要坚持以邓小平理论、"三个代表"重要思想、科学发展观、习近平新时代中国特色社会主义思想为指导，深入贯彻党的十九大和十九届一中、二中、三中全会精神，全面贯彻落实国家和省推进区域发展的决策部署，秉持开放合作、互利共赢、共建共享的思路理念，以协同发展为主线，以产业分工协作为重点，以交通设施对接为先导，以改革开放为动力，着力推进基础设施相连相通、产业发展互补互促、资源要素对接对流、公共服务共建共享和生态环境联防联控，积极探索一体化发展的新模式、新举措和新机制，着力形成规划同筹、交通同网、信息同享、就业同系、市场同体、产业同布、社会同建、旅游同线、环境同治、群众同富的一体化发展新格局，着力打造形成资源配置效率高、经济活力强、具有较强竞争力和影响力的经济发展新增长极，国家重要的先进制造业和现代服务业基地，中西部地区创新创业先行区，内陆地区双向开放新高地和国家绿色生态发展示范区。

第二节　中原城市群一体化发展的基本原则

推进中原城市群一体化发展，既要顶层设计，统筹谋划，积极推进，又要突出重点，把握关键，积极稳妥，切实把握和坚持以下基本原则。

——坚持市场主导、政府推动。遵循市场经济和区域一体化发展的客观规律，统筹考虑资源和环境承载能力，发挥市场在资源配置中的决定性作用，尊重企业和社会组织在一体化中的主体地位，促进资源要素高效流动和优化配置。更好发挥政府引导和协调作用，加强规划引导，支持先行先试，强化政策扶持，打破行政壁垒，优化空间布局，促进产业分工，形成区域一体化发展新局面。

——坚持平等参与、互利共赢。着眼扩大区域共同利益，坚持以发展诉求为前提，以利益联结为纽带，在双方和多方积极谋划、自愿平等、共同推进的基础上，加强中原城市群各城市之间的交流与合作，推进基础设施互联互通、产业分工协作、资源要素对接对流、公共服务共建共享、生态环境联防联控，着力形成区域发展共同体，实现互利共赢、良性互动、协同发展。

——坚持优势互补、良性互动。发挥各地资源要素禀赋比较优势，促进特色化、差异化发展，合理空间布局和功能分区，推动产业合理布局和聚集发展，促进中原城市群内大中小城市功能互补和组团式发展，探索重大项目、平台共建和利益共享机制，实现区域生产力的优化配置，最大限度地挖掘发展潜力，提升区域整体竞争力，形成各具特色、错位互补、协调发展的一体化新格局。

——坚持先行先试、开拓创新。主动适应新形势发展变化，着力深化改革，拓展合作思路，创新合作方式，探索完善资源配置、利益分配、服务共享、制度保障等一体化发展新机制，以先行先试释放发展动力，规范竞争秩序，平衡利益关系，促进社会融合，不断深化区域合作，提升区域一体化发展水平。

——坚持全面推进、重点突破。积极寻找各方利益结合点，充分调动各方面的积极性，积极推进多领域、多层次、多形式合作，以重点领域、重大工程、重大项目为突破口，全面推进城乡建设、基础设施、产业发展、生态文明、公共服务、制度建设等对接合作，推进一体化向深层次、宽领域、高水平发展，全面加快区域一体化进程。

——坚持民生优先、和谐发展。坚持把保障和改善民生摆在一体化发展的优先位置，全面加强教育、医疗卫生、文化体育、社会保障、生态环境等民生事业发展，促进一体化地区共建共享，提高基本公共服务均等化水平，让广大群众更多更公平地享受一体化发展带来的成果。

第三节　中原城市群一体化发展的战略目标

按照全面建成小康社会的目标要求，遵循中原城市群一体化发展的总体思路和基本原则，结合中原城市群一体化发展实际和发展趋势，提出如下战略目标。

一　近期目标

到 2020 年，中原城市群一体化发展初步实现，支撑引领中原崛起河南振兴富民强省的能力显著增强，在中部崛起和国家"一带一路"倡议中地位作用大幅提升，率先实现全面建成小康社会目标。

——综合实力大幅增强。经济社会持续快速发展，高端产业不断集聚，自主创新能力明显提升，综合实力显著增强，在国家发展中战略地位作用更加凸显，支撑引领带动能力大幅提升。

——区域发展更加协调。空间布局优化调整，城镇分工日趋合理，空间联系日益便捷，城乡一体化发展加速推进，区域发展更加协调，初步形成分工合理、各具特色的空间发展新格局。

——产业发展分工协作。产业层次不断提升，产业结构明显优化，产业资源共建共享，产业集群发展和互补对接取得重大进展，共同培育的产业集群和跨区域共建产业园区初见成效，特色优势产业、战略性新兴产业、现代服务业和现代农业快速壮大，自主创新能力显著增强，基本形成布局合理、特色鲜明、分工合作的产业发展新局面。

——基础设施互联互通。区域性重大基础设施建设有效推进，交通、水利、能源、信息、市政、口岸通关等一体化重大基础设施全面对接联网，新郑国际机场、洛阳机场、郑州东站等枢纽型设施辐射力、影响力不断扩大，统筹、共建、共享的综合基础设施框架体系开始形成，基础设施互联互通能力显著增强。

——环境质量明显改善。生态建设加速推进，跨界环境治理有效推进，流域生态环境保护取得积极成效，水环境和空气污染治理成效明显，生态环保联防联治和共建共管机制基本建立，资源节约、环境友好、生态文明的体制机制初步形成，区域整体环境质量明显改善，可持续发展能力大幅提升。

——公共服务均等化加速推进。重点领域公共服务一体化深入推进，文化、教育、医疗卫生和体育等领域资源协作共享，社会保障、城乡就业、人才等领域服务基本实现一体化，城市管理、社会治安、人口管理、食品药品安全等公共事务管理和服务基本实现同城化。

二 远期目标

到 2030 年，全面实现一体化，率先实现现代化。形成综合经济实力强大、空间布局合理、基础设施互通、产业高效联动、生态环境优美、基本公共服务均等、人民生活幸福，在国内具有较强影响力的战略增长极，携领中原城市群建成国家有重要影响力的城市群，成为亚太地区最具活力和竞争力的地区。

第四节 中原城市群一体化发展的空间布局

根据资源环境承载能力、现有开发强度和发展潜力，按照"核心带动、轴带发展、节点提升、对接周边"的原则，明确区域功能定位，规范空间开发秩序，促进人口、产业集中集聚发展，加快形成中原城市群一体化发展的新格局。

根据中原城市群自然条件和现状基础，结合河南省主体功能区规划、新型城镇化规划等相关规划，突出重点，合理布局，构建形成以郑州大都市区为核心，以陇海发展主轴、京广发展主轴、太原—郑州—合肥发展轴和济南—郑州—重庆发展轴为"四轴"，以北部跨区域协同发展示范区、东部承接产业转移示范区、西部转型创新发展示范区、南部高效生态经济示范区为"四区"的"一核四轴四区"网络化空间格局。

一 一核携领：郑州大都市区

"一核"即以郑州大都市区为核心，范围包括郑州中心城区、焦作中心城区、开封中心城区、新乡中心城区、许昌中心城区等区域。要以郑州建设国家中心城市为目标，加快郑州航空港经济综合实验区、郑洛新国家自主创新示范区、河南自由贸易试验区和跨境电子商务综合试验区建设，强化物流及商贸中心、综合交通枢纽和中西部地区现代服务业中心、对外开放门户功能，全面增强国内辐射力、国内外资源整合力。推动郑州与开封、新乡、焦作、许昌四市深度融合，建设现代化大都市区，进一步深化与洛阳、平顶山、漯河、济源等城市联动发展。

二 四轴联动：陇海发展主轴、京广发展主轴、太原—郑州—合肥发展轴和济南—郑州—重庆发展轴

依托"米"字形综合交通网络，增强沿线城市辐射带动能力，促进大中小城市合理分工、联动发展，打造特色鲜明、布局合理的现代产业和城镇密集带。

——陇海发展主轴。发挥陆桥通道优势，提升郑州、开封、三门峡"一带一路"建设重要节点城市功能，增强运城、商丘、淮北、宿州、菏泽等沿线节点城市经济、人口承载能力，打造电子信息、汽车及零部件、装备制造、有色金属、能源化工等产业集群，形成具有较强实力的先进制造业和城镇集聚带，强化对新亚欧大陆桥国际经济走廊的战略支撑作用。

——京广发展主轴。依托京广通道，发挥郑州的辐射带动作用，提升邢台、邯郸、安阳、鹤壁、新乡、许昌、漯河、驻马店、信阳等城市集聚能力，引导食品加工、高端装备制造、医药、精品钢铁、电子信息、节能环保、现代家居等产业加快集聚，打造沟通南北的城镇产业密集带，密切与京津冀城市群等的联系。

——济南—郑州—重庆发展轴。依托郑（州）济（南）万（州）高速铁路建设，加速形成综合运输通道，发挥聊城、濮阳、平顶山、南阳等节点城市和沿线中小城市支撑作用，培育发展装备制造、能源化工、特色轻工等产业，形成对接成渝城市群、沟通山东半岛城市群的城镇发展带。

——太原—郑州—合肥发展轴。加快郑（州）合（肥）太（原）高速铁路、跨区域高速公路和城际快速通道建设，推动长治、晋城、焦作、济源、周口、阜阳、蚌埠等城市扩容提质，加快装备制造、纺织服装、食品加工、生物医药、零部件等产业集聚发展，构建连接长江三角洲城市群、山西中部城市群的城镇和产业集聚带。

三　四区协同：北部跨区域协同发展示范区、东部承接产业转移示范区、西部转型创新发展示范区、南部高效生态经济示范区

突破行政壁垒，创新体制机制，促进省际相邻城市合作联动，加快构建跨区域快速交通通道，优化产业分工协作，推动教育、科技、文化、生态等资源共享，培育北部跨区域协同发展示范区、东部承接产业转移示范区、西部转型创新发展示范区、南部高效生态经济示范区，打造城市群新的增长区域和开放空间。

第五节　中原城市群一体化发展的实施路径

围绕中原城市群一体化发展的目标要求，突出重点领域，强化路径创新，协同推进城乡发展一体化，协同提升基础设施互联互通能力，协同促进产业分工协作，协同共建现代市场体系，协同共享基本公共服务，协同共创区域生态环境，协同打造开放合作新高地，协同开创中原城市群一体化发展新格局。

一　协同推进城乡发展一体化

坚持走新型城镇化道路，创新城乡发展一体化的体制机制，充分发挥郑州大都市区龙头核心带动作用，着力强化洛阳市的副中心地位，积极突出开封市、新乡市、许昌市等城市的战略支撑极作用，着力强化各乡镇和产业集聚区的战略支点作用，有序推进农业转移人口市民化，加强城乡基础设施和公共服务设施建设，加快推进新农村建设，强化农村综合环境整治，着力形成以工促农、以城带乡、工农互惠、城乡一体的新型工农城乡

关系，开创形成城乡发展一体化的新格局。

二 协同提升基础设施互联互通能力

按照统筹规划、合理布局、共建共享、互利共赢原则，以重大项目为抓手，充分发挥交通基础设施建设的先导作用，加快推进能源、水利、信息等基础设施建设，着力提升基础设施互联互通能力与现代化水平，共同建设布局合理、功能配套、安全高效的现代基础设施体系，着力夯实中原城市群一体化发展的现实基础。共同完善综合运输体系，统筹中原城市群一体化交通规划与建设，畅通内外通道，完善交通网络，强化枢纽功能，加快形成布局合理、衔接紧密、内通外联、便捷高效的综合运输体系。协同增强能源保障能力，根据区域环境承载能力和大气污染防治要求，科学布局、统筹推进能源基地建设，完善能源供输网络，提升能源设施共建共享水平。着力推动水利工程共建，确保区域防洪安全、供水安全、生态安全和粮食生产需要，推进区域内黄河干流及主要支流水利设施共建，统筹水资源开发、利用、节约、保护及水害防治工作。统筹信息基础设施建设，统一规划、集约建设数字化、宽带化、智能化、综合化、一体化的信息设施，促进资源共享，做到通信同网同费。

三 协同促进产业分工协作

充分发挥地区比较优势，以市场为导向，以企业为主体，以推进产业链跨区域布局、共建产业合作平台等为重点，促进城市间产业协作配套，推进产业跨区域布局，鼓励企业跨区域重组联合，构建横向错位发展、纵向分工协作的产业分工协作体系。联合提升工业发展水平，以优势产业和骨干企业为龙头，联手打造电子信息、装备制造、铝工业等优势产业集群，延长产业链，提升产业层次，合力建设全国先进制造业基地和战略性新兴产业基地。合力发展现代服务业，重点在文化旅游、现代物流、金融保险、信息服务等领域展开深度合作，提质增效，全面提升区域服务业发展水平。协同发展现代农业，稳定提高粮食生产能力，积极发展高产、优质、高效、生态农业，构建区域共享的农业服务体系，建成特色农产品生产与加工基地。协同推进自主创新体系建设，联合组建产业技术创新联盟，加强创新平台共建和资源开放共享，联合攻关共性关键技术，推动科技成果转化运用。建立产业协同发展机制，建立健全产业转移推进机制和利益协调机制，搭建产业合作平台，共建产业集聚区，逐步统一土地、环保等政策。

四　协同共建现代市场体系

突破行政区限制和体制障碍，全面清理阻碍生产要素和商品自由流动的各种不合理规定，统一市场规则，加快发展统一、开放的商品市场和要素市场。实行统一的市场准入制度，促进区域市场主体登记注册一体化。完善区域金融服务网络，支持地方金融机构互设分支机构，探索建立一体化的存取款体系、支付与资金结算体系。完善人才评价体系和就业管理服务网络，健全统一规范的劳动用工制度和就业信息跨区域共享的人力资源市场体系，实现各市互认培训和鉴定结果，促进人力资源跨区域流动。建立互联互通的技术交易市场，实施统一的技术标准。打造信息平台，依法实现信用信息公开与共享。取消商品流通、市场准入等限制，推进商品、生产资料等市场一体化。鼓励建立区域性行业协会。

五　协同共享基本公共服务

秉持均衡共享理念，以保障和改善民生为重点，加强公共服务交流合作，合理配置基本公共服务资源，建立健全资源要素优化配置、共建共享、流转顺畅、协作管理的社会公共事务管理机制，加快推进区域教育、文化、医疗和社会保障等基本公共服务一体化建设，推动基本公共服务同城化、均等化。推进教育合作，支持各类教育跨区域合作办学和交流，鼓励共建职业教育培训和公共实训基地。推进医疗资源跨区域共享，引导郑州市、洛阳市优质医疗资源向其他城市辐射，促进各市医疗卫生资源联系协作，推动重大疫情联防联控。推进文化、体育等公共设施共享。推动医疗保障、养老保险的区域统筹和无障碍转移接续，实现基本医疗保险定点医疗机构互认和就医医疗费用联网结算。协同创新社会管理，构建区域协调一致的社会公共事务管理机制，重点加强在人口联动管理、社会治安综合治理、防灾减灾、安全生产、应急处置等方面的合作，形成社会服务和管理合力，为区域和谐发展提供有力保障。

六 协同共创区域生态环境

建立健全跨区域生态环保联动机制，编制实施中原城市群一体化发展环境总体规划，严格按照主体功能定位推进生态一体化建设，加强生态环境综合治理，推动区域绿色化发展，共建天蓝、地绿、水清的生态文明家园。加快生态环境建设，共建以黄河、伊河、洛河、南水北调为重点，以山地、森林、湿地等生态系统为主体，以自然保护区、森林公园和风景名胜区为支点的生态保护屏障。加强跨区域生态工程建设，联合开展重点流域水污染治理，加强跨区域大气污染防治。提高资源利用水平，大力发展循环经济，倡导绿色低碳生活方式，共促区域绿色发展。建立区域生态环境保护合作机制，完善环境污染联防联治机制，建立区域生态补偿机制，健全生态环境监测、信息沟通、联合执法、重大环境事件协调处理机制。

七 协同打造开放合作新高地

实施更加积极主动的开放合作战略，着力发挥郑州航空港经济综合实验区、中国（河南）自由贸易示范区等对外开放重要门户作用，积极强化中原城市群一体化的整体优势，创新对内对外开放和交流合作机制，打造高水平开放合作平台，大力发展内陆开放型经济，全面提升对外开放水平，打造内陆开放合作新高地。积极参与和融入"一带一路"建设，重点推动东向出海口和西向欧亚大陆桥的对外开放大通道建设，巩固提升郑欧班列领先地位。联合打造区域开放平台，联合申报国家进口贸易创新示范区，推动郑州跨境贸易电子商务服务试点，推进新郑综合保税区建设，加快郑州进口肉类指定口岸、洛阳铁路集装箱站口岸等建设，推进区域一体化建设。强化招商引资工作，建立招商引资联动机制，共建招商平台，实施区域联合招商。全面加强区域合作，重点推进与京津冀、长三角、珠三角、长江中游、成渝、关中—天水等城市群的战略合作。

第四章　协同推进全面深化改革

党的十八届三中全会以来，中原城市群坚决主动、积极有序推进全面深化改革，取得了初步成效，形成了全面深化改革的良好开局。作为国家级城市群，中原城市群下一步要全面深化改革，准确把握改革的总体趋势与基本取向。既要遵循中央统一部署，又要立足基本区情，凸显中原特色，从尊重市场规律、突出问题导向、打破部门利益、重视法治建设、务求改革实效等方面出发，采取切实可行的政策措施，扎实推进全面深化改革，为实现中原城市群目标清除体制机制障碍，奠定良好的制度基础。

第一节　全面深化改革的总体判断

党的十八届三中全会对新一轮改革做出总体部署，开启了全面深化改革的新阶段。中原城市群对全面深化改革工作高度重视，在服从中央统一部署的同时，从实际出发，把握"两个条件"的工作思路，构建"三层推进"的工作机制，坚持全面深化改革与教育实践活动整改、中央巡视组反馈意见整改"三改合一"，既加强整体谋划，又突出改革重点，积极主动有序推进全面深化改革，改革工作取得了初步成效，形成了全面深化改革的良好开局。

一　全面加强了组织领导

为确保全面深化改革扎实有序进行，中原城市群高度重视，成立了高规格的改革领导机构，全面加强组织领导。2014年2月，中原城市群主体河南省成立了全面深化改革领导小组，由省委书记担任组长，领导小组负责河南改革的总体设计、统筹协调、整体推进和督促落实。领导小组下设4个专项小组，主要负责抓好选题、搞好调研、拟订方案、协调推进、推动落实。根据全面深化改革的工作需要，2014 年 8 月，省委全面深化改革领导小组又印发了《省委全面深化改革领导小组专项小组及专题小组设置方案》，将原 4 个专项小组调整为经济体制改革、党风廉政建设制度改革、司法和社会体制改革、党的组织建设制度改革、农村改革、行政区域管理体制改革、文化体制改革、推动人民代表大会制度与时俱进、推进完善协商民主制度改革 9 个专项小组。9 个专项小组下设 47 个专题小组，具体负责近期改革任务的推进落实和本领域其他改革事项的推进落实。各市以及省直各部门也相继成立全面深化改革领导小组和办公室，全省全面深化改革组织领导和推进体系初步形成。目前，河南省已先后召开四次省委全面深化改革领导小组会议、省委九届七次全会等专门安排部署全面深化改革工作。

二 研究出台了多项政策文件

全面深化改革，需要相应的政策和制度保障。党的十八届三中全会以来，中原城市群主体河南省出台了多项政策文件，形成了较为完善的政策体系。在 2014 年 3 月召开的省委九届七次全会上，河南省委出台了《中共河南省委关于贯彻党的十八届三中全会精神全面深化改革的实施意见》《关于贯彻〈中央有关部门贯彻落实党的十八届三中全会决定重要举措分工方案〉的责任分工意见》《河南省全面深化改革第一批重点改革事项》，形成了河南省全面深化改革的"1 + 2"格局。2014 年 8 月，河南省委全面深化改革领导小组又印发了《省委全面深化改革领导小组督办的近期重点任务》，指导近期改革工作。在重点改革领域和具体专项改革事项方面，河南先后出台了多项改革意见，如《关于深化户籍制度改革的实施意见》《关于进一步深化国有企业改革的意见》《河南省深化财税体制改革实施方案》《关于推广运用政府和社会资本合作模式的指导意见》《关于推进政府向社会力量购买服务的实施意见》《关于促进市场公平竞争维护市场正常秩序的实施意见》等。

三 明确了全面深化改革的方向和重点

全面深化改革涉及领域宽，改革内容多，必须统筹兼顾，有重点、有步骤地分批次推进。为此，根据《中央全面深化改革领导小组 2014 年工作要点》和《中共河南省委关于贯彻党的十八届三中全会精神全面深化改革的实施意见》，河南省委全面深化改革领导小组围绕解决影响经济社会科学发展的突出障碍和群众反映强烈的突出问题，于 2014 年 3 月出台了《河南省全面深化改革第一批重点改革事项》，明确了第一批 9 个方面 35 条重点改革事项。目前各有关方面正在按照省委部署，积极有序推进，上半年已陆续出台各类改革意见、改革方案 36 项。为进一步聚焦重点领域和关键环节，突出关键性、体制性、实效性、准确性、可行性，河南省委全面深化改革领导小组在抓好第一批 35 项重点改革事项推进落实的基础上，进一步聚焦重点领域和关键环节，于 2014 年 8 月又出台了《省委全面深化改革领导小组督办的近期重点任务》。近期重点任务共 29 项，主要内容可以概括为"一跟进、两聚焦"。"一跟进"，就是抓好中央已出台的重点改革事项跟进落实；"两聚焦"，即是聚焦影响经济社会发展的突出障碍深化改革，聚焦群众反映强烈的突出问题深化改革。

四　有序推进了重点领域的改革

党的十八届三中全会以来，中原城市群主体河南省把握"两个条件"（职责权限、实践条件）的工作思路，坚持全面深化改革与教育实践活动整改、中央巡视组反馈意见整改"三改合一"，积极主动谋划和推出了一系列符合中央要求、具有地方特色的改革举措，推进了一些重点领域和关键环节的改革并取得较大突破。例如，在郑州航空港经济综合实验区建设方面，赋予其省级权限范围内的改革试验权，打造全省深化改革、体制机制创新的示范区，突出"凡是省级权限内的都可以先行试验"，完善航空港实验区"扩权"机制，并深化"大通关"体系建设、金融和投融资制度创新等专项配套改革。在新型城镇化体制改革方面，出台了《关于深化户籍制度改革的实施意见》，启动了省级新型城镇化综合改革试点，在巩义市、禹州市、西华县启动了县（市）城乡总体规划暨"三规合一"试点。在专项国家改革试点方面，郑州、南阳进入全国生态文明示范区建设试点，洛阳、漯河进入全国养老服务业综合改革试点，洛阳市、新郑市、禹州市、兰考县进入国家新型城镇化综合试点，永城市获批国家级农业改革与建设试点示范区。在国有企业改革方面，确定了三项国有企业改革试点，即省级发展混合所有制经济工作试点、职业经理人市场化选聘试点、组建国有资本投资公司试点。在群众反映的突出问题方面，出台了《关于全省交通运输行政执法体制改革的意见》，着力解决乱设站卡、乱罚款、乱收费等公路"三乱"问题；建设全省公共就业综合信息服务网络，着力解决特殊群体的就业难问题；出台《河南省城乡居民基本养老保险制度实施意见》，解决城乡养老保险"双轨制"问题等。

五　形成了较为完善的工作推进机制

中原城市群主体河南省全面深化改革领导小组第一次会议通过了《中共河南省委全面深化改革领导小组工作规则》《中共河南省委全面深化改革领导小组专项小组工作规则》《中共河南省委全面深化改革领导小组办公室工作细则》，初步形成了全面深化改革的工作机制。为进一步推进全面深化改革，河南省委全面深化改革领导小组又印发了《省委全面深化改革领导小组专项小组及专题小组设置方案》，构建起领导小组、专项小组、专题小组"三层推动"的工作架构。领导小组主要负责总体设计，对于重大改革问题组织深入研究，把握改革事项推进的节奏和步骤，使相关改革协同配套、整体推进；专项小组，主要负责研究相关领域重大改革问题，协调推动有关专项改革政策措施的制定和实施；专题小组，具体负责改革事项的推进落实。通过三层架构有分有合，进一步明确了各方面的责任分工，调动了方方面面的积极性，提高了工作效率，形成共同推进改革的工作合力。此外，为了督促加快改革步伐和将改革落到实处，对于重点改革事项实施台账管理和项目负责制，加强督促检查，逐月通报推进落实，落实缓慢的项目牵头部门将被通报批评。这表明中原城市群全面深化改革步入轨道，组织架构和工作机制初步建立，改革工作开始常态化运行。

第二节　全面深化改革面临的突出问题

党的十八届三中全会以来，中原城市群坚定有序地推进全面深化改革，取得了初步成效。但是我们要清醒地看到，目前中原城市群改革还处在初入轨道的阶段，存在诸如改革信心尚未完全确立，等待观望现象普遍存在，工作方法上热衷于"大呼隆"，改革的问题导向和针对性不强，部门利益之争严重，改革的地方特色不明显等突出问题。随着改革的持续推进，前行道路上遇见的困难和障碍将会越来越多。必须进一步提高认识，以更大的勇气、更高的智慧解决影响改革发展的突出难题，坚定不移地推进改革创新。

一　对全面深化改革的信心尚未完全确立

坚定信心是顺利完成全面深化改革任务的关键，当前中原城市群的改革还处在初入轨道阶段，干部群众和社会各界对全面深化改革的信心尚未完全确立。这首先表现在一部分干部改革的决心不够强。比如存在畏难情绪和求稳怕变思想，在触及深层次矛盾和重大利益调整时，采取"能拖就拖、能推就推、能躲就躲"的办法，害怕承担改革风险和责任；存在敷衍应付、浅尝辄止的虚浮作风，将一些亟需推进的工作停留在空喊口号上，停留在文件和会议上，各项措施落实不到位，甚至搞"移花接木、以点带面"，致使改革进度缓慢，成效大打折扣。其次，社会各界对改革的信心不足，预期不高，动力不大。当前改革的步伐越来越大，出台的政策措施力度也越来越大，但由于当前改革中许多政策措施是在各类闭门会议上敲定的，大多数民众只能眼盯报纸、电视、网络等待会议结果，看决议、实施意见等如何决定自己的命运。久而久之，群众认为改革就是各级政府的事，是领导干部们的事，越发失去了参与改革的积极性和主动性。比如像国企改革等与千千万万职工生活密切相关，需要以壮士断腕的决心去突破利益固化藩篱的改革，进程缓慢且政策模糊。广大民众对其逐渐产生疑虑，失去信心，认为涉及部门利益、官员利益的改革总是"雷声大、雨点小"，终究会流于形式，因而对其不抱乐观预期。随着全面深化改革向纵深持续推进，毋庸置疑会遇到不少"拦路虎"。面对前行道路上的各种艰难险阻，信心和勇气比黄金还要重要。中原城市群各市上下只有深化对全面深化改革的认识，坚定广大干部群众投身改革的信心和决心，凝聚共识，形成合力，才能扎扎实实地推进改革的各项具体工作。

二　等待观望现象普遍存在

2014年是全面深化改革的开局之年，中央自年初开始密集出台了一系列深化经济体制改革的举措，河南省深刻领会、吃准吃透中央精神，结合中原城市群实际扎扎实实地推进改革的各项工作。但是，部分单位或部门推进改革过于强调"不抢跑",缺乏改革的积极主动性,存在着等待观望、坐等中央指示的现象。例如,在事业单位改革方面,相对于文化单位转企改制工作的顺利推进,学校、科研机构、医院等事业单位的改革则停滞不前。中原城市群完全可以在全区范围内分类选取试点单位,从取消内设机构行政级别等方面着手,主动探索推进事业单位去行政化改革。另外,随着中原城市群新一轮国企改革的开启,如何避免国资流失成为各方关注的焦点。应加强调查研究,制定方案出台措施,强化对国有企业改革的规范和监督管理,防止"空壳企业""举债公司"的产生,有效保护国有资产的安全。此外,一些地方基层对贯彻落实改革举措不够积极主动,存在等待观望、梗阻、方案难落地等现象。尤其是现在有相当一部分基层领导干部,认为这次改革是"自上而下"的顶层设计,只要按照中央、省委、市委的决策部署落实就行。面对眼前盘根错节的矛盾问题,他们抱着等一等、拖一拖的观望心态,试图等中央和各省明确方法和路径后,再来照搬照抄,照章办事。当前这些地方基层对改革"等待观望"的态度,不仅会制约地方和基层的探索改革空间,还会使顶层谋划遭遇"梗阻",难以落地真正见实效。拖宕等待只会贻误战机,我们只有以更大的政治胆识和智慧争得改革先机,不让人民群众的希望、信心和热情在一次次等待中消磨殆尽,才能赢得发展良机。

三 在工作方法上热衷于"大呼隆"

2014年伊始,为贯彻落实中央有关精神,坚决主动有序推进全面深化改革,中原城市群主体河南省先后出台了一系列措施,涉及方方面面的改革,范围比较全面。但是其中一些事项并不涉及体制机制问题,属于常规性的工作。由此反映出,当前城市群改革的突破点聚焦还不够。另外,一些地方基层还存在将日常工作贴上改革标签,用日常工作代替改革、蒙混过关的现象,这些都是工作上热衷"大呼隆"的表现。改革最怕"大水漫灌大呼隆",各项工作一哄而上,做事没有主次,不分轻重缓急,劲没少使,效果却不佳。纵观十八大以来,从财税政策到货币政策,中央宏观调控的发力点不约而同地聚焦于小微企业、"三农"等经济薄弱环节,精准调控已经成为我国近期稳增长措施的新特点。针对城市群的全面深化改革,各省在部署推进下一阶段工作时,不但要统筹兼顾,更要进一步聚焦问题、抓重点。必须要有勇气直面问题，精选过滤、进一步提升重点改革事项的含金量。要像过去抓十件大事那样，以目标倒逼责任，一级抓一级，层层抓落实。通过精准把握改革节奏，有力控制改革流程，避免工作方法的简单化、表面化，防止"大呼隆""一锅烩"等不良现象冒头，有效促进改革各项具体工作的落实。要让群众感受到改革不是停留在空泛的口号上，而是动真碰硬、精准有力的。

四　改革的问题导向和针对性不强

改革是由问题倒逼而产生，又在不断解决问题中深化的。全面深化改革是一项涉及面广、关注度高、利益复杂的社会系统工程，必须从中国的国情、从中原城市群的区情及发展要求出发，针对重点领域和关键环节存在的突出问题，找准切入点，选准突破口，才能做到有的放矢，增强改革的针对性和实效性。目前，在全面深化改革当中还存在问题导向性不强、措施针对性不强、解决问题的深度不够等方面的不足。比如，一些地方和部门的改革任务没有瞄准靶心、聚准焦点，出台的一系列措施针对性不强，存在形式化、表层化的问题，可检验的成果形式和时间进度安排也不明确；一些重点事项在推进过程中，没有找准薄弱环节和问题症结所在，改革的点子、政策、方案等不符合实际情况，不符合客观规律，没有做到对症下药。任何一项改革如果抓不住问题，找不到"缺口"，就没有针对性，没有重点，没有方向；如果不能解决问题，就会沦为"空谈"，就无法深化，无法行稳致远。那些看起来很好、很全面，做起来无效果的一般化措施、重复性措施，不仅无益于改革任务的落实，甚至还会阻碍改革的顺利推进，必须认真检视、讨论，加以筛选。当前，城市群正处于爬坡过坎、攻坚转型的关键时期，凝神聚力推进全面深化改革，除了积极跟进中央出台的改革事项，抓好各项改革举措的落实，还要坚持聚焦影响经济社会发展的突出障碍，聚焦群众反映强烈的突出问题，深入调查研究，摸清实际情况，找准改革切入点，有的放矢地对症施"改"。将突破重点、整体推进相结合，使解决突出问题与全面深化改革良性互动，切实提高改革的针对性和实效性。

五　部门利益之争问题突出

全面深化改革作为一项复杂的系统工程，涉及经济、政治、文化、社会、生态和党建等多个领域，从中央到省、市、县各级政府相关管理部门都应成为改革的重要落实者和参与者。在过去多年的改革历程中，政府部门利益及其相互之间的冲突在一定程度上给改革带来了阻力。当前，在推进全面深化改革进程中，针对一些有油水的"新时空"，部门之间的冲突、多方政策"打架"事件也时有发生。再加上监督制约机制相对滞后，制衡力量比较匮乏，长期形成的"官本位"思想使得各部门习惯以"我"为中心，习惯过于强调、维护与谋取本部门利益。部门之间则长期各自为政、互不买账，缺乏有效沟通联系和协调配合，甚至互为掣肘，互设障碍，对改革全局产生了一些不良影响，损害了社会公正与大众利益，增添了全面深化改革的风险。另外，一些部门在改革危及自身利益时，往往以消极执行改革政策、工作行动迟缓、疲沓拖拉等方式应对，导致一些领域的改革改而无效、改而效微。如今，中原城市群正在开启的新一轮国有企业改革，改革的重点除发展混合所有制经济和市场化选聘职业经理人之外，还有一条就是要政企分开。尽管城市群国有企业与政府脱钩改制工作推进较早，但是电力、电信、供水等自然垄断行业、城市基础设施建设行业等国有企业改革还相对比较缓慢。2014年9月，国务院出台《关于加强地方政府性债务管理的意见》，明确要剥离融资平台公司政府融资职能。城市群各地在城投公司与政府脱钩、谋划市场化改制方面尚未有实质性动作。

六 改革的地方特色不明显

尽管全面深化改革强调中央顶层设计、统筹协调推进，但是全国各地资源、经济、社会、文化等差异显著，地方在保持与中央改革整体目标一致的前提下，应当结合自身实际，按照"问题"导向原则有所侧重，避免改革同质化倾向。这就要求中原城市群在贯彻中央改革决策部署时，既要体现全国改革的共性，服从全国一盘棋的需要，又要从实际情况出发，发挥自身比较优势，有重点、有针对性地谋划涉及各市的改革方案，凸显出地方特色。目前，中原城市群扎实推进全面深化改革的各项工作中，已经体现出不少特色和亮点。但整体来说，中原城市群各市在充分发挥自身特点和优势方面，还存在较大提升空间，如继续争取国家层面的规划引导，充分发挥中原城市群"无法复制"的区位交通优势，提升其打造丝绸之路经济带桥头堡的软硬件空间；发挥农业大区的粮食生产优势，重视"小块

并大块"促流转、"内置金融"破解融资难等农民群众创造的典型示范带动
作用，将基层实践"探路"与顶层设计"指路"有机结合，深化中原城市
群各市农村制度改革，推动农业现代化的快速发展等。

第三节　全面深化改革的基本取向

作为国家级城市群，中原城市群下一步全面深化改革，要准确把握改
革的总体趋势与基本取向，既要遵循中央统一部署，又要立足基本区情，
凸显地方特色，务求改革实效。具体来说，就是改革方向要与中原城市群
战略谋划的指向一致，改革目标要与中原城市群的总体目标统一，改革重
点要以中原城市群经济社会发展面临的突出问题为导向，改革措施要突出
中原特色彰显城市群比较优势。在具体改革过程中，经济体制改革要更多
兼顾公平价值，政治体制改革要更多加强权力制约，社会体制改革要更加
重视社会正义，文化体制改革要更加重视文化的核心价值功能，生态文明
体制改革要更加重视后代人的价值诉求。

一　改革方向要与中原城市群战略谋划的指向一致

与 40 年前的第一轮改革相比，这一轮全面深化改革更具复杂性和艰巨
性。从政府与市场关系的改革，到医疗教育改革等，都是深刻的利益调整。
在这样的形势下，必须把握好全面深化改革的正确方向，即坚持和完善党
的领导，贯彻党的基本路线，不走封闭僵化的老路，不走改旗易帜的邪路，
坚定走中国特色社会主义道路，坚持和完善中国特色社会主义制度。具体
到中原城市群来说，全面深化改革要遵循中原城市群的战略谋划，把握正确
方向，坚定道路自信、理论自信、制度自信、文化自信，与中央确定的改革
方向保持高度一致；要立足地方实际，把全面深化改革与建设国家级城市群
结合起来；要聚焦战略，完善方略，进一步放大国家战略总体效应，充分利
用国家战略规划赋予的先行先试权，坚决主动有序推进全面深化改革。

二　改革目标要与中原城市群的总体目标统一

近年来，中原城市群经济社会发展取得巨大成就，但人口多、底子薄、
基础弱、人均水平低、发展不均衡的基本区情仍然是阻碍城市群发展的最

大矛盾，以改革促发展仍是中原城市群当前面临的主要任务。可以说，改革是破解长期以来困扰中原城市群科学发展的结构性、体制性问题，决定中原城市群发展的关键，是实现中原城市群振兴崛起的必由之路。因此，中原城市群全面深化改革的目标确定必须要与建设国家级城市群总体目标相统一，以促进社会公平正义、增进人民福祉为出发点和落脚点，加大改革力度，坚决破除各方面体制机制弊端，在重要领域和关键环节取得决定性成果，形成系统完备、科学规范、运行有效的制度体系，为中原城市群目标的实现奠定坚实的制度基础。

三 改革重点要以中原城市群经济社会发展面临的突出问题为导向

习近平总书记指出，"改革是由问题倒逼而产生，又在不断解决问题中而深化"，"要有强烈的问题意识，以重大问题为导向，抓住关键问题进一步研究思考，着力推动解决我国发展面临的一系列突出矛盾和问题"。这一论述，对于我们全面深化改革具有重要指导意义。问题是时代的声音，也是改革的起源。坚持问题导向，正视问题、找准问题、解决问题，是党的解放思想、实事求是、与时俱进的基本思想路线在改革中的具体体现，是有的放矢、对症下药、科学有序推进各项改革的基本遵循，是发挥人民群众首创精神，实现顶层设计与摸着石头过河有机统一的最佳结合点，也是提高改革针对性和实效性的关键所在。近年来，中原城市群加快实施国家战略规划，扎实推进城市发展、产业发展等，与东部沿海地区政策性差距缩小，战略地位和比较优势上升，经济社会发展态势良好。但同时，中原城市群正处于工业化、城镇化加速阶段，外部环境变化和自身结构性矛盾相互交织，总体上仍处于爬坡过坎、转型攻坚的紧要关口，产业结构总体低端化、创新能力偏弱、资源消耗大、生态环境脆弱、综合竞争力不强等深层次问题比较突出，经济社会发展中的"两难"问题比较多。此外，教育、医疗、社会保障等社会热点难点问题日益凸显，各类体制机制性障碍仍是制约中原城市群发展的深层次原因。中原城市群全面深化改革，必须树立强烈的问题意识，确定改革重点要以经济社会发展面临的突出问题为导向，抓住事关中原城市群发展的重大问题、关键问题，找出对策，务实推进改革。

四　改革措施要突出地方特色，彰显中原城市群比较优势

准确把握区情，突出特色，彰显优势，是各省（自治区、直辖市）贯彻落实党的十八届三中全会精神，推进本省份全面深化改革的重要前提。中央提出的全面深化改革的指导思想、目标任务、重大原则，是各省份全面深化改革的行动指南。但是，要将这些任务全面、完整地落实到位，就要因地制宜，紧密结合各地实际情况来进行。这是由于我国领土辽阔，区域差异显著，各地情况千差万别，经济社会发展水平不同，存在的优劣条件不同，面临的突出问题也不相同。因此，改革的方向、重点、具体任务也应该各有不同。只有把握准本地的情况，才能有的放矢，有效解决问题。这就要求各省份在落实中央政策时，必须要把握准本省份省情，结合本省份实际，从实际出发谋划实施重大改革举措。

具体到城市群来说，中原城市群是人口大区、产粮大区，又地处连接东西、贯通南北的战略枢纽，在中华文明发展进程中占有重要地位，做好中原城市群改革发展稳定各项工作责任重大。当前，中原城市群的国家战略规划陆续批复，尤其是作为先行先试的综合改革试验区，其优惠政策优势日趋凸显；拥有优越的交通区位、丰富的劳动力以及矿产资源，区位、能源、粮食、劳动力等传统优势依旧明显；产业集聚区、特色商业区和商务中心区等载体优势逐步显现等。中原城市群推进全面深化改革，要在服从中央统一部署的同时，突出地方特色，彰显城市群的比较优势，从实际出发制定实施具体的改革措施，把中原城市群的潜力和优势充分发挥出来。例如，抓住国家战略赋予的先行先试权，加大体制机制创新力度。加快推进郑州航空港经济综合实验区体制机制示范区建设，打造深化改革、体制机制创新的示范区。完善产业集聚区管理体制，深化农村制度改革等。继续深化重点领域和关键环节改革，支持土地流转、农村人口有序转移等关键环节先行先试，推动航空管理、海关监管、口岸建设、通关便利化等重点领域大胆创新。

五　改革要注重把握几个方面

制度的核心是价值理念。改革的过程既是价值引领的过程，也是价值

体系塑造的过程。上一轮改革主要以效率为基本价值追求，新一轮改革以"完善和发展中国特色社会主义制度，推进国家治理体系和治理能力现代化"为总目标。这就需要在推进制度体系建设的同时，丰富价值体系，形成和发展与治理体系现代化和现代国家成长相适应的新的价值内核。推进全面深化改革，也要从"五位一体"的总体布局出发，在改革过程中形成完善的价值体系。

第一，在经济体制改革中，要在强调效率价值的前提下，更多兼顾公平价值。上一轮改革强调效率优先，促进了城市群经济快速增长，也造成了巨大的城乡区域发展差距和居民收入分配差距，新一轮改革需要更多兼顾公平价值。

第二，在政治体制改革中，要在优化行政权力配置的前提下，更多加强权力制约。上一轮改革注重权力的配置，适应了社会主义市场经济体制的专业化管理的要求，但同时出现了行政权力的部门化和分散化，进而衍生出部门利益倾向。新一轮改革需要强化权力运行制约和监督体系。

第三，在社会体制改革进程中，在强化治理的前提下，更加重视社会正义。传统社会管理以行政权力为枢纽，现代社会治理必须以正义为基本价值。新一轮改革要更加重视社会正义，关键在社会领域消除特权，形成基于起点公平、程序公平和结果公平的社会体制机制。

第四，在文化体制改革进程中，在重视文化产业价值前提下，更加重视文化的核心价值功能。上一轮的文化改革主要侧重文化的产业功能。全面深化改革必须将文化的价值功能上升到突出地位，培育和弘扬社会主义核心价值观。

第五，在生态文明建设体制改革中，在强调当代人价值诉求的同时，要更加重视后代人的价值诉求。上一轮改革主要追求即期发展，全面深化改革必须同时基于当代人和后代人的价值诉求，构建从源头保护，到治理、到追责、到修复的生态文明建设制度框架，以实现中华民族永续发展。

第四节　全面深化改革的政策建议

针对当前中原城市群全面深化改革面临的突出问题，综合考虑中原城市群面临的形势和下一步全面深化改革的基本取向，必须进一步解放思想，增强和提升全面深化改革的意识，从尊重市场规律、突出问题导向、打破部门利益、重视法治建设、务求改革实效等方面出发，采取切实可行的政策措施，扎实推进全面深化改革，为实现中原城市群一体化清除体制机制障碍奠定良好的制度基础。

一　解放思想，进一步增强和提升全面深化改革的意识

中央出台了一系列关于重大改革的举措，既有全面深化改革的总体谋划，又有重点领域和关键环节的实施方案，中原城市群各市也出台了全面深化改革的"路线图"和"时间表"。遵循"路线图"推进改革，按照"时间表"落实改革，要进一步坚定改革信心，焕发改革精神，凝聚改革力量。

1. 坚定改革必将成功的信心

"信心比黄金更宝贵"。现在，改革到了一个新的重要关头，推进改革的复杂程度、敏感程度、艰巨程度前所未有，对于改革的质疑和不同声音仍然存在，我们既要看到改革面临的困难和阻碍，更要看到改革的光明与希望，看到中央坚定改革的信心和决心，对改革的成功充满自信。要进一步提高思想认识，充分认识全面深化改革的重大意义，只有改革才能加快经济发展方式转变，在区域竞争中占据优势地位，实现社会和谐稳定，深刻认识改革开放是实现中原城市群发展的必由之路，进一步增强全省各级领导干部改革的意识和决心。

2. 凝聚改革的社会共识

全面深化改革是一项长期系统的工程，必须调动方方面面的积极性，通过集体的智慧推动改革。改革必将触及社会各阶层的利益，面对多元化的利益主体和诉求，要求同存异，善于寻找最大公约数，更好地促进社会公平正义，增进人民福祉，统筹兼顾各阶层群体的利益。要加强宣传教育，在全社会形成支持改革、推进改革的浓厚氛围，为改革创造良好的条件和环境。

3. 增强改革的使命感和责任感

要以对党的事业负责、对城市群发展负责、对人民长远利益负责的态度，敢于担当，勇于改革。认识到全面深化改革是中原城市群发展面临的一个重大机遇，既要服从中央统一部署"不抢跑"，也不能消极等待，贻误改革良机，要进一步解放思想，大胆先行先试，创造性地开展工作，率先获得"改革红利"。

二 尊重市场规律，充分发挥市场在资源配置中的决定性作用

全面深化改革，激发各类经济主体发展新活力，其体制改革的核心问题是处理好政府和市场的关系，使市场在资源配置中起决定性作用和更好发挥政府作用，进一步解决政府干预过多的问题。

1. 更加尊重市场决定资源配置这一市场经济的一般规律

完善决定资源配置的市场机制，使市场配置资源更加有效。建设公平竞争的市场环境，积极探索负面清单管理模式，建设法治化的营商环境，实行统一的市场准入和市场化退出制度，在制定负面清单基础上，各类市场主体可依法平等进入清单之外领域。建立统一开放的市场，要打破地方保护，特别是地方政府对本地处于劣势的产业和企业保护；要打破市场的行政性垄断和地区封锁，实现商品和各种生产要素在全国范围自由流动，各个市场主体平等地进入各类市场交易。加快中原城市群现代市场体系建设，紧密结合地方实际，在完善金融体系，建立健全城乡统一的建设用地市场，完善资源性产品价格形成机制等重点领域深化改革，加快建立健全现代市场体系。

2. 政府推动发展要尊重市场规律

过去的几十年，推动经济发展是政府的重要职责之一，由于对各级政府的 GDP 考核和片面追求 GDP 的增长，促使政府利用行政手段配置资源，过多地干预市场。要进一步厘清政府与市场的边界，凡属市场能发挥作用的，政府要简政放权，要松绑支持，减少干预；同时，凡属市场不能有效发挥作用的，政府应当主动补位。目前，各级政府还需要承担必要的推动发展的任务，在配置资源时要遵循市场规律，如利用收入分配政策促进社会公平，通过产业政策和负面清单引导产业结构转型升级等。

3. 需要最大限度地简政放权

由"政府起决定性作用"向"市场起决定性作用"转变的改革，需要最大限度地简政放权，涉及很多部门、很多团体的利益。其实，掌握"决定性作用"的权力仍然在政府手上，只有政府肯退，市场才能进。各级各部门要把"接、放、管"三篇文章联起来做，把中央、省里放给市场的权力接转放开，把自身该放的权力坚决放下去、放到位，结合创新和改善政府管理，加强和改进事中事后监管。

三　突出问题导向，找准全面深化改革的突破口

习近平总书记强调指出："改革要坚持从具体问题抓起，着力提高改革的针对性和实效性，着眼于解决发展中存在的突出矛盾和问题。"以重大问题为导向，抓住现阶段影响中原城市群一体化发展稳定的主要矛盾和矛盾的主要方面，通过一个问题一个问题地解决，扎扎实实推动改革。

1. 找准问题

突出"问题导向"，找准问题是前提，问题是旧体制的突破口，也是新体制的生长点，这就要求在推进改革时必须将问题找准、找全、找透。真正找到影响城市群经济社会发展的全局性问题，制约转型升级的突出矛盾以及群众反映强烈的民生诉求，找准改革的推进重点，避免眉毛胡子一把抓，确保改革有序稳步推进。

2. 重点突破

要紧紧扣住问题，明确先后主次，梳理区分问题的轻重缓急，把有利于稳增长、调结构、防风险、惠民生的改革举措往前排，做到有的放矢。要在"牵一发而动全身"的重点改革领域上下功夫，在"落一子而满盘活"的关键环节上求新突破，力争制定好改革创新的最优方案，把制约发展的体制机制障碍逐一破除，把影响发展的短板和缺项一一补上。

3. 协同推进

对中央已经明确的改革，如财税体制改革、金融体制改革、司法体制改革、户籍制度改革，以及作风建设方面的新规定，如公车制度改革、办公用房制度改革等，要积极承接任务，尽快实施。对中央已有明确要求，省里开展条件比较成熟的改革，特别是最近各省梳理聚焦的重点任务，必须不等不靠，全力推进。对于符合中原城市群各市实际，已经看准并部署的改革工作，要争取纳入中央试点，得到中央部委的指导和支持。对于省一级能够操作的改革事项，特别是制约中原城市群一体化发展的突出障碍和群众反映强烈的突出问题，如结构性矛盾、资源约束和环境压力等问题，要敢于突破，先行先试。

四　打破部门利益，勇于破解改革难题

利益关系的调整是全面深化改革的难点，要敢于啃硬骨头，敢于涉险

滩，以更大决心冲破思想观念的束缚，突破利益固化的藩篱，用改革的办法解决发展中的难题。

1. 敢于破解国企改革的难题

以国有企业改革为突破口，加大推进国企改革力度，重点解决政府部门与所属企业的脱钩问题。敢于解决历史遗留问题，使目前城市群"壳公司"稳妥退出市场。积极推进国企改革试点，完善国企改革综合配套政策，重点在发展混合所有制经济、企业员工持股、建立职业经理人制度、薪酬制度等方面，通过试点出台相关政策。

2. 敢于深化行政体制改革

深入推进行政审批制度改革，取消下放审批事项，要更加注重质量，要把那些含金量高的、管用的，能真正激发市场活力的直接放给市场，放给企业。特别要下决心最大限度减少对投资项目的审批，同时取消、下放、简化和规范投资前置性审批。继续推进事业单位改革，要加快事业单位去行政化改革，遵循事业单位改革的规律，有些改革可以不等中央统一部署，大胆突破，如取消事业单位内设机构的行政级别等；逐步建立购买服务的机制，将大部分事业单位逐步实现社会化。加快完成省市县政府机构改革，能够根据当地实际和履行职能的需要，在更大范围、更多领域综合设置机构，实行大部门制，提高行政效能。

五　重视法治建设，以法治思维和法治方式推进改革

当前改革进入深水区，各种矛盾和问题错综复杂，要善于运用法治思维和法治方式推进改革，做到重大改革于法有据，在法治的框架内规范改革，用法治保障改革持续向前。

1. 要重视立法和改革决策相衔接

立法主动适应改革发展需要，增强法律法规的及时性、系统性、针对性和有效性。在研究改革方案和改革措施时，要同步考虑改革涉及的立法问题，及时提出立法需求和立法建议，在制定、修改有关法规规章时要为改革决策预留出必要空间。

2. 改革要依法进行

改革的决策和行动必须符合法治思维和法治方式的要求，要做到于法有据，在法律法规的范围内作为，以法治的方式推进，决不能以改革为由

突破法律规定。改革的过程要在决策机制上充分体现法治精神，把公众参与、专家论证、风险评估、合法性审查、集体讨论决定确定为重大行政决策法定程序，确保决策制度科学、程序正当、过程公开、责任明确。

3. 及时用法律制度巩固全面深化改革的成果

要把实践证明行之有效的改革创新成果和成功经验及时用法律制度的形式巩固、稳定下来，以保障改革的顺利进行，使经济、政治、社会、文化、生态等各方面制度更加成熟，更加定型。通过改革解决法律规定中不合理的问题，通过修改法律，进一步减少工作的随意性，增强规范性，保证公开性，为落实改革要求提供法制保障。对不适应改革要求的法律法规，也应及时修改和废止。

六　坚持务求实效，加大改革推进落实力度

习近平总书记强调，做好下一步的工作，关键是要狠抓落实，实施方案要抓到位，实施行动要抓到位，督促检查要抓到位，改革成果要抓到位，宣传引导要抓到位。要按照中央的决策部署，守土有责，主动出击，一项一项地攻坚，把全面深化改革各项任务做实。

1. 提高改革的执行力

三分战略，七分执行，必须将狠抓落实贯穿于全面深化改革的全程。在中央和各省深化改革的总体框架下，各地区各部门要按照制定的具体改革方案和措施狠抓落实，不能停留在一般性部署上，不能满足于造声势，追求轰动效应。关键是要把改革的原则要求变为可操作的具体措施，一项一项把改革部署落到实处，一步一步把改革蓝图变为现实。

2. 重点落实改革任务和措施

要明确各地方政府的职责，全面深化改革顶层设计在中央，省委、省政府、省全面深化改革领导小组的主要任务是推进落实，检查督办，从省一级开始，要把主要精力放在狠抓落实上，放在怎么干的问题上，不能以文件落实文件，以讲话落实讲话，以顶层设计落实顶层设计。要抓住当今改革的重点项目，扎扎实实地向前推进，必须完成任务，并且改出成效，不能走过场。

3. 更加注重实效

任何一种举措，若是落不到实处，取得不了实际效果，最终也就会流

于形式。中原城市群各市的改革必须要注重实效，让老百姓得到实实在在的好处，让产业结构、经济增长方式、区域发展不协调现象得到有效转变。要将全面深化改革纳入地方和部门年度考核范围，将思想解放的程度、推进改革的力度作为一项重要的工作加以考核。按照台账管理制度，对照各领域改革的具体任务书和时间表，对各部门改革的进度和完成效果进行督察。

第五章 协同构建现代市场体系

建立健全中原城市群一体化发展的现代市场体系，形成统一、开放、有序的市场秩序，完善市场环境，协同推进城市群一体化发展。

第一节 中原城市群现代市场体系建设的现状分析

目前，中原城市群现代市场体系建设取得积极成效，制度建设稳步推进，市场体系逐步完善，商品市场运行平稳，要素市场稳中有进，新兴市场亮点频现，呈现出持续健康发展的新局面。

一 制度建设稳步推进

近年来，在全面深化改革的背景下，中原城市群积极推进现代市场制度建设，作为城市群主体的河南省近年来相继出台了《关于贯彻党的十八届三中全会精神全面深化改革的实施意见》《关于加快流通产业发展推进现代商品市场体系建设的意见》《关于大力发展电子商务加快培育经济新动力的若干意见》《关于推进国内贸易流通现代化建设法治化营商环境的实施意见》等政策文件，探索建立了负面清单管理制度，对外商投资实行准入前国民待遇加负面清单的管理模式，居民水电气阶梯价格制度，建设用地管理机制等制度，为现代市场体系建设提供了制度保障。

二 市场体系逐步完善

目前中原城市群初步形成门类齐全、配套完善的市场体系。2015 年年底，中原城市群主体河南省建成商品交易实体市场 5100 多家，其中交易额 10 亿元以上市场 40 多家，50 亿元以上市场 10 多家，100 亿元以上市场 5 家。网络平台和电子商务发展较为迅速。2015 年河南省认定备案电子商务企业 2000 多家，交易额 7720 亿元，比上年增长 36.4%，其中网络零售交易额 1330 亿元，比上年增长 53.7%。

三 商品市场运行平稳

经过持续发展完善，河南逐步形成了大中小型市场成龙配套、覆盖全省的商品市场体系和网络。比如，2015 年河南省社会消费品零售总额 15740.4 亿元，规模稳居全国第 5 位，比上年增长 12.4%，增速居全国第 2 位、中部六省第 1 位。商品市场体系不断完善，主要商品市场建设亮点纷呈，银基商贸城、郑州科技市场、郑州粮食批发市场跻身全国商品交易市场百强，万邦农产品物流城、商丘农产品中心批发市场、周口黄淮农产品批发市场进入国家农产品市场 50 强。郑州商品交易所上市期货品种达 16 个，是全国三大期货交易所之一。农产品交易市场发展迅速，2012 年河南被商务部列入全国 8 个集中连片推进农产品流通和农村市场体系建设试点省份，获中央财政支持资金 2.7 亿元；2015 年河南省符合统计标准的各类农业产业化经营组织 11674 个，其中带动型龙头企业 5724 个。

四 要素市场稳中有进

资本市场稳中有升。资本市场融资能力增强，中原银行、郑州银行等主要金融机构规模不断壮大，企业上市规模不断扩大，后备上市力量充足，资本支持实体经济发展能力明显增强。土地市场稳中有升，积极探索人地挂钩试点、建设用地网上招拍挂制度，规范矿业权交易，中原城市群土地有偿使用和招拍挂出让占比不断提高。技术市场发展迅速。科技研发投入快速增长，技术创新成果显著。中原城市群的主体河南省，省级以上企业技术中心 1013 个，其中国家级 80 个；省级以上工程实验室（工程研究中心）385 个，其中国家级 37 个。国家级工程技术研究中心 10 个；省级工程技术研究中心 927 个；省级重点实验室 91 个；国家级创新型（试点）企业 18 家；省级创新型（试点）企业 428 家。劳动力市场有序推进。目前河南全省劳动力总量约为 6800 万人，城镇富余劳动力约为 110 万人；农村劳动力资源总量 4900 万人，富余劳动力总量超过 700 万人。与此同时，就业服务平台日趋完善，覆盖城乡的三级服务网络初步形成，就业创业制度日益健全，创业就业优惠政策得到进一步落实。

五　新兴市场亮点频现

电子商务、网络营销等新业态、新模式蓬勃发展，2015 年河南省电子商务交易额 7720 亿元，比上年增长 36.4%；全省跨境电商贸易额 50 亿美元，约占全省一般贸易额的 1/4。郑州市跨境贸易电子商务服务试点项目正常运行，已经直通世界 13 个城市，实现贸易进出口货值 130 多亿元，在全国 6 个试点中排名第一。现代综合物流体系建设迈上新台阶，谷歌公司郑州大中华区首个跨境电子商务应用体验中心建成运行，本土平台世界工厂网成为全国最大的装备制造业 B2B 外贸平台，菜鸟智能骨干网核心节点、京东一级电商运营中心、苏宁郑州物流基地、顺丰电商产业园、TCL 集团华中电子商务配送中心、康佳电子商务物流园等项目陆续落户郑州。

第二节　现代市场体系建设中存在的突出问题

虽然中原城市群现代市场体系取得积极成效，但在一体化发展的过程中，还存在着诸如市场分割现象依然突出，制度建设推进缓慢，市场准入机会不均，配套体系建设滞后等问题，值得引起高度重视。

一　市场分割现象依然突出

从总体上看，中原城市群市场体系发展并不平衡，劳动力市场、土地市场割裂现象突出，要素市场化进程远远落后于商品市场化进程。从劳动力市场看，随着城镇化推进和农民工大规模向城镇转移，城乡分割体制弊端进一步凸显。虽然 2014 年中央进一步加快推进户籍制度改革，取消农业户口与非农业户口区别，但是短期内劳动力市场被户籍制度人为分割的二元格局还未完全破解。农民工在就业、教育培训、工资福利、子女教育等方面仍然受到身份歧视，享受到的公共服务水平较低，各类社会保障普惠度也低于城镇居民，这种城乡分割的体制使劳动力市场发展难以持续稳定。从土地市场看，城乡之间发展不平衡更为突出。在国内房地产及土地市场繁荣的黄金十年，农村集体建设用地的流转处于自发和无序状态，流转渠道过于狭窄，长期被排斥在土地交易市场之外，被征地农民也普遍未享受到土地产出与升值的红利。然而在新型城镇化全面推进过程中，基础设施建设以及工业、房地产开发都急需土地，土地市场需求旺盛，这种城乡分割的土地市场格局越来越不适应经济社会发展的要求。此外，相比较商品市场，要素市场发育还不够成熟，稀缺性要素价格、公共服务品的价格市场形成机制尚未确立。

二 制度建设推进缓慢

自党的十八届三中全会全面深化改革以来，中原城市群各地依据国务院指示多次下放、取消行政审批项目，但是由于中原城市群地处内陆，开放服务意识仍有欠缺，再加上由于部门利益固化的藩篱尚未完全突破，政府职能转变还跟不上市场发展的需要，某些行政部门权力过大、审批过杂、干预过多和监督监管不到位的问题客观存在。同时，由于中原城市群各地市间经济发展、产业结构、产品类别发展同质化，随着区域竞争日益激烈，依然存在地区封锁、部门分割、行业垄断问题，一些地市政府和部门采取更为隐蔽、更加多样的市场封锁和地方保护手段，限制商品自由流通，保护本地市场和企业。例如，采取对外地产品重复检验、多头执法等手段限制外地产品进入本地市场，用"红头文件"制定地方规则和制造行政壁垒来排斥外地产品及外来服务。

三 市场准入机会不均等

伴随国有企业改革和国有经济布局调整，中原城市群民营经济主体的比例不断上升，成为城市群经济发展不可或缺的重要力量。但是在民营企业面临的诸多障碍中，譬如轻商观念、资金短缺、管理落后、创业者自身素质不高等，其中仍以政策枷锁、市场机会不均等为核心瓶颈，严重制约了中原城市群民营经济的发展。尤其中原城市群经济结构偏重化、偏资源的特征，不同市场主体平等使用生产要素、公平竞争的环境还没有形成，特别是一些重要领域的市场准入机会不均等，民营经济要想进入一些垄断行业，依然面临着"玻璃门""旋转门"等问题。即使是在平等使用要素资源方面，国有企业和民营企业之间也有着明显的差距。国有企业在贷款融资、财政扶持、土地配置等要素资源的获得等方面都具有明显优势，在监管力度和法律环境方面，民营企业也还不能与国有企业享受同等待遇。

四　配套体系建设滞后

市场基础建设相对滞后，现代批发交易中心、物流中心、配送中心和仓储建设等发展缓慢，商品流通效率较低，物流成本过高。社会信用体系建设步伐缓慢，信用综合载体平台缺乏，配套的法律法规和政府规制滞后，信用服务行业、企业发展缓慢。市场中介组织作用有限，中介组织层次偏低，行政管理色彩浓厚，管理渠道狭窄，市场策划、咨询评估、业务代理等高水准中介组织不多。人才支撑严重不足，高端人才缺乏。一方面，农民工技能素质整体偏低，目前中原城市群农村转移劳动力超过半数集中在建筑家装业、纺织、轻工业等低端行业，能适应新工种、新技能的产业工人匮乏；另一方面，适合现代市场体系建设的高端人才匮乏，尤其是满足新业态、新模式需求的复合型管理人才及专业技术人才严重匮乏。金融机构规模较小，结构单一，金融创新产品较少。支持科技创新的投融资体系尚未形成，近些年发展迅速的电商行业也缺乏相应的金融产品支持。此外，区域金融发展不平衡，郑州、洛阳优势明显，其他地市金融市场发展程度差距较大。自主创新能力较弱，全社会研发投入明显不足。科技中介服务体系尚不健全，技术开发、技术转让、技术服务等功能不强。

第三节　构建现代市场体系的思路举措

推动中原城市群现代市场体系建设，要按照统一、开放、有序的原则，积极发挥市场的决定性作用和政府的宏观调控作用，主动作为，积极引导，形成发展新格局。

一　基本思路

当前和未来一个时期，河南构建现代市场体系的基本思路为：坚持以党的十九大，十九届一中、二中全会精神为指导，依托国家战略的推进实施，围绕打造全国重要的商品和要素集疏中心战略目标，以市场化和法治化为取向，以制度改革、环境建设和载体打造为着力点，以提升商品交易市场、发展高端要素市场和培育新兴交易市场为主攻点，以促进传统与新兴、有形与无形、线下与线上融合为切入点，积极先行先试，强化体制机制创新，扩大对内对外开放，加快形成特色突出、布局合理，多层多元、有机衔接，功能完善、覆盖广泛，与产业发展和城市建设相适应的现代市场体系，为加快中原城市群一体化发展提供战略支撑。具体做到"两放活、两提升、三促进"。

1. "两放活"：放活市场主体、放活生产要素

一是放活市场主体。深入推进简政放权、放管结合、优化服务，推动公有制经济和非公有制经济共同繁荣发展，开展混合所有制改革试点，培育具有较强竞争力的大企业集团，全面激发各类市场主体的创造活力。

二是放活生产要素。以供给侧结构性改革为重点，加快推进金融、土地等要素市场化改革，深化推进要素市场建设，探索建立反映资源要素稀缺程度的体制机制，有效激发要素活力，提高要素配置效率。如土地市场，可以建立城乡统一的建设用地市场，允许农村集体建设用地在一定条件下与国有土地同等入市，增加建设用地的供给。

2. "两提升"：提升公共服务能力和服务效率，提升资源配置科学化和集约化水平

一是提升公共服务能力和效率。坚持以服务型政府建设为重点，以推进简政放权为先手棋，强化公共服务理念创新，加大公共服务投资力度，强化责任监督和制度建设，推进公共信息互通和资源共享，提升公务人员素质能力，着力打通政策落实中的"中梗阻"和"最先最后一公里"，不断提高公共服务质量和行政效率。

二是提升资源配置科学化和集约化水平。充分发挥市场配置资源的决定性作用，加快建立充分反映市场供求关系、资源稀缺程度和环境损害成本的要素市场价格机制，着力优化要素资源配置，不断提升资源配置的科学化水平。探索建立资源节约集约利用制度，积极推进资源节约集约利用，探索建立集约型城镇、节地型园区、节水型社会等，不断提高资源集约化水平。

3. "三促进"：促进传统与新兴融合，促进有形与无形融合，促进线下与线上融合

一是促进传统与新兴融合。鼓励支持传统商业企业做大做强，支持传统商业企业进入电商领域，积极发展电子商务等新业态，加快推进电子商务平台建设，促进传统商业转型升级。培育壮大本地电商企业，积极支持

阿里巴巴、京东商城、苏宁云商等国内大型电商企业进入河南传统商业领域，整合产业链、价值链、供应链。

二是促进有形与无形融合。支持农产品批发市场、建材市场、文化交易市场等专业市场，积极运用信息网络和电子信息技术，着力发展网上虚拟市场、展销市场等网络市场；鼓励支持大型电子商务企业来豫建立专业市场、批发市场和电子商务园。

三是促进线下与线上融合。鼓励传统商贸企业积极进行商业模式创新，着力创新网络交易模式，推广线上批发、零售、拍卖、代理等经营方式。鼓励支持大量线下商业巨头与一线电商结盟，打通线下门店、电脑、移动端等各个直接抵达消费者的终端，建立全新的线上线下零售运营新模式。

二　基本原则

1. 突出市场主导

积极发挥市场配置资源的决定性作用，推动资源配置依据市场规则、市场价格、市场竞争实现效益最大化和效率最优化，着力激发市场主体的内在活力。

2. 发挥政府作用

坚持运用法治思维和法治方式履行政府职能，把该放的权力放开放到位，把该管的事管好管到位，建立公平开放透明的市场规则，保障市场主体权利平等、机会平等、规则平等。

3. 强化问题导向

树立问题导向意识，针对当前河南现代市场体系中存在的突出矛盾和问题深入分析症结所在，认真研究解决办法，做到有的放矢。

4. 着力先行先试

切合市情特点，积极统筹谋划，在积极争取国家层面改革试点的同时，因时制宜、因地制宜开展创新实践，鼓励先行先试，探索新路径，积累新经验。

5. 坚持重点突破

在全面推进市场体系建设进程中，要突出重点，把握关键，因地制宜地推进商品交易市场、高端要素市场、新兴交易市场发展，不断深化投资、金融、财税、价格体制改革，在重点领域和关键环节取得新突破。

三　实施路径

推进河南现代市场体系建设，要坚持"双重三维五元"的实施路径，即发挥市场和政府的"双重"作用，强化商品交易市场提升、高端要素市场发展、新型交易市场的培育"三维"联动，突出制度的改革创新、环境的营造改善、人才的支撑保障、载体的培育打造和信用体系的建设完善等"五元"建设。

1. 发挥"双重"作用

积极发挥市场配置资源的决定性作用，更好发挥政府作用，有效保障现代市场体系建设和运行。

——发挥市场配置资源的决定性作用。坚持按市场规律办事，凡是能由市场决定的都要交由"看不见的手"完全决定，杜绝以各种名义和名目来干预市场运行。建立完善市场化的供求机制、价格形成机制、竞争机制等体制机制，促进劳动力、资本、土地等生产要素的合理流动和优化配置。探索建立负面清单管理制度，允许各类市场主体依法平等进入清单之外的领域。

——发挥政府的有效作用。积极发挥政府在现代市场体系建设中的规划引导、政策制定、市场监管等作用，建立健全现代市场制度，提升服务水平，保障公平竞争，加强市场监管，维护市场秩序，营造市场环境，为现代市场体系建设提供坚实支撑。

2. 强化"三维"联动

加强商品交易市场建设，加快要素市场发展，推进新兴交易市场建设，着力形成商品交易市场、要素市场、新兴交易市场"三维"联动发展的新格局、新局面。

——强化商品交易市场的提升。贯彻落实《河南省人民政府关于加快流通产业发展推进现代商品市场体系建设的意见》，制定具体支持政策和保障措施，加快推进专业市场、批发市场、期货市场等建设，积极促进业态创新，完善提升商品交易市场。

一是积极编制发展规划。加快编制河南商品交易市场发展规划，编制实施流通产业和流通网络发展规划，制定全省商品交易市场布局规划，支持鼓励县级以上城市编制和修编商业网点规划，以科学规划引导商品交易市场科学发展。

二是制定实施三年行动计划。加快制定河南商品交易市场发展三年行动计划，切实明确商品交易市场发展基本思路、主要目标、重点任务、重大工程、保障措施等内容，指导推进商品交易市场建设。

三是培育建设专业市场。培育一批综合与专业、批发与零售、产地与销地融合联动的商品交易市场，支持郑州粮食批发市场、商丘农产品中心批发市场等壮大规模，积极依托河南省粮食交易中心申请组建河南国家小麦交易中心，支持驻马店华强粮油批发市场、鹤壁粮食现代物流园区等转型升级。加快推进期货市场发展，支持郑州商品交易所丰富期货品种。谋划建设河南全国文化产品交易市场，培育打造郑州文化交易中心，积极围绕洛阳、开封等文化资源大市打造一批区域性文化交易市场。积极推进城镇农贸市场、产地集配中心、乡镇商贸中心、配送中心、直营店等建设。

四是开展市场外迁工程。结合旧城改造和市场外迁，加快郑州华南城、华商会等大型商贸物流项目建设，改造郑州万邦国际农产品物流城等传统批发市场，在全省省辖市城市完成中心城区批发市场外迁工作，建设集交易、结算、展示、信息发布等功能于一体的大型交易市场。

五是推进物流园区建设。积极推动郑州航空港、中原国际陆港、郑州国际物流园区建设，大力发展航空物流、保税物流和多式联运，持续提升郑州国际物流中心集聚辐射能力。加快推进省辖市、直管县和县城物流园区、物流通道、枢纽场站等建设，不断提升物流设施发展水平。

——强化高端要素市场的发展。制定实施高端要素市场指导性意见，编制发展规划，完善支持政策，强化要素保障，统筹推进资本市场、土地市场、人力资源市场、产权交易市场、技术交易市场、中介服务市场等发展，加快构建高层次的要素市场体系，推动要素自由流动，高效配置。

一是完善资本市场。重点发展壮大各类金融机构，支持中原银行规范运营，壮大各省辖市城市商业银行规模，着力引进渣打银行、花旗银行等国内外金融机构来豫设立总部或分支机构。实施企业上市培育计划，扶持一批企业上市融资，积极引导上市企业再融资。制定支持政策和实施方案，积极推进债券市场、保险市场、区域性股权市场建设。积极实施金融集聚工程，加快郑东新区金融集聚核心功能区建设，支持洛阳等省辖市商务中心区高起点规划建设金融集中区。

二是创新土地市场。继续推进城乡建设用地增减挂钩试点和工矿废弃地复垦利用试点工作，充分挖掘城乡建设用地潜力。实施城镇低效用地再开发工程，推进旧城区、旧厂区、城中村改造。完善人地挂钩制度，出台节余建设用地指标有偿使用最低保护价制度，人地挂钩试点年度指标控制规模测算等意见或办法，规范推进人地挂钩试点。出台农村集体经营性建设用地入市的具体办法，稳妥开展农村宅基地制度改革试点。

三是培育人力资源市场。全面清理和取消不利于农村劳动力进城就业的政策规章，完善人力资源跨区域、跨行业流动的社会保险转移接续办法。推进人力资源市场建设，重点发展一批行业性、专业性人力资源市场，支持各地兴办企业家、经理人、海外人才等市场。加强就业信息服务网络建设，加快农村剩余劳动力资源信息数据库建设，推进中原人才网、河南省人力资源市场网等各类就业信息网络互联互通。

四是提升技术市场。制定出台河南技术市场发展指导意见，制定河南技术市场发展实施方案。完善技术市场发展的政策体系，制定技术转让、技术开发、技术咨询、技术服务的具体支持政策。建立省级技术交易服务平台和省级技术转移中心，发展研发设计、创业孵化、知识产权交易、科技投融资等服务业态。加大知识产权保护力度，争取试点设立知识产权法院。

五是发展产权交易市场。积极支持河南产权交易中心、河南中小企业发展服务中心等产权交易中心丰富交易种类，支持河南中原产权交易有限公司发展。支持开展碳排放权、主要污染物排污权和水权等资源、环境产品交易，支持建设一批碳排放权、污染物排污权等产权交易市场。谋划建设河南省农村产权交易中心，支持济源农村产权交易中心建设，规划建设商丘、周口等城市农村产权交易中心。

六是做好中介服务市场。研究制定促进中介服务市场发展政策措施，编制中介服务市场发展规划，积极发展咨询、信用、融资担保、会计税务、法律和仲裁、物流配送、广告会展、知识产权交易、人力资源配置等中介服务业。

——强化新兴交易市场的培育。积极加强物联网、云计算、大数据等新技术的应用，大力发展电子商务、网络营销等新业态、新模式，积极创新商业模式，培育形成一批在全国具有较强影响力的电商企业，打造一批电子商务产业集群，发展一批电子商务载体平台，不断提升新兴市场的发展水平。

一是抓好郑州市跨境贸易电子商务服务试点运行。充分利用跨境贸易电子商务服务试点政策，加强跨境贸易电子商务示范基地和服务平台建设，推进管理和运行机制创新，尽快形成国际网购物品集散分拨中心。积极推进电子口岸建设，探索实行一次申报、一次查验、一次放行，推动快速通关、规范结汇、依法退税等相关环节配套协同。进一步强化郑欧班列连通中亚、直达欧洲的重要纽带功能，推进郑欧国际班列实现去程每周 2 班、回程每月 2 班常态化运营。积极加强与阿里巴巴、易贝、天猫国际、亚马逊等电商，敦豪、顺丰、邮政等知名物流企业的战略合作，积极引入支付宝、贝宝、银联等第三方支付平台交易体系。鼓励电子商务企业"走出去"，建立境外销售渠道，开展网上推介，提升河南产品在境外市场的品牌影响力和附加值。

二是壮大电子商务市场主体。引导优势行业中大型骨干企业加快应用电子商务，择优重点支持一批本土电子商务企业做大做强。鼓励传统商贸企业网上开店，实现"店商"与"网商"有机融合，壮大网商队伍。鼓励中小企业应用第三方平台开展电子商务，支持有条件的第三方电子商务平台开设"河南企业专区"。扩大电子商务领域对外开放，积极引进和承接国内外知名电子商务企业来豫设立总部、搭建平台、拓展业务。

三是加强电子商务平台建设。加快建设全省电子商务综合服务主平台，规划建设中国河南电子商务港，支持电子商务企业发展综合性电子商务平台，打造一批电子商务示范基地、示范企业，培育一批在国内市场有较大影响力的行业电子商务平台知名品牌。发展中小网商和家政、旅游、订餐、旧货交易等便民服务细分电子商务平台。

四是完善电子商务配套体系。推进快递物流体系建设，加强与菜鸟网络科技有限公司等知名企业合作，积极引进在国内外处于领先地位的快递物流企业到河南设立总部和重点机构，支持重点电子商务企业建设物流配送系统，支持城市社区开设网络购物快递投送场所。发展电子商务支付业务，鼓励银行拓展电子银行服务业务，加强第三方支付平台建设，支持建立由网上支付、移动电话支付、固定电话支付以及其他支付渠道构成的综合支付体系，提供安全、高效、便捷的资金结算服务。

五是深入推进电子商务示范工程。推进国家电子商务示范城市建设，支持郑州、洛阳等城市争创国家电子商务示范城市。鼓励有条件的省辖市、县（市、区），结合当地优势产业，建设不同特色的电子商务园区。推进创建省、市、县三级电子商务示范企业，重点培育一批省级和国家级电子商务示范企业。

3. 推进"五元"建设

围绕现代市场体系建设，积极强化制度的改革创新、环境的营造改善、人才的支撑保障、载体的培育打造、信用体系的建设完善等"五元"体系建设，强基固体，开创市场体系建设新格局。

——强化制度的改革创新。坚持以供给侧结构性改革为重点，全面深化综合改革，着力先行先试，推进制度建设，加强体制创新，积极完善市场准入制度，为现代市场体系建设提供制度支撑。

一是继续推进简政放权。突出抓好简政放权"先手棋"，进一步加大简政放权力度，全面清理地方性法规设定的行政许可、具有行政审批性质的管理事项，继续取消、下放省级行政审批事项。全面推广一门受理、联审联批、多证联办等审批服务模式，建立全流程公开审批机制。

二是完善市场准入制度。启动实施负面清单管理制度，允许企业进入禁止和限制投资经营清单以外的行业、领域、业务等，允许各类市场主体依法平等进入。支持郑州航空港经济综合实验区等开放型经济载体，借鉴上海自贸区的做法和经验，探索对外商投资实行准入前国民待遇加负面清单的管理模式，并适时在有条件的区域复制推广。

三是推进工商注册制度便利化。全面实施工商登记制度改革，推进工商注册制度便利化，削减资质认定项目，探索实行商事登记、先照后证、注册资本认缴登记制、年度报告公示制，逐步推行全程电子化登记和电子营业执照。

——推进环境的营造改善。加强市场环境建设，完善市场规则，强化市场监管，维护市场秩序，完善法治建设，营造优越的市场环境，为现代市场体系建设提供环境支撑。清理和废除妨碍统一市场和公平竞争的规定和做法，放开自然垄断行业竞争性业务。强化生产经营者主体责任，推行企业产品质量承诺制度，严格产品质量、安全生产、能源消耗、环境损害的强制性标准，健全市场价格行为规则。健全市场监管长效机制，创新市场监管方式，依法公开市场监管执法信息。完善市场监管信息平台和行政执法规范体系，强化互联网交易监管，发挥行业协会自律和公众监督作用，畅通投诉、举报渠道，构建全社会共同参与的市场监管格局。坚持打击扰乱市场的行为，积极营造公平竞争、诚实守信、遵纪守法、互利共赢的市场氛围和市场环境。

——加强人才的支撑保障。围绕现代市场体系建设，实施更加积极的人才政策，加快高技能人才培养和高层次创新型人才开发，造就高素质人才队伍，创新人才发展机制，促进各类人才创新创造活力充分迸发，为河南现代市场体系建设提供坚实人才支撑和智力支持。

一是培养高素质技能劳动者。加快实施劳动者技能提升工程、农民工职业技能提升计划等，建立覆盖城乡全体劳动者的技能培训制度，强化劳动力技能培训力度，培育造就一批高素质的劳动力队伍。

二是大力培养引进高层次人才。围绕商品交易市场、要素市场和新兴交易市场建设，统筹实施高层次人才培养和引智工程，培养引进一批能够引领学科发展、带动产业转型的领军人才，一批创新能力和管理能力国内领先的创新团队，一批引领创新创业、具有全球战略眼光和社会责任感的优秀企业家、企业经理人。

三是营造良好的人才发展环境。营造有利于人人皆可成才和青年人才脱颖而出的社会环境。清除人才流动障碍，发挥市场在人才资源配置中的决定性作用，提高横向和纵向流动性，促进人才在不同性质单位和不同地域间自由流动。健全人才培养开发、评价发现、选拔任用机制，形成以创新能力、工作业绩为主要标准的人才评价导向。完善工资、医疗待遇、职称评定、津贴补贴、养老保障等积极政策，鼓励人才向基层一线流动。

——着力载体的培育打造。坚持以载体平台的打造为重点，加快推进郑州航空港经济综合实验区建设，提升商务中心区、特色商业区"两区"发展水平，积极推进电子产业园、现代物流产业园、专业市场等载体建设，为现代市场体系建设提供载体支撑。

一是推进郑州航空港建设。紧紧围绕"产业港、物流港、贸易港"的功能，加快推进高端要素集聚，积极培育高端产业集群，积极推进机场二期工程及相关物流配套工程建设，完善综合保税区等海关特殊监管区功能，积极争取国家设立自由贸易园区，全力打造全省开放发展的战略高地，内陆地区对外开放的重要门户。

二是深化"两区"建设。积极开展商务中心区、特色商业区"两区"建设观摩活动和综合调查,梳理总结"两区"建设中存在的突出矛盾和问题,有针对性地制定"两区"发展的支持政策和具体措施,引导"两区"科学发展。完善提升"两区"功能,注重挖掘"两区"商业文化内涵,着力促进商贸、文化、旅游等产业发展,积极引进大型商贸综合体、商业中心,着力打造形成河南商业、商务发展的高端平台和战略载体。

三是打造专业市场。根据未来发展需要,适应市场发展形势,结合全省各地发展情况,积极培育打造一批人力资源、技术服务、土地交易等高端要素市场,重点建设一批商贸综合体、现代物流园、高端建材市场、农产品交易市场等专业化市场。

——推动信用体系的建设完善。落实国家《社会信用体系建设规划纲要》和《河南省关于加强推进社会信用体系建设的指导意见》,以信用信息记录、整合和应用为基础,以建立失信联合惩戒机制和推进诚信文化建设为手段,以健全信用制度为保障,全面推进信用体系建设。加快政务诚信、商务诚信和社会诚信等重点领域信用体系建设,构筑诚实守信的市场环境。加快建立和完善省级公共信用信息基础数据库和服务平台。建立健全信用监管体制、守信激励和失信惩戒机制,在市场监管、市场准入、资质认定、行政审批、政策扶持等方面实施信用分类监管。建立各行业黑名单制度和市场退出机制,实现多部门、跨地区信用奖惩联动。培育信用服务市场,拓展信用服务产品应用范围,推动信用保险、信用担保、履约担保、信用管理咨询及培训等信用服务业发展,加快建成覆盖全社会企业和个人的信用服务体系。推动信用试点示范工程建议,选择政府高度重视、信用体系建设工作比较扎实、积极性高的省辖市、县(市、区)作为试点单位,引导带动全省信用体系建设。推进信用立法和制度建设,抓紧制定出台河南公共信用信息管理、失信行为联合惩戒等规范性文件,并逐步完善上升为地方性法规或政府规章。

第六章　协同构建现代城镇体系

各级各类城市是中原城市群发展和建设的主体，推动中原城市群一体化发展，要以协同构建现代城镇体系建设为重点，优先推进各级各类城市的协同发展，加快形成大中小城市和小城镇协调发展的新格局。

第一节　加快郑州国家中心城市建设

国家中心城市居于国家战略要津，是国家城镇体系的最高层级，是国家城市体系的"塔尖城市"和"经济极核"，在国家战略布局中具有体现国家意志、肩负国家使命、代表国家形象、引领区域发展、跻身国际竞争领域的重要功能。建设国家中心城市是世界各国或地区推进区域发展的重大战略举措，也是我国统筹区域发展的重大战略部署。当前，在北京、上海、天津、广州、成都、重庆等国家中心城市的基础上，国家正在谋划新一轮的国家中心城市布局，在此背景下，全国多座城市如武汉、沈阳、南京、杭州等竞相提出建设国家中心城市的目标，作为抢占新一轮发展制高点的战略选择。郑州市作为河南省省会城市和龙头核心，中部地区崛起的战略增长极和"一带一路"的节点城市，在全省发展、新一轮中部崛起和全国发展大局中占据着十分重要的地位，发挥着至关重要的作用。同时，郑州建设国家中心城市也具有厚实的发展基础、突出的优势条件和巨大的发展潜力，对于全省、中部和全国来说具有重大战略意义。要把郑州建设国家中心城市置于战略高度，举全省之力，聚各方资源，全力推进郑州国家中心城市建设，为引领全省发展，促进新一轮中部崛起和更好服务全国发展大局，提供坚实基础和强大支撑。

一 郑州建设国家中心城市的主要优势

1. 地理区位优势

郑州位于中国地理中心，北临黄河，西依嵩山，东、南接黄淮平原，介于东经 112°42′～114°14′，北纬 34°16′～34°58′之间，是河南省的政治、经济、文化、金融、科教中心。郑州的区位优势得天独厚，地处国家"两横三纵"城市化战略格局中，陆桥通道和京哈、京广通道的交会处，是全国重要的铁路、航空、公路、电力、邮政、电信枢纽城市。目前，以郑州新郑国际机场为中心，一个半小时航程内覆盖全国 2/3 的主要城市、3/5 的人口。同时，郑州是全国普通铁路和高速铁路网中唯一的"双十字"中心，以其为中心的中原城市群"半小时经济圈"、中原经济区"1 小时经济圈"和全国"3 小时经济圈"已经形成。以郑州为核心的中原经济区面积约28.9 万平方公里，人口超过 1.8 亿，涵盖河南省 18 个省辖市以及山东、河北、安徽、山西 4 省 12 个省辖市。尽管是内陆城市，但郑州作为华夏文明传承创新区的核心城市，交通便利，四通八达，是新亚欧大陆桥上的重要经济中心，"一带一路"核心节点城市。近年来，郑州积极推动构建丝绸之路经济带的枢纽，随着郑州航空港经济综合实验区的快速发展，郑欧班列的高质量高水平运营，陆港功能完善，跨境贸易、电子商务取得试点，郑州的区位优势更加凸显。

2. 综合枢纽优势

近年来，郑州按照"大枢纽带动大物流、大物流带动大产业、大产业带动城市群"的发展思路，围绕"枢纽＋通道＋口岸"，强力打造郑州枢纽功能和物流中心功能，抢占内陆地区对外开放的高地。郑州航空港是全国首个上升为国家战略的航空港经济发展先行区，航空货运增速连续多年保持第一。目前，以郑州为亚太枢纽中心，以卢森堡为欧美枢纽中心，覆盖全球的航空货运网络骨架已然形成，郑州航空港区内陆国际航空物流枢纽地位初步确立。郑欧班列名扬"新丝绸之路"，运量居中欧班列之首，其境内境外双枢纽和沿途多点集疏格局正在形成，覆盖辐射范围持续扩大。2016年 10 月，郑州至济南铁路郑州至濮阳段工程开工建设，标志着以郑州为中心，贯通南北、连接东西的"米"字形高速铁路网战略构想全部落地实施。目前，郑州不仅实现了地铁、城铁、高铁、普铁"四铁联运"，还实现了铁路与航空的无缝换乘。另外，以郑州为核心的"两环多放射"高速公路网、"三横八纵"国省干线公路网也已基本形成。"域内畅通、域外枢纽"的大格局基本形成，郑州在全国交通大系统中的枢纽地位更加凸显。2016 年 8 月，国务院决定设立中国（河南）自由贸易试验区，将其主要功能定位为"落实中央关于加快建设贯通南北、连接东西的现代立体交通体系和现代物流体系的要求，着力建设服务于'一带一路'建设的现代综合交通枢纽"。借助国家战略，郑州将开启综合交通物流枢纽建设发展的新时代。

3. 发展腹地优势

郑州作为河南省省会，其综合竞争实力持续提升，在全省的首位度极高，而且周边 350 公里内没有大城市，400 公里内没有比郑州大的城市，经济腹地十分广阔。中原经济区一亿多人口、28.9 万平方公里土地等都为郑州经济社会发展提供了强大的动力、广阔的空间和坚强的支撑。目前，郑州正在积极推进大都市圈建设，大郑州的中心组团要集中精力发展现代服务业、高新技术产业，传统产业要向外围卫星城市转移、扩散。郑东新区要发展为中央商务区和"新经济"聚集区，而外围卫星城如巩义、新密、新郑、中牟等要以发展产业为主，共同支撑大郑州作为河南乃至中部地区产业空间组织中心的功能区。与此同时，以郑州都市圈为核心，洛阳、开封、许昌、新乡、焦作、平顶山、漯河、济源等城市为节点，构成中原城市群紧密联系圈。在中西部地区，中原城市群是北京、武汉、济南、西安之间，半径 500 公里区域内城市群体规模最大、人口最密集、经济实力较强、交通区位优势突出的城市群，是河南省乃至中部地区承接发达国家及我国东部地区产业转移、西部资源输出的枢纽和核心区域之一。郑州正在快速发展成为一座集行政、商贸、交通、旅游服务于一体的现代化大都市，成长为中部地区十分重要的战略腹地。

4. 文化资源优势

郑州是全国著名的历史文化名城，拥有 8000 年裴李岗文化、6000 年大河村文化、5000 年黄帝史诗、3600 年商都文明，是中国八大古都之一和世界历史都市联盟成员，"中国"一词，最早就出自郑州嵩山地区的"宅兹中国"文献。悠久的历史给其留下丰富的历史遗存，孕育了中原地区光辉灿烂的文化。全市拥有商城遗址、裴李岗遗址、北宋皇陵、轩辕黄帝故里、杜甫故里、潘安故里等历史名胜和文化古迹等不可移动文物 8651 处。禅宗祖庭少林寺、道教圣地中岳庙、宋代四大书院之一的嵩阳书院、中国最古老的登封观星台等都是中华文明史上的璀璨明珠。郑州的非物质文化遗产也十分丰富，截至 2016 年 10 月，全市共有国家级非物质文化遗产 6 项、传承人 4 人，省级非物质文化遗产 59 项、传承人 26 人，市级非物质文化遗产 185 项、传承人 149 人。少林功夫、黄河澄泥砚、超化吹歌、豫西狮舞、新郑黄帝故里拜祖大典、中岳古庙会、苌家拳等享誉海内外。郑州作为黄河文明的摇篮，在此地域积淀形成的姓氏文化、黄帝文化、黄河文化、商都文化、嵩山文化、少林文化、客家文化、象棋文化、河洛文化、豫商文化、冶铁文化、石窟文化、古县衙文化、唐宋文化、汉文化等魅力独特，影响深远。

5. 战略叠加优势

河南先后获批粮食生产核心区、中原经济区、郑州航空港经济综合实验区、郑洛新国家自主创新示范区、中国（郑州）跨境电子商务综合试验区、中国（河南）自由贸易试验区等国家战略，大多与郑州市息息相关。从这些国家战略的推出可以看到，国家对中部、对河南、对郑州发展寄予了厚望。首先，郑州是国家批复的中原经济区核心增长极，是华夏历史文明传承创新区和郑洛新国家自主创新示范区核心城市。其次，郑州航空港经济综合实验区，是国务院批复的第一个以航空经济为主题的国家级功能区。最后，2016 年获国家批准的河南自贸试验区，无疑又让郑州在通往国家中心城市的道路上迈出了一大步。此外，中国（郑州）跨境电子商务综合试验区已启动实施，国家互联网骨干直联点城市、服务外包城市、贸易流通体制改革试点城市等国家级试点、示范工作正在深入推进。中央把郑州定位为"一带一路"重要节点城市，赋予郑州建成连通境内外、辐射东中西的物流通道枢纽，为内陆地区扩大开放探索路子，为中部崛起提供支撑。省委、省政府寄望郑州发挥核心增长极作用，引领河南参与国内外竞争，带动中原城市群发展，使命光荣。众多国家战略在郑州形成了政策叠加优势，为郑州聚集更多优质资源要素，提升中心城市地位和作用提供了难得的历史机遇。

二 郑州建设国家中心城市的问题与不足

1. 经济总量和人口总量小

近年来，郑州经济社会得到高速发展，经济总量与质量快速提升。市区常住人口不断增加，人口净流入仅次于北上广，位居中西部第一，但与北京、天津、上海、广州、重庆、成都六大国家中心城市相比，差距还很大。通过将郑州市近五年的 GDP 总量与北京、天津、上海、广州、重庆、成都进行比较，可以看出郑州处于明显的弱势地位。即便是与六大国家中心城市中 GDP 总量最低的成都相比，2015 年，郑州市的 GDP 总量也仅相当于成都的 67.7%（见表 1）。

表 1　2011～2015 年郑州市与其他国家中心城市 GDP 总量对比

单位：亿元

年份	郑州	北京	天津	上海	广州	重庆	成都
2011	4913	16252	11307	19196	12303	10011	6855
2012	5547	17879	12894	20182	13500	11410	8139
2013	6202	19801	14442	21818	15420	12783	9109
2014	6782	21331	15727	23561	16707	14263	10057
2015	7315	22969	16538	24965	18100	15720	10801

尽管在 2011～2015 年的五年时间里，郑州净流入人口达 185 万，在全国各大城市中排名第七，郑州已经成为全国人口密度最大的 6 个城市之一，但其常住人口总量尚未突破 1000 万。2015 年，郑州市常住人口为 956.9 万，与六个国家中心城市中人口总量最少的成都相比，少了 500 余万人。经济总量和人口总量偏小，已经成为制约郑州建设国家中心城市的突出短板（见表 2）。

表 2　2011～2015 年郑州市与其他国家中心城市常住人口对比

单位：万人

年份	郑州	北京	天津	上海	广州	重庆	成都
2011	885.7	2018.6	1354.6	2347.5	1270.2	2919.0	1407.1
2012	903.1	2069.3	1413.2	2380.4	1292.7	2945.0	1417.8
2013	919.1	2114.8	1472.2	2415.2	1292.7	2970.0	1429.8
2014	937.8	2151.6	1516.8	2425.7	1308.1	2991.4	1442.8
2015	956.9	2170.5	1547.0	2415.3	1350.1	3016.6	1465.8

2. 创新能力动力相对不足

郑州市的创新基础和科技创新能力相对薄弱，不但缺少高层次的科教机构，创新型、开放型人才也相对不足。目前，郑州国家级工程研究中心、国家级企业技术中心、国家级产业基地的数量，与其他国家中心城市相比差距较大。战略性新兴产业企业和科技创新型企业占比依然较小，多数中小企业还存在着经营管理粗放，人力资源短缺和互联网信息技术应用不足，创业创新内生动力缺乏的问题。与此同时，郑州市的高等教育规模较小，仅有郑州大学一所"211"院校，还缺少中科院等"国字头"的研发机构，科技创新研发能力整体较为薄弱。高等院校的教育制度、教育观念和教育质量与国际水平相比差距较大，创新型人才的培养薄弱，尤其是对大学生这一创业创新优势群体缺乏所需引导和培训。另外，职业教育的发展与郑州市经济社会发展，尤其是产业结构转型升级的要求也存在一定差距。整个教育体系对郑州市实施创新驱动发展战略，培养创业创新人才的支撑仍显不足。高端科技型创新人才培养的基础薄弱，使得郑州获得外部人才、技术、资本等先进生产要素的能力也相对不足。值得关注的是，郑州市近年来雾霾频发和房价高企对城市的宜居程度造成了不小的负面影响，也在很大程度上影响高端人才的吸引和留驻。

3. 国际交往能力有待提升

郑州在加强国际交往、提升国际影响力方面，还存在一些制约因素，亟待改进提升。首先，部分政府部门、企业和市民的国际意识不强、融入国际社会的能力有限，缺乏开阔的视野、包容的胸怀和辩证的思维，对外部世界了解不多，对国际社会的认知更为缺乏，特别需要在社会公众中加大"邻里价值观"等文化的推广，培育多元共融、开放包容的城市文化氛围。其次，郑州市的跨国公司和国际机构数量较少，与国际化接轨的市场经济体制和法律法规制度不健全，精通外语的经济、金融等专业型人才以及了解跨国公司业务、熟悉国际规则的高级综合性人才数量较少。国际经济合作参与的广度和深度不够，亟待加快建设国际化招商平台和海外招商网络，加快高标准的国际化营商环境建设。最后，郑州市在国际经济技术、国际学术会议、国际文化、城市文化等领域的交流不够。相对于北京、上海、广州、重庆、武汉等城市，郑州缔结国际友好城市的数量和承办国际会议的次数、规格和规模等远远落后，对外交往层次和水平还有不小差距。全市对外文化交流的窗口还未完全打开，国际文化传播较为贫乏，各类学术活动少，与国际性文化机构的合作交流较少，文化机构参与或组织国际性文化合作交流的主动性与能力较低，国际性文化人才较为缺乏。

4. 文化郑州建设比较滞后

建设国家中心城市，要具备高度的文化自信和文化担当。近年来，郑州市将文化产业视为国民经济支柱性产业，在文化建设方面取得了较大的发展。纵向比较，成绩令人瞩目；横向相比，与武汉、合肥、长沙等中部省会城市还有不小差距。首先，对文化建设的重要性认识仍有不足。个别部门的领导干部不能从全局和战略的高度充分认识文化发展的地位和作用，认为文化工作是软任务，是投资大、周期长、见效慢的产业，对文化建设往往"说起来重要，干起来不要"，认为"只要经济上去了，文化自然就会上去"。其次，公共文化服务设施建设滞后。与太原市的"文化岛"、武汉市的琴台大剧院、长沙市"两馆一厅"（新图书馆、新博物馆、音乐厅）相比，郑州在公共文化设施方面投入差距较大，落后于中部六省其他省会城市，这与郑州作为华夏历史文明传承创新核心区的地位很不相称，严重影响郑州的文化影响力和辐射力。最后，郑州市文化消费市场还不成熟，从业人员整体素质不高，文化拔尖人才和优秀经营管理人才稀少，专业人才梯队出现断层，制约了郑州市文化产业的发展。此外，文化体制改革推进缓慢、任务仍然繁重等，都在一定程度上制约了文化郑州建设的步伐。

5. 综合服务能力亟需加强

城市综合服务能力特别是对周边地区的辐射服务能力，是衡量一个城市作为龙头和中心的重要标准之一。郑州市在教育、科技、金融、环保、城市管理等方面存在短板，综合服务能力亟需加强。如郑州高校教育仍未摆脱羸弱的状态，尽管院校和机构的数量不少，但高水平的高校和科研机构仍然稀缺。郑州金融业发展也存在金融结构不协调、产业集聚度偏低、新型金融业态发展缓慢、金融创新能力不足等突出问题。近年来，郑州市区因道路、停车场等基础设施建设不合理，交通拥堵现象非常严重。《2016上半年中国城市交通出行报告》指出，郑州的拥堵状况已与北京、广州不相上下。另外，郑州市雾霾频发，空气质量排名一直比较落后。2015 年 7 月，郑州因为空气质量改善不明显被环保部约谈。2016 年 2 月公布的全国空气质量最差的 10 个城市中，郑州排名倒数第五。再加上市区的贾鲁河、索须河、熊儿河、七里河、东风渠等多条河流存在水污染现象，生态环境治理刻不容缓。

三 郑州打造国家中心城市的总体思路

1. 基本思路

抢抓"一带一路"建设、全面深化改革等重大战略机遇，充分发挥中原经济区、中原城市群、郑州航空港经济综合实验区"三大国家战略"和郑洛新国家自主创新示范区、中国（郑州）跨境电子商务综合试验区、中国（河南）自由贸易试验区三大战略平台的政策叠加优势，立足中部，服务全国，连接全球，以建设国际商都为统揽，以"推进城市国际化、全面提升竞争力"为主线，以新型城镇化为载体，以构建中高端现代产业体系为支撑，不断壮大城市规模，提升城市品质，完善城市功能，探索一条反映时代特征、体现中国特色和彰显郑州优势的国家中心城市建设之路，实现郑州城市地位的战略性提升，为出彩中原建设、新一轮中部崛起和实现中华民族伟大复兴的中国梦作出郑州应有的贡献。

2. 功能定位

——"一枢纽"：国际性现代化综合枢纽。坚持以航空网、铁路网、公路网"三网融合"，航空港、铁路港、公路港、海港"四港联动"，空铁联运、公铁联运、客货联运等"多式联运"为核心，完善国际国内通道建设，提升综合枢纽功能，着力完善布局合理、联动便捷、功能完备、衔接高效的运输体系，构建形成通达全球、集疏全国的大通道体系，着力打造和建设国际化、现代化、立体化的综合交通枢纽。

——"一门户"：打造国家双向开放的战略门户。以全面融入国家"一带一路"建设为重点，以郑州航空港经济综合实验区、中国（河南）自由贸易试验区、中国（郑州）跨境电子商务综合试验区等开放平台培育打造为抓手，大力实施双向开放战略，全面加强对内、对外双向开放，营造国际营商环境，加强国际交流合作，着力打造内陆开放型高地和国家双向开放的战略门户，建设国际化大都市。

——"五中心"：国家重要的先进制造中心、国际物流中心、国家区域性现代金融中心、具有国际竞争力的中原创新创业中心、华夏历史文明传承创新中心。大力实施制造强市战略，推进实施工业强基计划，以全面实施中国制造2025郑州行动为重点，大力发展战略支撑产业，培育发展战略性新兴产业，改造提升传统优势产业，培育一批万亿级、千亿级产业集群和千亿级、百亿级龙头企业，不断增强制造业的竞争力，将郑州打造成为国家重要的先进制造中心和具有世界影响力的先进制造业城市。坚持以口岸国际化为先导，全面对接国际市场，着力强化国际物流、区域分拨、本地配送三大体系建设，大力发展跨境 E 贸易，构建"买全球、卖全球"的大物流体系，建设国际物流中心。坚持以郑东新区金融核心区建设为重点，促进境内外金融机构区域总部入驻，培育发展多层次资本市场，大力发展金融服务新业态，提升"郑州金融"国内外影响力，建设国家区域性现代金融中心。围绕打造"全民创业热土、国家创新中心"目标，坚持以郑洛新国家自主创新示范区建设为重点，以构建科技创新链、人才支撑链、全民创业链为抓手，加速融入全球科技创新体系，强力推进"大众创业、万众创新"，大力推进全面创新改革试验，建设具有国际竞争力的中原创新创业中心。完善现代公共文化服务体系，大力实施精品文化工程，积极培育发展文化产业，打造郑州文化品牌，全面提升商都文化的国际影响力，建设华夏历史文明传承创新中心。

四　郑州打造国家中心城市的主要任务

1. 做强产业根基，增强综合实力

强大的产业支撑能力是城市综合实力和竞争能力的总体体现，也是推进郑州国家中心城市建设的坚实保障和核心支撑。推进郑州国家中心城市建设，要做强产业根基，强化产业战略支撑，提升产业支撑力、带动力和引领力。

一是做强工业经济实力。大力实施制造强市战略，以实施中国制造2025 郑州行动为重点，以建设全球制造业领军城市为目标，重点培育打造电子信息、汽车及装备制造两大战略支柱产业，重点发展新一代信息技术、新材料、生物及医药、节能环保装备等战略性新兴产业，改造升级现代食品制造、服装产业、铝及铝精深加工产业、新型耐材等传统优势产业，培育发展以互联网产业为代表的新经济，打造形成电子信息、汽车及装备制造两大万亿级产业集群，一批千亿级产业集群，强化工业发展对郑州国家中心城市建设的支撑力。

二是做大现代服务业。大力实施服务业提升战略，重点发展现代金融、商贸物流、文化创意、旅游业等战略支撑产业，提升发展餐饮、房地产等

传统服务，大力发展电子商务、健康养老、社区服务等新兴服务业，培育发展新经济、新业态、新模式，着力构建特色鲜明的现代服务业产业体系，培育打造国家服务业核心城市，着力建设服务全省、辐射中原经济区、影响全国的"新商都"。

三是做优都市现代农业。秉持"服务都市、富裕农民、优化生态、繁荣农村"的思路理念，以保供增收惠民生为中心，加快推进都市现代农业发展，建设一批生态农业、高效农业示范园和示范区，强化农业基础设施建设和农业科技创新力度，加快构建现代农业产业体系，形成结构优化、产城互动、功能互促的都市生态农业发展新格局。

四是厚植产业功能板块。重点推进中心城区、郑东新区、郑州航空港经济综合实验区、郑州经济开发区、高新技术产业集聚区等产业功能板块发展，因地制宜地集聚产业要素，强化区域功能分工与协调，提升产业发展载体承载能力。

2. 厚植增长动力，提升城市活力

增长动力和创新活力是城市快速发展的动力源泉和核心引擎，也是体现城市创新力、创造力、竞争力的关键要素。郑州建设国家中心城市，要把厚植增长动力置于重中之重，聚焦改革、创新、开放、人才等动力要素，持续发力，久久为功，全力提升城市发展新动能。

一是坚持把创新驱动作为提升城市竞争力和促进转型升级的核心动力。围绕打造"全民创业热土、国家创新中心"目标，大力实施创新驱动发展战略，坚持以建设郑洛新国家自主创新示范区为契机，以构建科技创新链、人才支撑链、全民创业链"三链融合"大创新体系为重点，以打造创新型平台、培育创新型企业、引培创新型人才等为抓手，聚焦基础性、关键性、引领性等科技领域，通过打造创新平台、培育创新企业、营造创新创业环境等途径，不断增强郑州市的基础科研实力和原始创新能力，打造中部地区科技中心和国家有重要影响力的区域创新创业中心。

二是坚持以改革破除城市发展的体制性、机制性障碍。充分发挥市场在资源配置中的决定性作用，更好发挥政府的作用，协同市场和政府的力量，不断释放和放大改革活力和改革红利。坚持以供给侧结构性改革为主线，降低制度性交易成本，积极扩大有效投资，增加有效供给，提高供给对需求结构变化的适应性和灵活性。加快"放管服"改革，统筹抓好行政管理体制、财税体制、投融资体制、国资国企、统筹城乡等重点领域和关键环节改革。建立完善改革容错纠错机制，营造支持改革、鼓励创新、宽容失败的政策环境和舆论氛围。

三是坚持以实施双向开放战略为重点培育打造内陆开放型经济新高地。坚持以中国（河南）自由贸易试验区、郑州航空港经济综合实验区、中国（郑州）跨境电子商务综合试验区等为重点，全面融合"一带一路"大战略，发挥经济腹地和双向衔接功能，利用两个市场和两种规则，加快"引进来、走出去"步伐，加快形成双向开放大格局，不断提升郑州国际知名度和影响力。发挥郑州"一带一路"节点城市作用，密切与"一带一路"沿线国家和地区战略联系，培育打造"一带一路"沿线国家供应链中心。统筹推进郑州航空港经济综合实验区、郑州经济开发区、郑东新区等重大开放平台建设，扩大郑欧班列、跨境贸易电子商务等开放品牌效应，加快推进自由贸易试验区建设，形成多层次、全覆盖、立体化的开放平台支撑体系。坚持"引进来"与"走出去"相互结合，积极参与全球产业分工格局再调整，提高产业、企业国际化经营水平，加快培育开放合作和竞争优势，加速郑州深度融入世界进程。

四是坚持把人力资源和人才资源作为城市发展第一资源。有序放开和放宽郑州市人口落户条件，吸引全省人口和周边省市人口向郑州市集中集聚，做大郑州人口总量，打造千万级人口大都市。科学把握城市人口变化趋势，优化人口空间布局，有序引导人口向郑东新区、郑州航空港经济综合实验区等产业功能区，以及向卫星城、小城市和特色镇梯度转移。大力实施"智汇郑州·1125 聚才计划""智汇郑州·1 + 7 人才引进计划"等，以郑州航空港引智试验区为重点，加强高层次人才队伍、企业家队伍和产业人才队伍等引进和培养，不断强化城市发展的人才支撑和保障。

3. 优化城市空间，提升运行效率

积极优化城市空间布局，加强城市规划管理，不断提升城市运行效率和运行质量。

一是优化大都市区空间形态。围绕"一主、一城、三区、四组团、多点"空间格局，加快推进各功能板块建设，完善提升城市功能和品位，塑造大郑州都市区整体形象。提升主城区（一主）综合服务功能，围绕宜居、宜商、宜业要求，完善基础设施、公共服务设施建设，促进城市更新改造，推动环境综合治理，增强文化功能和品位，提升综合承载能力。加快郑州航空港（一城）建设，重点培育形成畅通高效的交通网络、绿色宜居的生活环境、集约有序的城市空间，努力塑造国际化绿色智慧航空都市。重点推进东部新城板块、西部新城板块（郑上新区）、南部新城板块等三区建设，东部新城板块要以申建国家级新城区为重点，加快推进省级公共文化行政中心、中部最具影响力的文化产业示范区、汽车产业基地等建设；西部新城板块（郑上新区）重点打造通用航空产业基地、国际商都先进制造业基地、区域性医疗健康中心、新材料生产基地、军民融合示范基地，加快建设城乡一体化示范区；南部新城板块重点打造国际商贸物流中心、都市休闲基地和职业教育基地。加快推进巩义组团、登封组团、新密组团、新郑组团四组团建设：巩义组团着力打造铝及铝精深加工基地、文化创意区；登封组团着力打造华夏历史文明传承创新示范区，建设世界历史文化旅游名城；新密组团着力打造资源型城市转型升级示范区，建设新型耐材、品牌服装、节能环保产业基地；新郑组团着力打造黄帝故里历史文化名城、现代食品和生物医药产业基地，并积极向南部新城靠拢发展。培育发展多个支撑点，重点依托具有经济、区位、交通优势和发展潜力的中心镇、省级产业集聚区，培育发展薛店等 26 个新市镇。

二是提升城市基础功能。实施城市畅通工程，坚持以"井字＋环线"城市快速路网和内外环高速为骨架，加快"双环＋放射"路网、道路微循环、静态交通等系统建设，提升交通通达性。完善城市公共交通体系，重点推进轨道交通、快速公交系统、公共自行车系统等，形成以城市轨道为骨干、快速公交为主干、常规公交为主体、出租车和公共自行车系统为补充，功能层次完善的城市公共交通系统，提升城市运行效率。提高公用设施保障能力，着力提升城市供水、供电、供气、供暖、能源、垃圾处理等城市配套基础设施档次，加强老城区基础设施改造，完善新区和产业功能设施建设，不断提升城市公用设施的承载能力。实施立体化、智能化、精细化的交通管理，完善智能交通系统，健全交通引导疏导机制，加强交通监控与管理，营造高效有序的交通环境，提高路网整体运营和管理效率。

4. 加强枢纽建设，打造中枢城市

坚持以"三网融合、四港联动、多式联运"为核心，着力完善布局合理、联动便捷、功能完备、衔接高效的运输体系，加快构建全球通达、全国集疏的大通道体系，建设国际化、现代化、立体化的综合交通枢纽，打造中枢城市。

一是完善立体交通网络。坚持以航空网、铁路网、高等级公路网"三网"建设和融合为重点，打造连接国际、辐射全国、带动全省、高度融合的立体交通网络。航空线网方面，重点打造联系全球、辐射全国的轮辐式航线网络。其中，航空货运以连通国际枢纽机场为重点，大力发展全货机航班，构建通达全球的空中货运通道，完善国内枢纽机场通道，加快货运支线开发，扩大郑州航空货运腹地范围；航空客运以加强与国际航空联盟合作为重点，开拓国际主要城市和旅游目的地城市航线，持续加大周边国家航线密度；完善国内航线网络，提高郑州至其他省会、主要旅游城市、景区和沿海开放城市的航线密度，不断拓展支线网络，努力实现国内主要城市全覆盖。铁路线网方面，优先发展国际铁路货运，持续拓展中欧（郑州）货运铁路线网和腹地范围，着力打通日本、韩国、东南亚经郑州中转至中亚并直达欧洲腹地的海陆联运线；加快建设"米"字形高速铁路网和城际铁路网，形成以郑州为中心的省辖市 1 小时和周边省会城市 2 小时的"高铁交通圈"；加快都市区铁路货运线网建设，坚持以郑州北站为枢纽编组站、以侯寨站为副站，构建"十字＋圆环"货运铁路网，提升郑州铁路网货运疏解能力。公路线网方面，重点完善"两环多放射"市域内高速公路网格局，逐步实现都市区各组团 20 分钟上高速、中原所有城市 3 小时通达的目标；完善"两横四纵"的国道路网格局和"五横十纵四射一联"的市域内省道路网格局，全面实现县县通国道、乡乡通省道、所有产业集聚区和重要旅游景区通干线的目标。

二是构建综合枢纽体系。加快推进客货枢纽体系建设，完善枢纽布局，提升枢纽效率。货运枢纽方面，重点完善"四港、多站"枢纽布局，积极抓好航空港、铁路港、公路港、海港"四港"功能建设和服务提升，加快推进铁路场站、公路货运场站和大型物流园区的建设工作。客运枢纽方面，重点抓好"四枢、多站"建设，不断提高与城市轨道交通系统、公共交通系统的衔接换乘能力。在四枢纽建设上，郑州航空客运枢纽以郑州机场、综合交通换乘中心（GTC）为核心，建设国际、国内航空客流的集散中转换乘中心；郑州东客运枢纽以郑州东站、郑州公路客运东站为核心，建设辐射黄河以北地区、东部地区高速铁路客流和部分城际铁路客流集散和中转换乘中心；郑州中心客运枢纽以郑州站、郑州客运中心站为核心，建设普速铁路和部分高速铁路、城际铁路客流集散和中转换乘中心；郑州南客运枢纽以郑州南站为核心，建设辐射黄河以南地区快速铁路客流集散和中转换乘中心。多站建设坚持以无缝衔接与"零距离"换乘为目标，建设完善与航空、铁路等相配套的公路、城际铁路、轨道交通、公交车、出租车、非机动车等场站设施，进一步提升换乘效率和综合服务能力。

三是打造综合运输通道。加强国际、国内和都市区运输大通道建设，全面提升郑州综合交通枢纽在国际、国内的知名度，加快形成品牌优势。国际通道方面，空中通道以连通国际枢纽机场为重点，拓展国际航线，构建联系全球的航空货运通道；铁路通道重点加快中欧铁运通道建设，西向重点加强与哈萨克斯坦、波兰、卢森堡、德国等运力对接，东向重点通过铁海、铁公、铁空等联运模式对接东部海港，南向探索打通郑州至中国香港以及郑州至缅甸等国际客运高铁线路通道。国内通道方面，重点在京广与陇海、京广与徐兰高速铁路、京港澳与连霍高速、G107线与G310线、G234线与G343线五个"十"字布局基础上，加快"米"字形高铁建设，强化与周边省会的各类通道全方位对接，加快形成省际城市通道主骨架；坚持以郑州至焦作、郑州至机场、郑州至开封、郑州至新乡、郑州机场至许昌、郑州机场至登封至洛阳城际铁路以及武西、商登、郑民、郑少洛、机西等高速公路和"七横十四纵四射一联"干线公路为支撑，加快形成以郑州为中心，紧密衔接省内各地市的省内城市通道主骨架。都市区通道方面，以高速公路为骨干、以普通干线公路为补充，重点形成"东西南北"四个方向放射的"八九十六"公路运输通道。

5. 做优城市环境，建设美丽郑州

环境是生产力，是竞争力，加快生态环境建设，是城市发展的基本方向，也是郑州建设国家中心城市的内在要求。郑州要秉持绿色发展的理念，以建设国家级生态文明先行示范区为统领，推进发展方式和生活方式绿色转型，全面改善生态环境，建设天蓝、地绿、水清、景秀、宜居的"美丽郑州"。

一是加快发展方式向绿色转型。以优化产业和能源结构为重点，构建循环型产业体系，发展环保产业、静脉产业和新材料、新能源产业，提高风力发电、太阳能等清洁能源应用比例，打造一批循环经济和低碳经济发展示范园区和企业。践行低碳生活理念，构建低碳交通运输体系，鼓励绿色出行，推进绿色政府建设，加快向现代化低碳城市迈进。

二是强化生态建设。实施生态保护和环境修复工程，重点开展河流源头区、自然保护区、湿地、水土流失严重区、矿产开发区等生态脆弱区域的保护修复。

三是完善生态保护制度。健全自然资源资产产权和用途管制、生态保护红线、生态保护补偿、生态文明考核评价、生态环境损害赔偿和责任追究等制度，基本形成源头预防、过程控制、损害赔偿、责任追究的生态文明制度体系。合作开展中原城市群环境整治，建立环境安全预警机制，健全环境风险、气象、地质灾害评估和环境隐患排查机制，加强对重大环境风险源的动态监测和风险预警及控制。完善环保信息公开和举报制度，强化社会监督，培育生态文化和生态道德，积极倡导节约、健康、环保的生活方式。

6. 建设文化强市，提升文化魅力

城市实力靠经济，城市品位靠文化。文化繁荣是国家中心城市的重要标志。郑州建设国家中心城市，要最大限度彰显国家历史文化名城的魅力，推动文化大发展大繁荣，加快建设文化强市，不断提升商都文化在国内外的影响力。

一是完善公共文体设施。加快推进城市音乐厅及音乐坊、露天音乐广场、奥体中心等重大项目建设，力争每年增添几个重大文体设施，满足市民不断增长的文化需求。

二是加快文化产业发展。坚持以做强文化市场主体、发展各类文化市场、培育新型文化业态为重点，改造提升出版发行、影视制作、印刷、广告等传统产业，大力发展基于数字、网络、3D、4D、高清、多媒体等多种高新技术应用的新兴文化业态，加快发展文化创意、数字出版、移动多媒体、动漫游戏等新兴文化产业。

三是实施一批精品文化重点工程。坚持以"艺美中原""古韵河南""书香郑州"等工程实施为重点，打造一批精品文化工程，重点做好中牟国际时尚创意文化旅游区、登封华夏文明传承创新示范区、新郑黄帝故里历史文化名城、荥阳世界象棋文化圣地等功能区建设，全面展现郑州文化魅力。

四是推进文化交流。加大对外宣传力度，积极参与各类重大国际活动交流，开展多种多样的城市形象推介活动，进一步扩大中原文化的国际影响力。

7. 强化发展为民，建设幸福都市

从根本上讲，郑州建设国家中心城市，最主要的是为改善民生事业，提升民生福祉水平。要始终围绕民生民向民愿，持续改善民生，努力让孩子们快乐成长、让青年人乐业创业、让老年人颐养天年，让全体市民共享改革发展成果。

一是积极扩大社会就业。大力实施就业优先战略，不断完善经济发展和扩大就业的联动机制，着力解决好结构性就业矛盾，以创业带动就业，努力实现更加充分、更高质量的就业。

二是提升社保水平。完善以扶贫救助为核心，以城乡居民最低生活保障、农村五保、孤儿供养等为配套，以临时救助、城乡医疗救助等为补充的困难救助体系，稳步提高社会保障水平，实现"全域郑州人人享有社会保障"的目标。

三是加强医疗事业发展。深入推进医疗、医保、医药三医联动，优化医疗卫生资源配置，推动健康云服务计划、健康郑州计划实施，推进郑州"一城七中心"建设，不断提升城市医疗卫生保障水平。

四是提升教育水平。坚持教育优先，深化教育体制改革，建立健全现代教育体系，提升教育质量，提供更加丰富的优质资源，实现更高水平的普及教育，形成惠及全民的公平教育。

五 郑州建设国家中心城市的主要建议

1. 积极寻求支持

郑州建设国家中心城市，是一项复杂的系统工程，需要方方面面的支持和帮助。河南省十次党代会提出，要"以建设国家中心城市为目标，将郑州建成国际性现代化综合交通枢纽、中西部地区对外开放门户、全国重要的先进制造业和现代服务业基地，提升区域经济、金融、商贸、科技文化中心地位"，这是省委、省政府第一次明确表态支持郑州建设国家中心城市，也是省委、省政府推动郑州发展乃至全省发展的重大战略决策和未来战略重点。因此，郑州市要一方面积极寻求省委、省政府的大力支持，争

取由省委、省政府主要领导同志牵头，与国务院相关领导同志，以及与国家发改委、住建部等有关国家部委沟通协调，争取国家有关部门支持郑州建设国家中心城市；另一方面，郑州市要发挥自身优势，着力会同省发改委、住建厅等省直有关部门，强化与国家相关部委的沟通协调，力争国家有关部门的支持和帮助。同时，要加强舆论宣传工作，营造舆论氛围，为郑州建设国家中心城市奠定舆论基础，凝聚郑州建设国家中心城市的强大合力。

2. 完善组织保障

高效的组织协调机构是推进事业发展的基础和保障。郑州建设国家中心城市，要积极建立组织保障机构。

一是争取在省级层面成立工作领导小组，领导小组组长由省委、省政府主要领导同志兼任，副组长由郑州市委主要负责同志、分管副省长兼任，成员包括郑州市人民政府、省发改委、省住建厅、省交通厅等部门主要负责人，统筹与国家有关部门的沟通协调，制定促进郑州国家中心城市建设的重大政策、措施等，指导协调郑州市建设国家中心城市的相关工作。

二是在郑州市层面成立郑州市建设国家中心城市工作领导小组，组长由郑州市委主要领导同志兼任，副组长由郑州市政府主要同志兼任，成员包括郑州市发改委、商务局、财政局、工信委、交通委、国土局、规划局、城市管理局、环保局等部门，金水区、二七区、中原区、惠济区、管城区、上街区、新郑市、新密市、登封市、荥阳市、中牟县等区县市政府，以及航空港经济综合实验区、郑东新区、经济开发区、高新技术产业开发区等机构，统筹负责郑州国家中心城市的总体事宜，制定郑州建设国家中心城市方案、规划、政策等，下设领导小组办公室（设在郑州市发改委），具体负责郑州国家中心城市建设的相关事宜。

3. 深化改革创新

紧紧抓住国家全面深化改革的重大机遇，坚持以供给侧结构性改革为重点，围绕重点领域和关键环节，全面深化改革创新，为郑州国家中心城市建设提供制度动力和制度保障。深度推进供给侧结构性改革，重点围绕"三去一降一补"任务，力争在去产能、去库存、降成本、补短板等方面，取得扎扎实实的成效。加快行政管理体制改革，以简政放权为重点，以权力清单和责任清单建立完善为突破，稳步推进政府机构改革，大力推行政务公开、网上审批和并联审批，努力减少审批环节，提高行政效能和依法行政水平，建设诚信郑州，打造法治政府，为建设国家中心城市创造良好环境。着力激发经济发展活力，建立健全有利于企业发展的体制机制和经营模式，继续深化国有企业改革，大力发展非公经济，支持中小企业发展壮大，打造一批具有国际竞争力的大型企业集团，提升企业参与国际竞争的实力。加快推进重点领域改革，全面深化财税体制改革，深入推进土地管理制度改革，加快金融体制机制改革，为郑州国家中心城市建设提供创新制度支持。

4. 厚植腹地优势

坚实的腹地基础是国家中心城市建设的基础前提，也是郑州建设国家中心城市的主要优势所在。推进郑州国家中心城市建设，要进一步强化郑州与腹地间的战略联系、区域协同、产业分工等，着力厚植腹地优势，提升腹地战略支撑作用，形成与腹地协同联动、良性互动、互利共赢的合作发展新局面。一方面，郑州市要树立大局意识，站位全局视野，立足战略高度，切实担负起"老大哥"的责任，扮演好"老大哥"的角色，在自身发展壮大的同时，更多地担当起国家、区域发展的重任，发挥好引领、辐射和带动作用；另一方面，要积极加强与周边地区的战略合作，借助郑州航空港经济综合实验区、郑洛新国家自主创新示范区、中国（河南）自由贸易试验区、中国（郑州）跨境电子商务综合试验区、中原城市群、中原经济区等战略平台，积极推进与开封同城化发展，加快推进与洛阳、许昌、新乡、焦作一体化发展，着力加强与商丘、南阳、安阳等城市战略合作，实现与邯郸、晋城、聊城等中原经济区城市战略协作，共同推进交通互联、产业互补、市场互通、资源互用、政策互动等，支撑带动周边区域发展，形成与周边区域互利共荣的新局面。

5. 强化要素保障

要素保障是建设国家中心城市的现实基础和重要依托。推进郑州国家中心城市建设，要强化土地、资金等要素支撑。积极强化土地资源保障，着力创新用地机制，促进土地集约、节约利用，重点盘活存量土地，用好现有土地储备，合力开发地下空间，确保国家中心城市的建设用地需要。提升资金保障能力，建立郑州国家中心城市建设专项资金，拓展资金多元化渠道，提升国家中心城市建设的资金支持能力。提升水资源的供给能力，多渠道扩大水资源供给规模，加强城市供水后备水源建设，积极增加南水北调中线、黄河水调引量，进一步提升水资源承载水平。提升能源保障水平，提高供电安全可靠性，增强成品油供应能力，加大天然气引进力度，提高保障能力和水平。

第二节　推进郑州与周边城市融合发展

在做大做强郑州的基础上，深度推进大郑州都市区建设，着力实现郑州与周边开封、洛阳、新乡、焦作、许昌等城市的融合发展、一体化发展。

一　深度推进郑汴一体化发展

加快推进空间接近、产业对接、功能互补的郑州与开封一体化发展，为中原城市群一体化发展积累经验，形成对中原城市群的重要支撑。

1. 提高郑东新区、汴西新区发展水平

郑东新区和汴西新区以"复合城区"为核心理念，以提升产业发展水平为重点，形成发展的崭新格局。

一是高起点建设复合型城区。"复合城区"理念具体体现为"五大复合"，即功能复合、产业复合、生态复合、空间复合、体制复合，通过区域"规划统筹、交通一体、产业链接、服务共享、生态共建"，提高产业集聚、产城融合、城乡统筹、城际开放能力，走出一条不以牺牲农业和生态为代价的路子，为中原城市群一体化发展提供示范。

二是优化升级产业布局。根据两大新区产业发展现状，综合考虑资源承载力、土地适应性、交通运输条件等因素，优化升级区域产业布局，促进产业错位对接发展。其中郑东新区强化商务、金融、会展、科研、教育等功能，汴西新区发展综合性新城区，以金融商贸、休闲娱乐、行政办公、商住以及现代制造业功能为主。

三是提高基础设施水平。打造快速路骨干网络，作为连接郑州和开封的区域骨干道路，承担区域内东西串联的功能。围绕郑州东站、铁路集装箱中心站、干线公路物流港与郑州火车站（市区站）等场站，打造以铁路（包括客运专线）、城际轨道、高速公路主干、国家干线公路、航空为支撑，各种交通方式有机衔接、高效安全的一体化综合交通运输体系。

2. 加快发展郑汴产业带

作为郑汴一体化的重要支撑，郑汴产业带要打造成为中原城市群的先导区、郑汴一体化发展的产业聚集区、全省节约用地的示范区，让郑汴产业带成为全省经济的重要增长极。

一是集中发展三大高端产业。高起点布局高技术产业、现代制造业和现代服务业等三大高端产业。高技术产业方面，重点发展计算机、应用软件、通信、微电子、新型元器件、光机电一体化等电子信息产业；发展壮大现代生物产业、医疗设备生产研发等产业；积极培育新材料和环保产业。现代制造业方面，重点发展汽车的关键零部件、大型成套设备、专用设备、特种设备制造等装备制造业；积极发展高加工度原材料工业以及农产品精深加工业。现代服务业方面，重点发展现代物流、金融保险、信息服务和会计、律师、咨询等中介服务；积极发展职业教育，建设一批国家级重点职业学校和职业教育实训基地；大力发展文化创意产业，积极发展旅游服务业。

二是重点培育三大功能组团。以郑开大道、郑汴轨道交通和其他交通通道所构成的交通轴为依托，由西向东规划布局白沙、官渡和汴西新区3大组团。白沙组团利用其紧邻郑东新区CBD和龙子湖高校区的区位优势，重点布局职业教育、现代服务业和高新技术产业；官渡组团呼应中牟县城，重点布局科技研发、现代制造业、农产品精深加工业、现代商贸和文化旅游服务业；汴西新区组团为综合性新城区，重点发展金融商贸、休闲娱乐、行政办公、商住等产业。

三是着力打造综合交通网。打造"三横六纵"综合交通网络，"三横"为三条东西走向的道路，分别是豫兴大道（规划新建道路，连接郑州北四环与开封东京大道）、郑开大道、中央大道；"六纵"为南北走向的六条道路，分别是京珠高速（已有道路）、规划新107国道（原万三公路）、省道233线（已有道路）、仓狼公路（已有道路）、汴西大道（规划道路）、金明大道（已有道路）；同时预留4条铁路专用线。

3. 推进郑州与开封对接发展

实施郑汴一体化，最关键的是搞好两市对接发展，促进生产要素在两市之间无障碍流动，实现两市功能互补、产业合理、市场融合，重点推进功能、城区、空间、产业、服务、生态等"六个对接"。

一是推进功能对接。突出城市特色，强化两市的功能定位，强化开封的文化、教育、旅游、休闲、娱乐功能，加快郑州的休闲、娱乐等服务功能与开封衔接，实现郑汴两市功能互补。

二是推进城区对接。加快郑汴快速通道建设，在郑汴之间形成以高速公路、一级公路、城市道路以及陇海铁路为基本骨架的便利快捷的交通通道。推进郑汴公共交通同城化，构建统一高效的公共交通服务体系。

三是推进空间对接。促进郑州、开封相向发展，加快郑东新区建设，适时向东拓展，支持中牟组团和开封杏花营组团加快发展，其中中牟组团要根据自身实际，适时东进西扩，担当起连接郑汴两市的"桥梁"与"纽带"，进一步密切两市的空间联系。

四是推进产业对接。引导两市产业错位发展，统一布局，引导郑州的制造业、物流业、高技术产业等产业向东布局，支持开封新上工业、物流、高新技术等产业向西集中，支持郑汴之间发展产业分工合作网络，逐步形成紧密相连的新兴产业带。

五是推进服务对接。率先推行教育、科技、文化、旅游资源共享和金融、电信、邮政、公交同城化，为两市生产要素的自由、高效、无障碍流动提供统一服务体系的支撑。

六是推进生态对接。加强两市间生态共建，科学规划郑汴之间的绿色走廊，推进生态与产业的合理布局，在郑汴之间形成基础设施共建、产业互补、资源共享、功能协调的一体化发展新格局。

4. 加快推进周边县区发展

郑州的中牟，开封的杞县、通许、尉氏、兰考等县市均为农业县，经济发展比较落后，城乡二元结构特征明显，推进郑汴一体化必须加快周边县区发展步伐，促进城乡一体化进程。

一是推进周边县区优化空间布局。强化基础设施建设，加快形成以主要交通轴线为核心的城镇体系，优化区域空间结构，打破行政区域界限，进行跨行政区域的统一规划，对城镇及乡村发展合理布局，引导周边县区转变发展理念，提高周边县区与城镇的规划与布局水平，主动接受中心城市的辐射，沿主要产业带优化产业布局。

二是加快推进城乡一体化进程。引导周边县区主动接受郑东新区、汴西新区以及郑汴产业带的产业转移，与之形成协调互动发展的区域格局，加快特色小城镇的发展步伐，促进资本、技术、人才等要素向特色城镇集聚，强化特色城镇的支撑与纽带作用，围绕郑州、开封两市的主导产业，加强农村富余劳动力的专业培训，推进产业与就业结构优化，加快城乡一体化进程。

二 推动郑州与其他周边城市的融合发展

在重点推进郑汴一体化的基础上，还要加快推动郑、洛、汴、焦、新、许六城的空间布局和功能对接，加强六城域内重要节点城、镇建设，实现郑州与毗邻五城的对接联动，逐步形成以郑州为中心、拥有近3000万人口的超级大都市圈格局基本构架。

1. 促进产业错位互补协调发展

推进实施中原城市群产业错位发展战略，有针对性地制定扶持各区域集中发展优势产业的政策措施，依托两纵一横经济带，促进产业布局优化。

一是依托郑汴洛工业走廊推进郑汴洛之间的产业协同发展。重点加强郑、洛两市在信息产品制造业、新材料、汽车工业、装备制造业、铝加工业等领域的分工协作，实现优势互补，加快建设郑州汽车及零部件工业基地，洛阳动力谷、吉利石化工业基地，上街铝工业基地，巩义铝加工园区，偃师轻纺产业密集区，荥阳建筑机械工业园和纺织服装工业园区等，培育形成一批特色产业集群。围绕推进郑汴一体化，构建郑汴两市产业错位发展格局。

二是依托京广产业发展带推进郑新之间的产业协同发展。推进新乡市统筹城乡发展示范区、先进制造业基地、现代农业试验示范基地、高素质人力资源培育基地"一区三基地"建设，以生物与新医药、电池电动车与汽车零部件、电子信息、特色装备制造、制冷、现代煤化工六大主导产业为支撑，构建与郑州错位发展的产业体系。

三是推进郑许之间的产业布局统一规划。推进许昌市加快发展电力装备、食品、发制品等主导产业，围绕风电装备制造、智能电网、电动汽车及关键零部件、超硬材料、生物医药五大工程培育发展战略性新兴产业，重点推进中原电气谷建设，按照"四区一基地"的功能定位和"主副两中心、四区加两翼"的空间布局，高水平规划建设许昌新区，着力培育形成长葛铝型材加工、超硬材料等一批特色产业集群。

2. 推进六城基础设施联网对接

大力推进大都市经济圈基础设施支撑能力建设。突出抓好交通、能源、基础设施方面的重大工程建设，推进郑洛、郑新、郑许之间的基础设施联网对接，重点推动交通对接，加快形成畅通快捷的综合交通体系。

一是推动郑州、洛阳基础设施联网对接。加大郑州至西安铁路客运专线运力，全面完成310国道郑州至洛阳段一级公路改造升级任务，连同郑少和少洛高速公路及既有陇海铁路，形成五条郑洛之间的快速通道。

二是推动郑州、新乡基础设施联网对接。加大郑州与新乡轨道快线建设，全面完成107国道郑州至新乡段扩建改造任务。加快原阳桥北新区建设，加快郑州花园口黄河生态旅游区、新乡桥北—韩董庄区域开发，通过郑州黄河公路大桥和郑州黄河公路铁路两用桥（预留轻轨线路），促进两岸呼应发展，进一步拓展郑州向北发展的空间。

三是推动郑州、许昌基础设施联网对接。加快加大港区与许昌轨道快线建设，全面完成107国道郑州至许昌段扩建改造任务，形成郑许之间的快速通道。

3. 增强六城间重要节点城镇支撑能力

在强化核心区建设、发展大都市区的同时，进一步加快中小城市以及特色小城镇发展步伐，使中小城镇成为支撑郑州与周边城市发展的重要节点，着力构建特色突出、结构合理、层次分明、功能互补的新型城镇格局，强化重要节点城镇的支撑能力。

一是培育发展一批中等节点城市。重点加快巩义、偃师、新郑、长葛等重要节点城市发展，力争早日进入大型城市行列，着力推进登封、长垣、尉氏等进入中等城市行列。

二是支持小城市加快发展步伐。促进开封县、中牟县、荥阳市、新乡县、原阳县、武陟县等加快发展，尽快撤县建区。

三是积极引导小城镇发展。以主要交通通道为依托，选择区位突出、特色明显，具有产业基础与发展潜力的节点城镇，合理规划中心镇功能定位，适时推进符合条件的乡镇撤镇建区和撤乡并镇，优化城镇布局，积极支持巩义回郭镇、竹林镇，荥阳高山镇，新乡七里营、小冀镇，偃师岳滩镇、首阳山镇，许昌尚集镇、灵井镇，长葛大周镇、后河镇，辉县孟庄镇，长垣魏庄镇等提高发展水平。

4. 创新六城联动发展机制

建立高效的联动协作机制，加强郑州与周边四市的联动与协作，通过建立联席会议制度、成立专家顾问委员会，推进五市在规划、产业、布局、项目、资源、基建、服务等方面的联动，最终形成以市场建设为契机，以区域利益共享为驱动，实现生产要素跨区域自由流动和最佳组合的合作方式，建立合理的利益分配与风险分担机制，提高区域整体竞争力。

一是建立联席会议制度。建立五市联席会议制度，即成立五市联动发展领导小组，由各市相关领导组成，负责研究决策五市联动发展的有关重大问题，组长按年由各市轮流担任。领导小组下设办公室，办公室成员由各市发改委负责人组成，负责联动发展的日常事务的协调、组织。联席会议制度具有最高领导功能，能在政府层面上对五市的联动发展和相关问题进行宏观掌控和具体决策。

二是成立专家顾问委员会。成立五市协同发展专家顾问委员会，成员由全国知名区域经济专家以及省内有关专家学者组成，为五市联动发展提供智力支撑。作为智囊团，该委员会负责调研、探讨五市协同发展的现状、理论、模式与对策，定期召开理论研讨会，为协同创新发展献计献策。

三是组建六市产业合作联盟与园区共建联盟。产业合作是五市联动发展的重点，围绕五市的主导产业与优势产业，依托行业龙头企业与国家级、省级研发中心，组建五市产业合作联盟。以标准共享、资源共用、市场共有的方式，以项目实施带动产业发展，以产业发展带动核心技术的研发与投入，最终带动相关的制造业和供应链企业的积极参与。适时推进产业园区共建联盟，以园区为纽带，优化区域要素配置，加强五市间的产业联动发展，形成区域间分工布局合理的产业集群，提高五市产业一体化发展水平。

5. 积极促进郑州大都市区格局的形成

中原城市群的核心区从地理经济视角看，已自然构成了以郑州为中心，洛阳、开封、新乡、许昌"十"字相连的大都市经济圈战略格局。在重点推进郑汴一体化的基础上，加快推动郑洛、郑新、郑焦、郑许之间的空间布局和功能对接，加强巩义、偃师、伊川、新郑、新密、荥阳、登封、中牟、长葛、禹州、鄢陵、原阳、获嘉、尉氏、武陟等重要节点城市建设，实现郑州与毗邻洛、开、焦、新、许及其所属城市的全方位对接联动，形成以郑州为中心，多城对接、产业集聚、城镇密集的"十"字形大都市经济圈格局的基本构架。郑州大都市区格局是，以郑州为中心，东连开封，西接洛阳，北通新乡、焦作，南达许昌，构成六城相连的大"十"字形城市区，六城通过郑汴洛工业走廊发展带和京广产业发展带，连接区域内重要节点城市和重要乡镇，形成常住人口超过 3000 万的大都市区。

从目前郑州的发展水平、经济规模和经济实力、综合竞争力来看，还不足以在更高的层次上来辐射、带动周边城市乃至整个中原经济区的崛起，并以此成为中国内陆地区的重要增长极的核心区。所以，笔者认为，必须强力推进大郑州都市区的建设，并积极促进郑州大都市经济圈战略格局的形成，使之成为中原经济区更具吸引力和辐射力的核心区。

第三节　提高中原城市群其他城镇发展水平

遵循城市发展规律，强化关键要素驱动支撑，以提高产业集聚能力、自主创新能力、建设管理水平为重点，提高中原城市群漯河、济源、平顶山、鹤壁、濮阳、三门峡、宿州、淮北、亳州、邢台、晋城等城镇的发展水平。

一　提高产业集聚发展能力

按照高端、高质、高效的方向，着眼于抢占未来制高点与增强产业竞争力，培育发展各具特色的城市产业体系，积极优化产业功能布局，促进产业转型升级，推进产业发展高端化、集群化、服务化、生态化，不断增强产业发展能力。

1. 加快推动产业集聚发展

依托中心城市和县城，整合提升各类开发区、产业园区，提高土地节约集约利用水平，规划建设二、三产业集聚发展平台，以城镇功能完善吸引产业集聚，以产业集聚促进人口集中，形成以产兴城、依城促产、产城互动发展格局。加快推进新型工业化，以技术高端化、产业集群化、发展集约化为方向做强高成长性制造业，以发展深加工产品群、节能降耗增效为重点改造提升传统支柱产业，以主攻核心技术、突破市场瓶颈为着力点培育战略性新兴产业，增强工业的支撑能力。推动产业集聚区向更大规模、更高水平、更好质量发展，按照企业集中布局、产业集群发展、资源集约利用、功能集合构建、人口有序转移"四集一转"的要求，提升产业集聚区建设水平，突出主导产业，完善服务配套，严格准入门槛，有序承接产业转移，形成一批规模优势突出的产业集群和新型工业化示范基地。优化城市功能分区，规划建设一批商务中心区和特色商业区，推动金融、会展、商务、创意和特色商贸、文化休闲等服务业集中布局，打造区域服务中心。依托城市新区，推动中心城市现代服务和高端制造业集聚发展，形成现代产业集中区，探索产业融合发展新模式。

2. 加快促进产业结构升级

把发展城市经济与培育新兴产业、改造传统产业结合起来，完善城镇功能，促进要素集聚，实施创新驱动战略，加强新技术、新产品研发及营销，加快发展高成长性产业，改造提升传统优势产业，发展壮大战略性新兴产业和现代服务业。充分发挥城市高端要素集聚、科技创新等优势，积极培育总部经济，大力发展现代服务业、先进制造业和战略性新兴产业。推动培育壮大主导产业，加快传统产业转型升级，推进制造业与服务业融合发展，提升城市产业能级。发挥中小城市和小城镇劳动力等要素成本优势，大规模承接产业转移，因地制宜发展劳动密集型产业和特色产业集群。推动资源型城市和老工业基地城市改造提升传统产业，培育壮大新兴产业，扩大服务业发展规模。推动企业跨行业、跨地区、跨所有制兼并联合和战略性改组，提高产业集中度，促进产业层次从低端走向中高端。

3. 大力承接产业转移

继续把对外开放作为基本市策，着力构建举市开放体制，持续深入开展大招商活动，积极承接产业转移。坚持承接技术密集型和劳动密集型产业并重，引进龙头企业与吸引配套中小企业并重，省市县三级联动，加强与世界 500 强、央企和行业龙头企业深度战略合作，设立区域性总部、研发中心和生产基地，积极承接沿海加工贸易梯度转移，建设一批加工贸易转移重点承接地，引进一批电子信息、航空航材、高端制造、生物医药、新兴服务业龙头企业，吸引中小企业配套跟进，延伸产业链条，促进结构调整和优化升级。

二　提高城市建设管理水平

城市发展"三分建，七分管"，提高城市建设管理水平，必须把推进城市建设管理作为加快中原城市群一体化发展的全局性举措来实施、紧迫性工作来推动，全面加强城镇建设管理，努力走出一条经济高效、资源节约、环境友好、社会和谐，大中小城市与小城镇协调发展、互促共进的路子，带动经济社会发展全局，为加快中原城市群一体化发展提供强力支撑。

1. 提升城市建设品位

从高处着眼，着力做到"高层次定位、高起点规划、高标准建设"，抓好城市规划建设，进一步提升大中城市的建设品位。

一是高层次定位，以全局的思维看待城市建设。结合城市原有的经济基础、历史文化积淀和在城镇体系中的功能定位，找准城市建设的努力方向，科学定位，全面提高。

二是高起点规划，以超前的理念引领城市建设。具体编制城市规划时，要综合考虑城市的文化定位、城市的标志性建筑等重要城市因素，考虑人民群众的衣、食、住、行、游、购、娱等方面的需求。

三是高标准建设，以满足居民要求为目标。中原城市群城市发展进程中，承载力相对较弱，存在城市基础设施严重欠账以及规划落后、投资效率低下等多种问题。因此，加快公共服务设施建设是提高城市建设品位的重要因素，需要建设医院、学校、商场、图书馆等公共服务设施，提高整体公共服务水平。

2. 提升城市管理水平

切实加强城市规划布局，建设与经济发展水平相适应的现代化城市示范区，打造具有中原特色的宜居城市。建立以主体功能区规划为基础，国民经济和社会发展规划、土地利用规划及城乡规划相互衔接的规划体系。合理划定功能分区，明确具体功能定位，改变城乡居民区与工业、农业区交相混杂的状况，优化城市建设空间布局。探索城市统一规划、统一建设、统一管理的新机制，提高城乡规划建设管理水平。提高规划制定的公开性、透明性和群众参与度，推进规划编制和实施的法制化进程。

3. 加强城市基础设施和公共服务设施建设

加强城市基础设施和公共服务设施建设，是中原城市群一体化发展的应有之义。加强城市基础设施和公共服务设施建设，就是要按照一体化发展的要求，促进公共资源在城市之间均衡配置，生产要素在区域之间自由流动，形成协调发展的长效机制。加强城市能源、交通、通信、水利、流通、环保、防灾等基础设施统一布局和建设，统筹教育、医疗、文化等公共服务设施建设，完善提高城市功能。

第七章　协同推进产业分工合作

产业是发展之基、就业之本、富民之要。推进区域的快速发展，要强化产业的支撑作用。产业一体化是城市群一体化发展的前提和核心，在城市群一体化发展中发挥着战略支撑作用。区域产业一体化，应该包括两个方面：一是提高区域内产业的集中度，即形成区域内的专业化生产；二是推进区域内相关产业的前后向一体化，形成产业链。当前，中原城市群产业基础雄厚，但仍存在区域产业同构等问题。应在构建现代产业新体系、优化产业空间布局、明确产业对接方向、建立合作协调机制等方面推动中原城市群产业协同发展，形成产业分工合理、产业优势互补的产业发展新格局，为中原城市群一体化发展提供强有力的战略支撑。

第一节　强化产业发展的战略支撑

产业发展对中原城市群一体化起着重要的战略支撑作用，要坚持"政府引导、整体规划、市场主导，资源共享、协作提升，循序渐进、协调发展、互利共赢"的原则，以产业对接和错位发展为着力点，以创新为动力，大力推进产业高级化、集群化、国际化，促进产业融合、布局优化、资源配置合理化和要素流动自由化，着力合作建设一批传统优势产业集聚基地、先进制造业基地、现代服务中心、高新技术产业基地和都市型农业基地，全面提升中原城市群产业整体竞争力。

一　强化市场基础配置和政府统筹协调能力

首先，强化市场基础配置能力。要充分发挥市场机制的作用，以价值杠杆为手段，重点建立和完善一体化消费品市场、一体化资本市场、一体化技术市场、一体化人力资源市场、统一的产权市场、统一的企业和市场信息系统，促进生产要素集聚和扩散，推动各城市的合作分工，进而推动形成产业合作发展新局面。

其次，强化政府统筹协调能力。要充分发挥政府"有形的手"对产业发展的促进作用，优化调整和深化改革政府行政职能，利用行政手段协调市场、企业和专业组织关系，围绕产业发展要求建立协调机制，注重规划引导，共建合作平台，优化合作环境，促进产业一体化发展。

最后，强化中介组织服务支撑力。中原城市群产业合作发展要高度重视发挥跨区域中介组织的作用，重点推动会展、旅游、人才、就业、广告、公关、信息、咨询、家政、劳务、房产等跨区域行业协会培育发展，积极引导跨区域行业组织协作，使之同市场、政府一起共同促进产业一体化健康发展。

二 明确各地产业发展定位

根据优势互补和错位发展的原则，中原城市群各城市在产业发展上应充分依靠当地优势资源，构筑地区优势产业，促进相互之间产业发展的整合与协调，逐步解决产业同构问题，实现共赢和区域整体利益最大化。加强相互之间的协作合作，明确各自的分工和发展的重点，实现城市间错位发展，提高产业间的互补性，避免恶性竞争。比如，郑州市作为省会城市和区域核心城市，应尽快形成以高新技术产业为引领，先进制造业和现代服务业为主导，现代农业和传统产业为支撑的，特色鲜明、主业突出、结构优化、布局合理、集约高效的现代产业体系。洛阳市作为中原经济区和区域的副中心城市，应以提升产业整体竞争力为核心，以产业产品结构升级为主线，推动工艺改造、功能转型和价值链提升，打造装备制造、石化煤化融合、电子信息、新材料、新能源五大产业基地，支撑引领洛阳工业倍增，等等。

三 打造具有国际竞争力的产业集群

对集聚经济的追求已成为影响现代企业区位选择的一个重要因素，中原城市群未来产业发展应充分发挥产业集聚区、高新区、经济技术开发区等的经济集聚与空间支撑作用，将各类产业园区作为中原城市群发展的重要增长点，使之发挥促进产业发展以及优化产业布局的重要带动作用。根据各市国民经济和社会发展第十三个五年规划纲要中提到的高成长性产业、战略性新兴产业等，充分利用这一区域现有的自然资源、产业基础、龙头企业、核心技术、优势产品，以特色工业园区为基点，以区域优势产业为依托，加快产业集聚，壮大集群规模，着力培育和打造国家先进装备制造业基地、国家重要的电子信息产业基地、国家新材料高技术产业基地、有重要影响的新能源产业基地、具有国际水平的千亿级铝及铝精深加工基地、具有国际水平的高端耐材基地等，不断提高产业集群核心竞争力和可持续发展能力，建设科学合理的现代产业体系。

四　加强重大项目布局的协调

明确中原城市群各市的主导产业和支柱产业，避免盲目重复建设。开展产业发展合作，实现优势互补。实施大企业集团扩张带动战略，比如郑州日产、宇通、洛拖等大型企业集团在区域范围内设立分厂，建立零配件基地、原料基地等，实现区域内产业合作。加强对可以共享共用的现代物流、连锁超市、教育、医院等服务设施建设的规划、协调，最大限度地利用好各类资源。

五　加大自主创新力度

创新驱动是产业协作的核心动力，也是衡量诸区域协调发展的重要标准。要加快机制体制创新，坚持区域整合的核心思想，淡化行政界限。加强推进整合各市资源的市场机制行为，改善和优化投资环境，消除产品和要素流动壁垒。要充分利用郑州、洛阳的创新资源优势，加快技术创新，着力突破重点产业的关键核心技术和自主知识产权，推动传统产业转型升级。要加快商业模式创新和公共服务平台创新，实现技术创新服务平台、共性技术联合攻关平台、政产学研合作平台等的共建共享，积极推动技术、人才、资金、资源的跨区域自由流动，强化金融支撑，加强同类型产业跨市融合。

第二节　构建现代产业发展新体系

按照"结构优化、技术先进、清洁安全、附加值高、吸纳就业能力强"的要求，以产业集聚区建设为载体，大力发展战略支撑产业，加快发展先进制造业、高成长性服务业和都市型现代农业，逐步建立产业结构高级化、产业布局合理化、产业发展聚集化、产业竞争力高端化的现代产业支撑体系。提升产业核心竞争力，促进产业优势互补、联动发展，构建合作共赢的一体化发展格局。

一 突出壮大主导产业

落实《中国制造2025》战略，以提高制造业基础能力和创新能力为重点，推进信息技术与制造技术深度融合，加强产业分工协作，促进产业链上下游深度合作，在电子信息、高端装备制造等领域推动新型工业化产业示范基地建设，努力打造具有国际竞争力的优势产业集群，在部分领域引领全国先进制造业发展。电子信息产业方面，抓住郑州、洛阳等城市建设智慧城市、信息惠民国家试点城市的机遇，坚持外引内扩的方针，协同推进电子信息制造业和信息服务业，实现行业整体快速发展，重点打造智能终端、自动化控制、软件产业、智慧产业等产业集群，形成一批产业链完善、集聚效应明显、特色鲜明的电子信息产业专业园区，建成全国重要的电子信息产业基地。装备制造产业方面，依托洛阳、许昌等城市重点发展智能电气、现代农机、大型成套等特色优势装备，积极发展轨道交通、节能环保等高成长装备，建设全国重要的智能装备制造基地。扩大节能与新能源汽车产业规模，依托郑州、济源等城市建设具有国际竞争力的客车生产基地，提高中高端乘用车市场占有率，打造配套完善的纯电动汽车产业链，推动专用车产品创新发展。食品产业方面，依托漯河、郑州、周口等城市，做强面制品、肉制品等优势产业龙头品牌，扩大中高端冷链、配餐、休闲、饮品等高成长性食品产业规模，提升卷烟、油脂、果蔬等特色产业品牌竞争力，推进主食工业化，加快培育打造绿色食品全产业链企业，建设食品工业强省。日用消费品产业方面，适应消费结构升级趋势，依托郑州、洛阳、濮阳等城市，突出发展智能家电、环保家具、餐厨卫浴等现代家居产品，集群化发展服装、制鞋和家用纺织品业，建设一批配套完善的产业转移承接地。

二 培育壮大战略性新兴产业

坚持战略需求和市场机制相结合，重点推动生物医药、先进材料、先进机器人、储能和动力电池等产业向国内一流水平迈进，瞄准技术变革速度快、颠覆经济模式潜力大的重大技术，争取物联网、基因检测、智能微电网、增材制造（3D 打印）、人工智能、页岩气等领域实现产业化突破，抢占产业发展先机。生物医药方面，重点发展化学创新药、现代中药等优势产品，积极发展生物技术药物和医疗器械产业，加快重大新药和疫苗研制，建成国内一流的新型医药产业基地。先进材料方面，重点发展新型功能材料和高品级超硬材料及制品，加快高强高模碳纤维研发和制品产业化，积极发展石墨烯、纳米等新型材料，推动电子功能材料产业集聚发展，建设全国重要的新材料产业基地。先进机器人方面，培育引进龙头企业，加快关键零部件产业化，重点发展工业机器人，积极发展服务机器人，开发具备增强传感器、机敏性与智能的机器人，建设洛阳机器人及智能装备产业基地，支持郑州、许昌、安阳等发展特色机器人产业。储能和动力电池方面，重点发展能量密度高、制造成本低的新型动力电池，积极开发城市微电网、可再生能源发电、分布式和间歇式用能系统的储能电池，推动关键原材料产业化，建设在全国有较强竞争力的储能和动力电池产业基地。物联网方面，重点发展各类物理、化学、生物信息传感器，打造设计、制造和封装产业链，建设国内有影响力的先进传感器研发和产业化基地。在农业生产、交通物流、城市管理等领域实施一批应用示范工程，建设国家物联网重大应用示范工程试点省。基因检测方面，重点推进基因检测技术在肿瘤、遗传性疾病、心脑血管疾病和感染性疾病等重大疾病防治上的应用，开展基因检测国家试点。加强与国内外知名企业合作，促进基因组学研究成果向健康服务、生物育种、精准医疗应用。智能微电网方面，加快突破适应新能源和分布式能源发展的微电网技术，创新运营管理体制，建设一批智能微电网示范工程。增材制造方面，培育引进 3D 打印专用材料、装备及核心器件生产企业，促进 3D 打印技术推广应用，逐步形成产品设计、材料、关键器件、装备、工业应用等完整的产业链条。人工智能方面，培育引进优势骨干企业，促进在计算机视觉、智能语音处理、生物特征识别、自然语言理解、智能决策控制以及新型人机交互等关键技术领域的研发及产业化。

三 加快传统产业转型升级

坚持区别对待、分业施策，以产业链延伸为主攻方向，推动冶金、建材、化工、轻纺等传统产业绿色化、循环化和高端化发展。支持企业瞄准国际同行业标杆推进技术改造，全面提高产业技术、工艺装备、能效环保等水平。综合运用市场机制、经济手段、法治办法，加快推动产业重组和产能转移，稳妥有序处置特困企业，有效化解产能过剩。冶金工业方面，做精做强高级别、高强度钢材，推动骨干钢铁企业向钢铁综合服务商转型。巩固提升铝精深加工集群优势，扩大高性能轻型铝合金材料规模，推动黄金、铅锌、镁、钼等优势资源向精深加工绿色化转型发展。建材工业方面，重点发展绿色建材，推动水泥行业整合，扩大水泥制品比重。化工行业方面，推动化工产业园区化，促进石油化工与煤化工融合发展，大力发展甲醇深加工和高端石化产品，打造化工新材料和精细化工产业链。积极推进鹤壁煤化一体化示范项目。轻纺工业方面，以技术升级和改造提升为重点，有序发展高水平印染，推动棉纺和面料企业链式一体化发展。

四 加快发展高成长性服务业

坚持市场需求引领、重点产业带动、服务能力提升，开展加快发展现代服务业行动，以现代物流和现代金融引领生产性服务业跨越式发展，以精细化、品质提升为导向促进生活性服务业提速发展，突出新业态发展、新热点培育、新技术应用，促进服务业比重提高、结构优化、竞争力增强。突出发展现代物流、现代金融，加快壮大电子商务、信息服务、商务服务、专业生产服务、服务外包等产业规模，打造中西部生产性服务业高地。提升旅游、文化产业内涵和附加值，创新发展商贸流通业，增加健康养老、居民和家庭等服务供给，建设中西部地区特色消费中心。现代物流业方面，重点建设郑州国际物流中心，推动区域物流节点城市完善服务功能，建成一批国家级、省级示范物流园区、城市配送中心。金融业方面，壮大中原银行、中原证券、中原农业保险、中原信托、中原资产、中原股权交易中心等地方金融主体，组建本土法人寿险公司、民营银行，设立一批产业投资基金和创业投资基金。推动郑东新区金融集聚核心功能区建成中原城市群金融机构及企业总部集聚中心、商品期货交易与定价中心、要素市场交易中心、金融后台服务中心和金融服务改革创新实验区。商务服务方面，推动中心城市吸引国内外企业设立地区总部、功能性机构，打造具有投资决策、资金管理、研发、采购销售等功能的区域性管理营运中心。引进培育一批国家级、区域性品牌展会，巩固提升郑州区域性会展中心地位。旅游业方面，建设郑汴洛焦国际文化旅游名城，打造一批文化旅游、乡村旅游、生态旅游、红色旅游精品线路和品牌景区，塑造国际国内旅游形象品牌。实施乡村旅游富民工程。完善旅游公路、自驾营地、旅游厕所、游客服务中心等基础设施，实现 4A 级以上景区无线网络全覆盖。支持有条件的市县发展全域旅游。商贸流通方面，推动传统商业向主题型、体验式、智慧化商业中心转型，建成一批以大型商业综合体为核心的新商圈，推广"电子商务平台 + 社区智能便利店 + 集成网络终端"社区商业模式。积极发展绿色酒店、主题酒店、客栈民宿、快餐团餐、农家乐等细分业态，建设发展中央厨房、电子商务平台、食品安全体系等配套设施。养老服务方面，大力发展基本生活照料、康复护理、精神慰藉、紧急救援等居家养老服务，加快发展供养型、养护型、医护型养老服务机构，积极发展智能养老服务等新型服务，开发切合农村实际需求的养老服务方式。规划建设一批各具特色的养老健康产业示范园区。推进洛阳、漯河养老服务业综合改革试点建设。

五　积极发展都市型现代农业

在保障粮食生产的前提下，以先进理念和经营模式发展现代农业，推动农业向产业化、标准化、规模化、特色化发展，打造特色高效农业体系。持续深化农业结构调整。依靠科技支撑，把产业链、价值链等现代产业组织方式引入农业，完善种、养、加、销全产业链，实现现代农业接"二"连"三"。加快发展特色高效农业和现代畜牧业，重点支持粮油、蔬菜、林果、水产品、中药材、花卉苗木、畜禽、奶牛、都市农业等发展壮大。建设一批规模化、标准化种养基地，培育壮大农业特色产业、支柱产业。健全农业科技机构和人员激励政策，加强农业科技攻关。深化与华大基因的战略合作，加快牡丹、谷子等新品种、新科技研发推广。扶持发展农业产业化龙头企业，培育知名品牌，延伸农产品加工链条，创建农业产业化示范基地。大力发展都市生态农业和休闲农业。充分发挥郑巩洛区域的区位优势，结合地形地貌特征，因地制宜发展精准设施农业园区、高新农业科技展示园区、休闲观光农业园区，创新发展社区支持农业、市民农园、沟域经济等新型都市农业业态，推动农业种养殖与休闲旅游协调联动，加快发展农业观光、农业休闲、农业体验等产业，建设一批集观光游乐、采摘体验、科普益智等于一体的现代农业休闲观光基地，建设一批都市生态农业示范区。健全农业社会化服务体系。建立健全农业科技创新、推广和信息服务体系，实施重大科技专项，强化科研难题攻关，加快科技成果转化。发挥农村科普示范基地和农村专业技术协会的作用，搞好特色农业技术培训和推广。完善覆盖农业生产各环节的良种繁育、动物防疫、农资供应、农机服务、气象测报、农业保险和灾害防御等社会化服务体系，重点加强农产品和食品质量安全检验检测体系，供销、邮政等农产品流通体系建设，加快城市现代商贸、物流体系向农村延伸、覆盖，发展农资连锁店和农产品超市网络，推动农超对接。

第三节　提升产业集聚区发展水平

依托产业集聚区，大力促进产业集聚，为中原城市群转型发展提供强力支撑。积极培育"龙"型产业集群，打造千亿元级产业集群；提升产业集聚区发展水平，推动生产性服务业与先进制造业联动发展；立足千亿元级产业集聚区，努力打造一批具有特色的国家级产业基地。

一　积极培育"龙"型产业集群

积极培育"龙头企业带动效应明显、中小企业配套齐全、产业链环节完整"的"龙"型产业集群，强化产业链式、配套、融合发展能力。持续强化承接转移能力，围绕培育"百千万"亿元级产业集群，瞄准主导产业集群缺失和薄弱环节开展针对性招商，推动终端产业产品向上游延伸，基础工业向下游延伸，着力引进一批龙头企业和龙头项目，带动关联配套产业协同转移，培育打造一批"百千万"亿元级产业集群。依托郑州航空港经济综合实验区，全力支持富士康智能手机项目扩大规模，加快正威科技城智能终端产业园、酷派及供应商产业园、阿里巴巴云计算和大数据基地、腾讯互联网＋产业集群、郑州台湾软件园等项目建设，以龙头品牌制造商、龙头代工企业为中心向四周扩散，以产业链配套和服务支撑为重点集聚发展，形成郑州航空港区3000亿元级智能终端（手机）产业集群。洛阳要把培育产业集群作为调整产业结构、提升产业竞争力的重要举措，通过引龙头、抓配套、完善基础设施、强化公共服务平台建设，重点打造装备制造、有色金属精深加工、石油化工、电子信息四个千亿元产业集群。其他城市要依托产业集聚区和主导产业，因地制宜地打造一批具有本地特色的产业集群和产业基地。

二　提升产业集聚区发展水平

着力完善产业集聚区基础设施和服务设施建设，为产业集聚发展打造良好的平台。促进传统产业升级改造，淘汰落后产能，加快培育和发展产业集群，打造结构优化、技术先进、附加值高的先进制造业。督促引导企业加大技术改造力度，注重改造提升传统产业，强化制度管理，从传统管理向现代管理转变。启动"负面清单"管理模式，结合产业发展规划和环境保护等方面的要求，梳理出不能在集聚区投资或限制投资的领域和产业，引导产业合理布局和聚集发展。立足于发挥现有产业链优势，积极引导和培育发展先进制造业，特别是一些发展较好的产业集聚区，要加快发展工业设计、品牌运营等生产性服务业，努力形成生产性服务业与先进制造业特别是产业链联动发展新格局，推动产业集聚区向拥有完整的产业链和配套服务体系的现代产业集群生态体系转变。

三　着力打造一批国家级特色产业

依托优势产业集群，立足千亿元级产业集聚区，努力打造一批具有特色的国家级产业基地，争取重大项目落地。例如，郑州市以全球重要的智能手机生产基地为平台，积极发展平板电脑、智能电视和可穿戴智能终端产品，重点推进软件业集聚发展、物联网重大应用示范、云计算和大数据能力建设等工程，打造国家级智能终端制造基地；郑州市还要以女裤为引领，积极发展品牌服装服饰、家纺及产业纺织用品、箱包皮具、发制品产业集群，打造纺织服装国家级制造基地。洛阳市可以装备产品和装备制造智能化为重点，突出发展智能成套、智能电气和智能制造装备，做大轨道交通装备规模，加快工程装备、农机、基础件等传统优势产业智能化改造，打造国家级智能装备制造基地；洛阳市要尽快形成装备制造、有色金属、石油化工等3个千亿级产业集群和一批超百亿的特色产业集群。其他城市要根据本市实际和产业特点，因地制宜地打造一批国家级特色产业。

四 持续推动创新平台建设

以产业集聚区内的龙头企业为依托，加强各类企业技术研发中心建设，提升企业的技术创新水平。大力发展技术咨询、专利技术转让等中介机构，为企业提供良好的服务和后勤保障；与相关科研机构、高等院校等建立以产权为纽带的合作创新型组织，建立产学研成果转化基地以及人才培训基地。首先，可以设立科技成果转化平台，促进产学研发展。其次，可以设立各类产学研合作发展基金，促进科研机构及高等院校与企业一起进行技术创新，推动科研成果的转化。再次，鼓励和支持科研机构和高等院校的科技研发人员向企业流动，到企业兼职等，构建人才和知识的流动机制。最后，加强对企业负责人的培训力度，提升企业主的理论素养，激发其自主创新思维。

第四节　强化战略性支撑项目建设

重大项目建设是区域经济发展的支撑力量，中原城市群是国家级重点开发区域，对这一区域进行重点开发，促进其一体化发展，需要通过科学谋划重大项目、着力强化项目要素保障、切实加强项目管理等路径措施，来强化战略性支撑项目建设。

一 科学谋划重大项目

1. 做好重大项目的储备

加快开展项目顶层设计，组织专门力量，依托中原城市群优势资源，立足于中原城市群一体化建设目标及重点开发的要求，以超前的理念、战略的意识、全局的思维，围绕世界产业新趋势、技术新领域、国家新动态，着眼于增强中原城市群经济社会发展后劲，在科学研究的基础上优化布局，深度开发一批具有前瞻性的重大项目。建立完善重大项目库，提供充足的项目储备。做好重大项目的优化和滚动调整，形成重大建设项目竣工一批、启动一批、储备一批的滚动机制，并及时充实符合发展需要、符合产业结构优化要求的重大项目。重视重大项目规划与经济社会总体规划、城市规划、土地规划之间的衔接，提高规划的前瞻性、科学性和指导性。

2. 确保重大项目的推进

切实加强重大建设项目的前期工作，加大前期工作投入，力求重大建设项目培育一个、成熟一个、新建一个、建成投产或投入使用一个。强化政府在重大项目策划、储备工作中的导向作用，把重大项目布局列入各级政府重要议程，科学编制年度重大项目前期工作计划，建立健全领导干部重大项目联系制度，努力形成各级政府领导亲自抓重大项目建设工作，亲自协调有关重大问题的工作格局，强化各级政府和有关部门的协作，有计划、有步骤地推进重大项目前期工作。通过各种途径定期、及时向社会发布重大项目，让社会了解近期投资重点领域、热点及政府战略意图。

二 着力强化项目要素保障

要确保重大项目布局目标的顺利实现，必须突破资源、环境、人力、财力等要素的制约，加大协调力度，进一步强化要素保障。

1. 土地方面

抓好土地要素保障，确保项目顺利实施。积极做好土地年度计划的申报和争取工作，让更多项目进入国家、省级规划，挤进国家和省的用地指标。按照"统筹兼顾、突出重点、区别对待、有保有压"的原则，对争取到的年度土地利用计划实施差别化管理，突出用地指标向重大项目倾斜。加强投资项目的土地调控，适度提高投资密度和强度，提升土地综合使用效率。同时，切实加大对闲置土地的清理力度，对长期占用土地不开工、不建设或者违规建设的项目，及时依法依规进行处置。

2. 人才方面

针对重大项目需要，定期组织相关部门、地区和企业，开展项目开发、实施、管理人才培训，适时组织开展国内外人才招聘，培育和建设企业家队伍，重点在项目策划及论证、资本运营、投融资等领域培养和引进一批人才，为重大项目建设提供人才保障。建立健全有效的人才调节配置机制，鼓励和支持高等院校、职业技术院校以重大项目需求为导向，加快专业结构调整，强化重点学科建设，在部分高精尖及急需技术方面加大引进海外高层次人才的力度。

3. 投资环境方面

组织相关部门尽快出台适应重大项目布局和建设的投资环境政策，突出改善政务环境、商务环境、诚信环境、配套环境、治安环境和其他服务环境等。各地也要根据本地实际情况，加快制定和完善更具可操作性的环境政策。

三　切实加强项目管理

1. 强化重大项目管理

编制年度重大项目建设计划，明确年度目标，建立工作网络，分层、分级、分类落实重大项目责任制。建立健全重大项目工作首问负责制、限时办结制和责任追究制，严肃纪律，问责追究。对虚报项目套取政府投资的，对侵占、截留、挪用、浪费重大项目建设资金的，对在重大项目审批、核准、备案过程中无故延迟或无正当理由拒绝批复的，对在项目前期、设计、招投标和优惠政策落实等各环节影响延误进度的单位和个人，要依法依纪给予严肃处理。严格执行项目法人责任制、资本金制、招投标制、工程监理制等管理制度，确保重大项目时间进度、质量要求和投资效益。建立重大项目实施情况季度报告制度和公开通报制度，规范和落实重点项目协调联系机制，建立重大问题联动处理预案，提高重大项目协调服务的质量和水平。

2. 加强重大项目协调服务

转变政府职能，减少和规范行政审批，合理确定准入门槛，提高行政效率，为重大项目建设提供优质高效服务。健全完善重大项目推进协调工作机制，明确各级各部门职责，及时协调解决重大项目在项目审批、规划选址、融资渠道、土地利用、环境评价等方面的困难和问题。建立并联审批机制，坚持从快原则，提前介入，尽快办理相关手续，促进项目尽早开工。建立信息互通制度，各级各部门要将各自办理的项目审批、核准、备案和规划、土地利用、环境影响评价等文件及时相互送达，实行无缝对接。

第五节　完善产业协同发展机制

建立中原城市群一体化发展的产业协同发展的机制，推进城市群产业协同发展、互补发展，推动中原城市群产业一体化发展、一体化布局。

一 加强统筹协调和政策引导

健全产业分工合作机制，加强对城市群产业发展的引导，支持各地特色优势产业加快发展。建立区域产业链上下游联动机制，鼓励中心城市围绕建设千亿级产业集群，在市域乃至更大范围内构建上下游衔接的区域产业链。支持设立重点产业发展引导基金，扶持符合规划方向的产业和项目加快发展。建立健全产业转移推进机制和利益协调机制，逐步统一城市群内土地、环保等政策。充分发挥行业协会、商会的桥梁和纽带作用，搭建城市群产业合作平台。

二 共建产业合作平台

改造提升现有产业集聚区（园区），形成区域专业化生产要素集聚高地。支持各地充分发挥各类产业发展载体在产业合作中的积极作用，创新合作模式，通过委托管理、投资合作等多种形式跨区域合作共建各类产业园区。支持毗邻城市成立园区合作联盟，建立常态化协作联动机制，共享项目信息，共同举办招商推介活动。推进共建边界产业园区等各种形式的跨区域产业合作。

三 积极完善统一市场机制

实行统一的市场准入制度，促进城市群市场主体登记注册一体化。探索建立城市群企业信用信息互通共享机制，实现组织机构代码、企业登记、信贷、纳税、合同履约、产品质量监管等信用信息共享，支持资本市场诚信数据库建设。推进城市群12315、12365等平台联网运行，建立消费维权联席会议制度。加强知识产权协同保护。规范发展多功能、多层次的综合性产权交易市场。从全国统一大市场的角度大力推进市场化改革，在市场主体注册登记程序、准入标准等关键环节率先突破。

四 协同开展产业技术创新

强化企业在技术创新中的主体地位，加强与高等院校、科研院所等共建产业技术创新战略联盟等协同创新组织，面向市场需求，加快产业关键共性技术协作攻关创新，实现电子信息、太阳能、新材料、重大成套设备制造、汽车及零配件制造、有色金属精深加工等领域的一批重大关键技术产业化、自主化。发挥郑洛新国家自主创新示范区引领作用，大力推动国家级开发区以提升自主创新能力为核心的"二次创业"，加快建立服务于知识技术密集型产业发展的共性技术创新平台和公共服务平台，增强园区自主创新和持续发展能力。加快推进郑州、洛阳等国家创新型城市建设试点工作，积极推进郑洛新国家自主创新示范区建设。协同发展科技服务业，加大科技成果转化力度。

第八章　协同打造科技创新高地

科技创新能力的高低，直接关系着国家或地区经济发展的动力和方向。近些年，中原城市群大力实施创新驱动发展战略，积极构建现代创新体系，统筹优化科技创新资源区域布局与有效配置，创新能力和创新水平大幅提升，打造科技创新高地取得显著进展，为经济社会发展提供了坚实支撑。未来一个时期，是中原城市群全面建成小康社会和进入创新型城市群的决胜阶段，是深入实施创新驱动发展战略、建设科技创新高地的关键时期，要深刻认识并准确把握经济发展新常态的新要求和国内外科技创新的新趋势，系统谋划创新发展新路径，探索建立科技创新资源优化配置的新思路，以打造科技创新高地为重点带动城市群创新发展大提升，以科技创新为引领开拓城市群发展新境界，加速迈进创新型城市群行列，为全面建成小康社会、加速现代化进程提供强有力科技支撑。

第一节　打造科技创新高地的显著成效

中原城市群紧紧围绕国家战略，大力实施创新驱动发展战略，坚持以增强自主创新能力为核心，以构建现代创新体系为重点，以科技体制改革为动力，积极强化企业创新的主体地位，加快推进科技平台建设，完善打造科技创新载体，谋划实施科技创新重大专项，积极培养科技创新人才队伍，全面深化科技体制改革，创新能力显著提升，创新能级迅速攀升，区域影响力不断扩大，科技支撑经济社会发展的作用进一步增强，为打造科技创新高地奠定了坚实基础，提供了有力支撑。

一　科技资源投入快速增加

高层次科技型人才队伍实现新突破，截至 2015 年年底，中原城市群主

体河南省拥有在豫工作院士共 276 人（其中本土院士 23 人，外省进站院士
253 人），"千人计划"专家 19 人，"万人计划"专家 12 人，全国杰出专业
技术人才 6 人，国家杰出青年科学基金获得者 13 人，"长江学者" 6 人，国
家百千万人才工程人选 84 人，中原学者 49 人，省"百人计划"专家 32 人，
省优秀专家 1367 人，享受国务院政府特殊津贴专家 2492 人，初步形成了一
支梯队衔接、结构合理的高层次科技创新型人才队伍。科技财力资源投入
增加显著，2015 年，中原城市群主体河南省 R&D 经费支出 440 亿元（见表
3），比 2010 年增加了 220 亿元，增长了 1 倍；R&D 经费投入强度为
1.19%，比 2010 年提高了 0.23 个百分点。科技信息资源投入快速增长，科
技管理部门、科研机构和企业相继建设了大量科技网站及科技信息资源库，
构建了科技信息资源共享服务平台，形成了丰富的科技信息网络，提高了
科技信息资源的利用率，促进了科技资源共享及优势互补。

表 3　2011～2015 年中原城市群主体河南省 R&D 经费支出情况

年份	经费投入额（亿元）	投入强度（%）
2011	253	0.93
2012	299	1.00
2013	367	1.14
2014	400	1.14
2015	440	1.19

二　科技创新能力显著增强

全省科技创新水平大幅提升，根据全国科技进步统计监测，2015 年中
原城市群主体河南省综合科技进步水平指数在全国排名上升了 5 位，指数上
升幅度居全国第 3 位；2015 年全省专利申请量和授权量分别达到 7.4 万件
和 4.8 万件（见图 1），分别为 2010 年的 3.0 倍和 2.9 倍；全省共获得国家
科技奖励 106 项，填补了中原城市群主体河南省自然科学奖、企业技术创新
工程奖和创新团队奖等的空白。企业创新能力快速提升，2015 年，中原城
市群主体河南省拥有国家级创新型（试点）企业 18 家、省级创新型（试
点）企业 428 家，较 2010 年分别增加 2 家和 255 家。区域创新能力不断提
升，郑州、洛阳、南阳等城市被列为国家创新型试点城市，郑州、洛阳、

南阳、新乡等城市被列为国家知识产权工作示范（试点）城市。

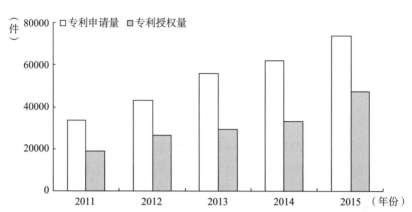

图1　2011～2015年中原城市群主体河南省专利申请量和授权量情况

三　创新平台建设快速推进

"国字号"平台载体建设取得新进展，中原城市群成功争取了中原国家现代农业科技示范区、国家技术转移郑州中心、国家知识产权局专利审查协作河南中心等一批"国字号"创新载体。创新平台建设快速推进，截至2015年，中原城市群主体河南省共拥有省级以上工程实验室（工程研究中心）385个（其中国家级37个）；拥有省级以上工程技术研究中心937个（其中国家级10个），省级以上企业技术中心1013个（其中国家级80个）和省级重点实验室91个（见表4），分别比2010年增加了598个、339个和16个。创新型园区快速发展，2015年中原城市群主体河南省拥有国家级各类创新园区34家，其中国家高新区总数达到7家，居全国第6位、中西部第1位。

表4　2011～2015年中原城市群主体河南省省级以上工程技术研究中心、
企业技术中心和省级重点实验室情况

单位：个

年份	省级以上工程技术研究中心	省级以上企业技术中心	省级重点实验室
2011	439	733	90
2012	579	835	89
2013	669	923	89
2014	789	1021	89

年份	省级以上工程技术研究中心	省级以上企业技术中心	省级重点实验室
2015	937	1013	91

四 科技支撑能力持续增强

"十二五"期间，中原城市群持续加大科技创新力度，科技支撑引领经济社会发展能力大幅增强，科技创新在经济社会发展中的核心地位日益突出，取得了超大断面类矩形盾构机、高压大容量柔性直流输电装备、小麦新品种"矮抗58"、甲型H1N1流感病毒裂解疫苗等一批在全国具有重大影响力的科技成果，形成了在全国具有技术和市场优势的装备制造、生物医药等一批优势产业；实现了粮食作物主导品种新一轮更新换代，为粮食连年增产做出重要贡献；2015年中原城市群主体河南省高技术企业达到1353家，是2010年的1.6倍，规模以上高新技术产业增加值达到5376亿元，占规模以上工业增加值比重由19.2%提高到33.3%。

五 创新创业环境持续优化

全面深化科技体制改革，积极强化政策创新，中原城市群主体河南省研究制定了《关于加快自主创新体系建设促进创新驱动发展的意见》《关于深化科技体制改革推进创新驱动发展若干实施意见》《关于发展众创空间推进大众创新创业的实施意见》《关于发展众创空间推进创新创业工作政策措施》等政策文件，推进财政科技计划和资金管理、科技与金融结合、产学研结合等改革，加强企业研发费用加计扣除等政策落实，实行更具竞争力的人才吸引政策，全面支持城市群居民创新创业，全社会的创新动力、创新活力和创新潜力进一步激发，开放创新和协同创新优势日益凸显。据统计，2015年中原城市群主体河南省省级以上各类创新创业载体达到125家，实现了省辖市和高新区的全覆盖。

第二节 打造科技创新高地中存在的问题

当前，中原城市群在打造科技创新高地中仍存在着许多问题，主要集中在以下几个方面。

一　科技资源管理体制不合理

目前，从中原城市群科技资源管理体制来看，科技资源管理与资源配置行政和计划色彩仍然较为浓厚，多头管理、政出多门现象比较突出，既涉及发改部门、科技部门、农业部门、工信部门等，还涉及医疗部门、教育部门等，资源分布较为分散，难以形成协同效应，造成科技资金和资源配置效率低下，投入产出率较低等问题。这些问题不仅是造成资源分散、协调不力、科技效率低下的主要原因，也是导致科技设施低水平重复建设，甚至是腐败问题的深层次原因之一。此外，多头管理、政出多门的行政化管理模式使科技创新和产业化项目立项审批环节多、耗时长，严重阻碍了创新主体有效实现其本身的创新价值。

二　科技资源总量不大和投入不足

中国科学技术发展战略研究院发布的《中国区域科技进步评价报告2015》显示，2015年中原城市群主体河南省综合科技进步水平指数在全国排名第20位（见表5），不仅低于上海、北京、天津、江苏、广东、浙江、山东等发达省市，而且也低于重庆、陕西、湖北、四川等中西部省市。同时，科技创新资源投入相对不足，以R&D经费投入为例，2014年河南省R&D经费投入400.01亿元，R&D投入强度1.14%，不仅低于江苏、山东等东部沿海发达省份，而且低于湖北、安徽等中部省份，居中部第5位（见表6）。

表5　2015年全国各省区市综合科技进步水平指数与排名

省区市	综合科技进步水平指数	全国排名	省区市	综合科技进步水平指数	全国排名
上海	84.57	1	山西	52.20	17
北京	83.43	2	甘肃	49.51	18
天津	81.43	3	吉林	49.50	19
江苏	78.21	4	河南	47.21	20
广东	74.73	5	宁夏	45.61	21

省区市	综合科技进步水平指数	全国排名	省区市	综合科技进步水平指数	全国排名
浙江	69.40	6	江西	44.92	22
山东	63.09	7	内蒙古	44.89	23
重庆	63.06	8	河北	44.37	24
陕西	62.96	9	广西	42.09	25
湖北	62.04	10	海南	41.28	26
辽宁	60.17	11	青海	41.14	27
四川	59.62	12	云南	38.84	28
福建	57.98	13	新疆	38.83	29
黑龙江	56.48	14	贵州	38.56	30
安徽	54.97	15	西藏	29.43	31
湖南	54.29	16			

表6　2014年中原城市群主体河南省与周边省份 R&D 经费支出情况

省份	经费投入额（亿元）	投入强度（%）
河南	400.01	1.14
山东	1304.07	2.19
江苏	1652.82	2.54
湖北	510.90	1.87
湖南	381.20	1.41
安徽	393.61	1.89
江西	165.60	0.99
山西	152.20	1.19
全国	13312.00	2.09

三　区域科技资源配置不均衡

数据显示，目前中原城市群科技资源和创新资源区域分布不均衡问题比较突出，大部分的科技创新集中在郑州、洛阳、新乡、许昌等中原城市群的核心区域，而三门峡、商丘、周口、驻马店、信阳等外围地区的创新资源总量偏少、层次偏低，影响了这些地区经济社会的快速发展和新旧动能的顺利转换。以科技人才为例，2015 年郑州市、洛阳市、新乡市、南阳市、焦作市、许昌市六市科技活动人员数为 237269 人，占全省比重为 68.4%；R&D 活动人员数为 167013 人，占全省比重为 69.3%。而同期的三门峡市、商丘市、周口市、驻马店市、信阳市五市科技活动人员数为 42111 人，占全省比重为 12.2%；R&D 活动人员数为 28605 人，占全省比重为 11.8%（见表 7）。

表 7　2015 年中原城市群主体河南省各省辖市科技活动人员情况

地市	科技活动人员 （人）	占全省比重 （%）	R&D 活动人员 （人）	占全省比重 （%）
郑州	100706	29.0	67589	28.0
开封	13000	3.7	10015	4.2
洛阳	39714	11.4	29619	12.3
平顶山	19382	5.6	11514	4.8
安阳	14022	4.0	9417	3.9
鹤壁	3098	0.9	1841	0.8
新乡	28589	8.2	21641	9.0
焦作	22744	6.6	16087	6.7
濮阳	8286	2.4	6429	2.7
许昌	21038	6.1	13586	5.6
漯河	5730	1.7	3600	1.5
三门峡	7963	2.3	6370	2.6
南阳	24478	7.1	18491	7.7
商丘	12286	3.5	7721	3.2
信阳	7510	2.2	4512	1.9
周口	8256	2.4	5355	2.2
驻马店	6096	1.8	4647	1.9
济源	4004	1.2	2737	1.1

四　科技创新源相对不足

创新源是创新发展的动力源和发端点，也是促进经济增长的主动力和核心引擎。虽然改革开放以来，随着经济社会的持续快速发展和省委、省政府的高度重视，中原城市群主体河南省创新源数量不断增多，创新能力不断增强，然而无论与东部沿海发达省份相比，还是与中西部地区的湖南、湖北、四川等省份相比，都显得创新源总量不足，数量偏少。2015 年，河南省国家工程技术研究中心数量为 10 个，占全国总数的 2.89%，仅相当于广东省的 43.5%、山东省的 27.8%、湖北省的 52.6%、湖南省的 71.4%、四川省的 62.5%；国家重点实验室数量为 14 个，占全国总数的 2.91%，仅相当于湖北省的 51.85%。同时，中原城市群主体河南省的民营企业由于自身发展局限，创新资源少，创新能力和动力不足，提升发展面临较大困难。部分国有控股企业的科技研发投入低，人才队伍流失严重，组织申报和承担重大创新及产业化项目减少，获得高等次的国家、省级科技进步奖不多，影响和制约着河南创新能力的提升（见表 8）。

表 8　2015 年中原城市群主体河南省与其他省份国家级研发平台情况

省份	国家级工程技术研究中心		国家重点实验室	
	数量（个）	占全国比重（%）	数量（个）	占全国比重（%）
河南	10	2.89	14	2.91
广东	23	6.65	—	—
山东	36	10.40	—	—
湖北	19	5.49	27	5.61
湖南	14	4.05	14	2.91
四川	16	4.62	13	2.70
全国	346	—	481	—

五　科技资源开放共享程度低

当前，中原城市群在创新资源统筹和科技资源优化配置方面还存在共享机制不健全、科技创新平台共享程度低等问题，制约着创新能力的提升和经济社会的持续快速发展。从科技共享机制建设看，中原城市群科技创新资源分布在不同的部门，由于这些部门尚未建立起健全的联席会议制度、畅通的联系通道和协作机制等，导致各部门科技信息、科技成果等创新资源难以高效流通和优化配置。从科技创新平台建设看，一方面，中原城市群科技创新平台与经济社会发展需求相比，以及与沿海发达省份相比建设比较滞后；另一方面，这些平台由于分属不同的主体，有些是政府部门平台，有些是科研院所和高等院校的平台，有些是企业的平台，各个平台间的联系较少，平台共享程度低。此外，中原城市群科技平台力量分散，难以形成合力和协同效应。

第三节　打造科技创新高地的思路任务

未来一段时期，是中原城市群全面建成小康社会和进入创新型城市群的决胜阶段，是深入实施创新驱动发展战略、建设科技创新高地的关键时期，要深刻认识并准确把握经济发展新常态的新要求和国内外科技创新的新趋势，系统谋划创新发展新路径，探索建立科技创新资源优化配置的新思路，以打造科技创新高地为重点带动城市群创新发展大提升，以科技创新为引领开拓城市群发展新境界，加速迈进创新型城市群行列，为全面建成小康社会、加速现代化进程提供强有力的科技支撑。

一　基本思路

中原城市群打造科技创新高地的基本思路为：充分发挥科技创新的引领带动作用，坚持"政府引导、市场主体，重点突出、区域统筹，引领发展、支撑未来"的方针，主动引领经济发展新常态，重点围绕粮食生产核心区、中原经济区、郑州航空港经济综合实验区、中原城市群等国家战略和郑洛新国家自主创新示范区、中国（河南）自由贸易试验区、中国（郑州）跨境电子商务综合试验区、国家大数据综合试验区等国家战略平台实施，以大力实施创新驱动发展战略为重点，以打造中西部地区科技创新高地为目标，以供给侧结构性改革为突破口，着力构筑区域创新发展新格局，着力提升产业技术创新能力，着力增强创新发展基础支撑，着力推进开放式创新，着力推动大众创业万众创新，着力深化科技体制改革，推动经济社会持续快速健康发展，为全面建成小康社会，推进出彩中原建设和加速全面现代化进程，提供坚实的科技支撑和科技保障。

二　基本原则

协同打造科技创新高地，要在贯彻落实基本思路的基础上，着力把握好以下原则。

1. 坚持政府引导与市场主体相结合

积极发挥市场在科技创新资源配置中的决定性作用，强化市场和企业的主导地位，促进创新资源的自由流动和优化配置。在此基础上，充分发挥政府的引导作用，加大支持力度，强化规划编制，完善监督管理制度，优化市场环境，协同市场共同促进科研资源的统筹配置和优化布局。

2. 坚持顶层设计与规划引领相结合

秉持"大科技、大开放"的发展思路，结合国家与河南科技工作部署，加强科技创新的顶层设计，突出重大需求和问题导向，明确主攻方向和突破口，以重点领域和关键环节的突破，加速赶超引领的步伐。积极发挥规划的引领作用，着力编制和制定科技创新资源规划，引导科技资源区域布局和优化配置，提升全省科技水平，引领和带动全省经济社会发展。

3. 坚持深化改革与扩大开放相结合

坚持以供给侧结构性改革为重点，推动科技体制改革和经济社会领域改革同步发力，破除科技与经济深度融合的体制机制障碍，全面释放创新活力。坚持以全球视野谋划和推动创新，积极融入和主动布局全球全国的创新网络，充分利用国内外各类创新资源，努力补强创新发展的短板，借力提高创新起点，缩小创新差距。

4. 坚持统筹推进与突出重点相结合

加强统筹推进和区域协调，促进科技创新资源区域间的有效配置和集成，以科技经济深度融合为导向，形成推进科技创新发展的强大合力。同时，针对重点区域和城市，加大支持力度，集聚创新资源，整合创新力量，促进科技创新资源有效集中集聚，打造一批科技创新高地，引领全省科技事业发展和科技水平提升。

三 主要任务

1. 培育壮大自主创新主体

提高企业自主创新能力。大力实施企业创新能力培育科技工程，着力提高企业自主创新能力，强化企业在技术创新体系中的主体地位和关键作用。引导和支持企业建立研发中心，并以此为平台推动自主创新和产学研用结合。培育一批拥有自主知识产权核心技术和持续创新能力的创新型企业，并以此为示范引导广大企业走创新驱动型发展道路。引导社会资源和创新要素向企业特别是创新型企业流动，通过企业自主创新能力的提高，促进企业和产业核心竞争力的增强。

发挥科研机构骨干作用。深化科研机构改革，推动建立现代院所制度，充分发挥科研机构在自主创新中的引领和骨干作用。稳定和壮大科研机构人才队伍，支持鼓励科研机构和科技人员积极面向经济社会发展主战场开展科技创新活动，同时支持科研机构提高自身的科技创新能力。支持中央驻城市群和军口科研机构积极参与城市群自主创新活动。支持发展民办科研机构。

强化高等院校生力军功能。根据城市群自主创新体系建设需要，调整学科建设和科学研究方向，探索建设研究型大学。改革高等院校科研绩效评价机制，引导高等院校科研人员更加积极主动地投身经济社会发展主战场，与企业联合开展能够提升企业和产业核心竞争力的应用开发研究和成果转化。同时，支持高等院校在基础前沿技术、社会公益技术领域开展原始创新和集成创新。

加强科技创新人力资源建设。抓好"培养、引进、用好"三个环节，培养造就自主创新人才队伍。实施创新型科技人才队伍建设工程，培育一批科技领军人才、一批科技创新团队和一支创新型科技人才骨干队伍。实施中原崛起百千万海外人才引进工程，积极引进海外及群外高层次科技创新人才，壮大科技创新人才队伍的规模，优化人才队伍的结构，提升人才队伍层次。加强农村实用人才队伍建设和农村科技人力资源开发，着力培养一大批创新型农业生产经营人才和农村科技服务人才。在高等院校和职业院校开展创新精神和创新知识教育，为科技创新提供大批高素质的人力资源。同时，动员社会创新人才积极投身创新活动，促进全社会创新活力竞相迸发。

2. 丰富发展自主创新载体

加快发展企业研发中心。围绕中原经济区现代产业体系建设，以主导产业和高新技术产业的骨干企业为核心，优先布局产业集聚区，加快建设和发展工程技术研究中心、工程研究中心、企业技术中心等各类企业研发中心，积极引进世界500强以及国内大型企业集团的区域性研发中心入驻，引导支持河南省内企业与周边地区企业联合创建行业研发中心，打造一批自主研发基地和联合研发平台。力争到 2030 年，中原城市群内大中型工业企业全部建立研发中心，研发中心支撑企业发展的创新能力大幅度提高。

加强重点实验室建设。为提高原始创新能力，开展事关中原城市群可持续发展的基础前沿技术和战略高新技术的研发和学术交流，培养高层次科技创新人才，依托重点高等院校、科研机构和有条件的企业及事业单位，加强重点实验室、工程实验室、高校重点实验室等建设。到 2030 年，新建省级以上重点实验室 100 个、工程实验室 150 个。实验室建设水平和质量大幅度提高。

大力发展创新型产业集聚区。以培育具有国际竞争力的高新技术企业和产业集群为目标，推动高新技术产业开发区实施以增强自主创新能力为核心的"二次创业"，做大做强高新技术产业开发区，充分发挥其引领示范作用，建设区域创新基地和高新技术产业集群化发展基地。重点围绕产业集聚区建设科技创新支撑平台和服务设施，加强科技支撑能力，选择有条件的产业集聚区予以重点支持，培育一批走创新驱动型科学发展道路的创新型产业集聚区。到 2030 年，培育 100 个创新型产业集聚区。

积极发展创业孵化基地。以国家大学科技园、国家 863 软件孵化器、中部软件园、留学生创业园、创业服务中心等为依托，积极发展科技创业孵化基地。完善功能，提高服务能力，为中小科技企业和大学生等个体创业者提供全方位服务，提高科技成果转化为新产品、新工艺、新服务的能力，帮助中小企业快速成长。

探索建立产业技术创新战略联盟。选择关联度高、带动性强、发展前景好、具有一定比较优势的产业领域，组织相关企业、高等院校和科研机构建立产业技术创新战略联盟，实现创新资源的有效分工和合理衔接，围绕产业技术创新的关键技术问题开展紧密的技术合作和联合攻关。各成员单位以开放合作促进互利共赢，共同突破产业发展的核心技术，形成技术标准，共同提高核心竞争力，共同打造和壮大新兴产业集群，提升产业的整体竞争力。

3. 建立健全自主创新机制

坚持市场导向机制。明确科技创新成果的商品属性和商品价值，根据市场需求开展科技创新，取得的科技成果由市场配置。充分发挥市场在资源配置中的决定性作用，促进全社会科技资源的有效整合和合理配置。科技成果和科技资源效能的评价要以产业化、市场化和商品化为主要标准。

完善科技成果权益保护机制。实施知识产权战略纲要，支持创新主体在重点领域和关键技术、工艺和产品方面创造和形成自主知识产权。制定知识产权许可、技术转移等制度和政策，推动核心技术的专利化和标准化，促进知识产权的转化和应用。健全知识产权保护体系，加大保护知识产权的执法力度，严厉查处和打击各种侵权、假冒等违法行为，切实保护知识产权所有人的合法权益。探索建立防止滥用知识产权保护制度，促进公平竞争和不断创新。知识产权、科技成果的转让和成果创造者的合法权益要以市场经济和法律手段提供保障。

强化科技成果转化机制。改革科技成果评价标准，把科技成果的转化应用作为自主创新活动的根本目的和主要评价指标。政府科技资金支持的科研项目要把转化应用前景作为重要依据，政府科技奖励要把成果转化应用效果作为重要标准。在专业技术职务评聘中，要将科研人员开展自主创新及其成果产业化情况作为重要评价内容。落实有关规定，鼓励知识、技术、管理等要素参与分配，引导和激励科技人员从事科技成果转化和产业化。鼓励支持各类创业风险投资机构的发展，引导其把投资重点投向科技成果转化和产业化。积极推动科技保险创新发展，逐步建立高新技术企业创新产品研发、科技成果转让的保险保障机制。

创新产学研用紧密结合机制。鼓励以企业为中心，与高等院校、科研机构及重要用户建立以产权为纽带的各类技术创新合作组织；在应用研究和成果转化领域，建立企业牵头组织、高等院校和科研机构共同参与实施的有效机制。创新产学研用结合组织形式，以契约化为保障，以利益为纽带，引导和推动科研机构和高等院校的研究人员更加积极主动地投身经济建设主战场，开展能够支撑产业和企业发展的应用技术研究。政府科技资金优先支持产学研用结合开展的研发平台建设，引进消化吸收再创新、集成创新和有较明确应用前景的原始创新。

形成自主创新协调联动机制。建立健全组织重大创新活动的联动机制，围绕中原城市群经济社会发展战略，策划和凝练各类重大自主创新项目，国家、省、地方形成合力联合推进，提高科技资源的集成度和使用效率。完善重大创新项目的部门配合联动机制，在资金、技术、土地、环境容量等重要资源配置上加强协调。探索建立自主创新与产业发展的联动机制，促进产业界、科技界、资本市场有机配合联动，加速科技成果产业化和新兴产业的形成壮大，引导自主创新、知识产权保护和标准化的良性互动。

4. 积极营造自主创新环境

优化创新政策环境。落实国家企业研究开发费用加计扣除政策，做好高新技术企业认定及通过认定的高新技术企业减征企业所得税工作，用足用好国家支持企业自主创新的政策措施，引导和支持企业进一步加大科技投入。把研发投入和技术创新能力作为企业申请政府科技经费支持和认定高新技术企业的条件，作为国有企业及其法定代表人绩效考核的重要指标。政府有关专项资金要注意引导带动企业加大对自主创新的投入，使其逐步成为科技创新和创新资源投入的主体。

加大科技投入。一方面，加大财政投入，提高政府资金使用效益。把财政科技投入作为预算保障的重点，在预算编制和预算执行中都要体现法定增长的要求，确保财政科技投入增幅明显高于财政经常性收入的增幅。优化科技投入结构，集中优势科技资源，重点支持重大应用技术研究和自主知识产权核心技术开发，逐步增加重大科技专项经费等在科技投入中的比重，提高财政科技资金的使用效益。另一方面，完善支持体系，引导社会资金投入自主创新。进一步加大培育力度，优先支持创新型企业上市融资。建立健全鼓励中小企业技术创新的信用担保制度，引导金融机构和中小企业信用担保机构支持中小企业科技创新和产业化。建立和完善创业风险投资机制，拓宽创业风险投资的退出渠道，促进社会资本机构整合、重组，形成一批骨干创业风险投资公司。建立完善技术产权交易市场，创新交易模式和运作机制，为成长性较好的科技型企业的产权交易提供服务。充分发挥政府各类投融资平台和投资公司的作用，引导社会有关方面加大对自主创新的投入。

完善创新服务体系。大力发展技术转移、技术产权交易、风险投资、创业孵化及技术经纪等创新服务机构，完善科技公共服务平台。加强高等院校和科研机构技术转移中心建设，拓宽科技成果转化渠道；完善技术产权交易市场，创新交易模式和运作机制，畅通技术产权流通渠道；积极引进和培育风险投资机构，扩大科技型中小企业融资渠道。建立健全知识产权管理、服务和保护体系。完善专利资助办法，鼓励职务发明专利，重点向涉外发明专利倾斜，对获得的涉外专利给予奖励。

弘扬创新文化。大力宣传在自主创新中涌现出的先进人物和先进典型，特别是科技创新的领军人物，引导和鼓励科技人员创新创业。积极倡导创新价值观，形成尊重知识、尊重人才、鼓励创新、宽容失败的创新氛围。培养团队精神，大力提倡团结协作、开放包容、博采众长、兼容并蓄的精神。发挥政府奖励的杠杆和引导作用，对在自主创新工作中做出突出贡献的人员给予奖励，并落实相应待遇。广泛开展各类学术交流活动，形成"百花齐放、百家争鸣"的学术氛围。实施全民科学素质行动计划，加强科学技术普及，积极弘扬科学精神，传播科学思想，普及科学知识，倡导科学方法，不断提高公众的科学文化素质。鼓励和支持开展群众性发明创造、技术革新和技术推广活动，开展科技领域学术交流与培训，普及科学知识，提高市民科学素养。

5. 大力推动开放式创新与跨区域合作

以开放式创新平台为支点，撬动全球科技资源。充分利用全球科技资源，提高创新起点，缩短创新周期。依托国家级重点实验室、各级企业研发中心打造开放式创新平台，加强与美国、日本、俄罗斯、欧盟等国家和地区的科技合作，抓住国际产业转移和人才流动加快的机遇，努力引进海外科技资源，支持跨国公司和国外知名高等院校、科研机构来城市群建立研发中心。大力支持城市群企业引进国外先进技术，通过消化吸收再创新提高自主创新能力，获取核心关键技术，培育创新团队。大力引进海外高层次人才，依托产业集聚区、骨干企业、高等院校和科研机构，建立一批海外高层次人才创新创业基地，集聚一批海外高层次创新创业人才和团队。鼓励支持城市群企业到国外建立研发机构或与国外机构联合开展研发活动，提高企业开拓海外市场的核心竞争力。

以产学研合作平台为载体，强化跨区域创新合作。加强与国内创新力量的合作。通过省部会商等有效渠道，争取国家及有关部委对城市群科技创新的更大支持。加强与中国科学院、中国工程院、中国科协及中直和群外高等院校、科研机构、企业的合作与交流，鼓励和支持其在城市群建立成果转化中心或研发、成果转化基地，开展科技创新活动。积极支持中央驻城市群和驻城市群军口高等院校、科研机构参与城市群科技创新，进行成果转化。发挥城市群的区位优势，进一步强化与北京、上海等创新资源密集区域的科技合作。积极推进城市群省内区域合作，结合现代城镇体系建设建立科技创新协作区和创新资源密集区。

第四节　协同打造科技创新高地的对策建议

打造中原城市群科技创新高地，是一项复杂的系统工程，要在建立组织保障协调机构、创新科技资源配置政策、深化科技管理体制改革等方面下功夫。

一　建立组织保障协调机构

打造科技创新高地是一项复杂的系统工程，涉及地区、部门等方方面面，需要建立多层次的组织协调机构，确保科技创新高地工作的顺利开展和实施。建议在城市群层面建立科技创新高地工作领导小组，统筹推进城市群科技创新资源优化配置的系统谋划、方案制定、政策实施等重大事宜。在城市群工作领导小组下，建议设立工作小组办公室，具体负责城市群科技创新资源优化配置、打造科技创新高地的具体工作。同时，建议在城市群层面，建立科技、财政、发改、工信、农业、交通、教育、卫生等部门组成的联席会议制度，统筹协调科技类的资金、政策、制度、信息等相关资源，统筹协调城市群科技创新资源的优化配置、打造创新高地等工作，协同优化科技创新政策体系和发展环境，及时解决创新资源优化配置中存在的困难和问题。此外，在城市群工作领导小组和办公室领导协调下，积极建立由各省辖市人民政府组成的联席会议制度，成立由各省辖市政府的科技主管部门组成的协调机制，统筹协调科技资源在各城市间优化配置、打造科技创新高地等工作。

二　创新科技资源配置政策

围绕促进城市群科技创新资源统筹与优化配置、打造科技创新高地工作，要积极强化政策支持保障体系建设，引导科技创新资源在区域间、行业间、领域间、企业间的优化配置和自由流动。强化创新链各环节政策的协调和衔接，建立科技创新政策统筹协调机制，加强科技政策措施与财税、金融、产业、教育、知识产权等政策措施的统筹协调和有效衔接，提高政策措施的系统性、可操作性。制定实施差别性引导政策，针对重点发展区域、行业、领域等，制定切实可行的政策措施，引导城市群科技创新资源向重点地区、重点领域、重点行业、重点企业，以及郑洛新国家自主创新示范区等平台载体集中集聚。加快制定创新性、优惠性的政策组合体系，尤其是在高端科技人才引进、科技研发平台建设、创新性载体打造等方面，制定有竞争性的政策措施，如积极制定研发费用加计扣除、高新技术企业税收优惠、固定资产加速折旧等相关的政策措施，吸引科技人才、研发团队、研发平台等向城市群集聚和布局。

三　深化科技管理体制改革

科技管理体制改革是促进科技资源优化配置、打造创新高地的关键基础和重要保障。要围绕发挥市场配置科技创新资源的决定性作用和更好发挥政府引导作用，打造科技创新高地，全面进行社会科技体制改革，释放科技资源配置制度的活力。深化科技管理体制改革，创新科技资源管理、投入等机制，有效整合调整科技部门和分散的科技创新资源，切实打破条块分割和区域分割。探索建立技术创新市场导向机制，完善企业主导的产业技术创新机制，健全产学研用协同创新机制，建立健全符合国际规则的支持采购创新产品和服务的政策体系，引导各类创新要素向企业、产业集聚。建立科技资源分配过程公开机制，使科技资源配置过程接受各有关方面的监督，广泛听取意见，确保资源配置的科学性与公正性。深化科技成果转化改革，改革科技成果处置办法，完善科技人员股权和分红激励办法，改进职务发明奖励报酬及工资总额管理制度，建立健全高校和科研机构技术转移机制，让科技人员在创新活动中得到合理回报，在技术转移转化中体现创新价值。

四　强化科技创新开放合作

积极强化科技创新开放合作，坚持以"引进来"和"走出去"为主要途径，积极争取国家科技创新资源在城市群布局，统筹利用国际国内各类创新资源，主动融入全球创新网络，全方位提升科技创新合作层次和水平。积极争取国家创新资源，完善与科技部、国家知识产权局、中国科学院等的创新合作机制，着力推动部（局、院）省工作会商，实现国家战略目标与地方发展重点的紧密结合，促进国家科技资源在城市群布局。加强国内科技创新合作，鼓励各类创新主体与城市群外知名高校、科研机构和大型央企、龙头企业等开展深度合作，组织开展"科技支撑区域经济发展"专题技术对接洽谈和"科技开放合作支撑产业技术创新"专题对接等系列活动，提升城市群科技创新水平。强化国际科技合作与交流，重点推动与"一带一路"沿线国家建立科技合作关系，积极推进与俄罗斯、白俄罗斯等国家的能源科技、农业科技等合作，积极发展与美、欧、日、韩、以色列等发达国家（地区）的合作关系，着力强化与世界500强的战略合作，共建科技研发平台、科技创新联盟、创新型产业园等。

五　完善科技创新投入体系

建立健全科技创新投入体系，探索构建政府、企业、社会等构成的多元化投入机制，协同促进科技创新发展和资源优化配置。加大财政科技创新投入力度，建立财政科技资金增长机制。建立省科技成果转化引导基金、重点产业知识产权运营基金等专项基金，支持城市群科技创新公共服务平台建设、区域创新企业打造等。加强财政科技资金监管与绩效评价，建立科研资金信用管理制度，完善财政科技资金预算绩效评价体系，建立健全相应的评估和监督管理机制，提高经费使用效能。鼓励支持企业科技投入，通过综合运用奖补、后补助、政府采购、风险补偿、股权投资等多种方式，促进企业向创新链的各个环节加大投入，形成与创新链紧密关联的资金链。鼓励社会科技投入，充分发挥政府创新创业专项基金的引导作用，采用跟进投资、风险补偿、直接投资等方式，引导创投机构加大对创新的支持力度；支持社会资金捐赠资助科技创新活动，积极鼓励个人、联合体以及各种组织以承包、租赁、合作等形式进入科技研发领域，鼓励社会团体或个人在高校院所设立创新活动基金。

第九章　协同建设区域人才高地

推进中原城市群一体化发展，要以协同建设人才高地为重点，深化人才发展体制机制改革，营造人才发展的良好环境，形成人尽其才、才尽其用的宽松氛围，为人才高地建设提供重要支撑。

第一节　人才高地建设及成效

近年来，特别是党的十八大以来，中原城市群高度重视人才工作，围绕实施中原城市群建设目标，深入推进人才优先发展战略，完善人才政策，创新体制机制，出台了中长期人才发展规划等系列文件，实施了重大人才工程，有力推动了城市群人才队伍建设和人才事业发展。目前，中原城市群主体河南省人才资源总量 978 万人，居全国前 5 位。其中，党政人才 37 万人，企业经营管理人才 191 万人，专业技术人才 353 万人，高技能人才 160 万人，农村实用人才 175 万人，人才贡献率居全国第 12 位。

一　人才工作格局渐趋完善

坚持把人才工作摆在战略高度，践行人才优先发展理念，坚持党管人才原则，强化组织部门牵头抓总，协同相关部门通力合作，初步形成统筹推进人才工作的整体合力。

1. 在整体布局上统筹推进

强化宏观指导，确立人才优先发展导向，将推动人才优先发展作为实现决胜全面建成小康社会的重大战略，着力培养技术技能人才、重点领域紧缺人才和创新创业型人才，培养和造就规模宏大、结构合理、素质优良、富有活力的人才队伍。在中原城市群主体河南省《国民经济和社会发展第十三个五年规划纲要》中将"建设人才资源强省"作为专门篇章，明确

"实施更加积极的人才政策，加快高技能人才培养和高层次创新型人才开发，造就高素质人才队伍，创新人才发展机制，促进各类人才创新创造活力充分迸发"。目前，城市群上下人才优先发展的意识不断增强，人才引领经济社会发展的总体布局初步确立。

2. 在人才规划上完善体系

充分对接国家人才发展规划，坚持高起点谋划与区域发展需求相结合，系统性创新与重点领域突破相衔接，不断完善城市群人才发展规划体系。中原城市群的主体河南省编制完成了《河南省中长期人才发展规划纲要（2010～2020年）》，制定实施了装备制造、现代服务业、食品工业、信息产业等26个重点领域专项人才规划，指导全省18个省辖市、157个县（市、区）全部出台人才规划，在全国较早形成了省市县上下贯通、重点领域相互衔接的人才发展规划体系。目前，全省基本实现了人才强省、人才强市、人才强县规划的全覆盖，为加快形成集聚人才的体制机制奠定了重要基础。

3. 在运行机制上形成合力

加强党委统一领导，健全领导机构，成立人才工作领导小组，形成组织部牵头抓总，人才工作领导小组成员单位各司其职、各方力量共同参与的工作格局。完善人才工作机构，所有省辖市成立了人才工作领导小组和人才办公室，建立健全了人才工作领导体制和运行机制。

二 人才制度红利逐步释放

中原城市群全面贯彻落实中央人才改革有关精神，坚持问题导向，突出关键环节，不断创新城市群人才管理体制机制，逐步释放人才制度红利。

1. 持续推进政策创新

立足人才发展实际，聚焦城市群人才发展中管理体制不活、创新创业活力不足、高层次人才短缺等"卡脖子点"，积极探索人才引进、培养、评价、激励、流动、保障等方面政策创新，中原城市群主体河南省制定出台了《关于深化人才发展体制机制改革服务支撑"三大国家战略规划"若干政策的意见》《河南省高层次科技人才引进工程实施方案》等系列文件，着力完善城市群人才发展的制度保障，不断激发人才创新创业活力。

2. 持续释放用人主体活力

立足全面深化改革和进一步释放市场活力发展要求，持续加快人才行政审批制度改革，中原城市群主体河南省，2014 年共取消、调整、下放涉及全省人才发展项目 10 项，其中省人社厅取消"民办非学历高等教育机构的设立"等项目 3 项，省教育厅调整"高等学校教师资格认定"等项目 4 项。2012 年，河南省实施人才专项编制改革，为急需引进高层次人才的河南理工大学、南阳师范学院、省科学院等单位核定人才编制 633 名。其中，河南省科学院地理所使用人才专项编制引进的 11 名博士，累计主持或参与国家自然科学基金项目 3 项、省级以上科技项目 37 项，明显提升了地理所的创新能力。

3. 不断激发科研人员创新动力

以深化职称评审制度改革为抓手，调整省专业技术人员结构比例，拓宽专业技术人员职业发展空间；开辟国家模范教师等优秀教师职称晋升绿色通道；加大高校科技人才评价制度改革，引入了国际同行、用户、市场和专家等第三方参与的评价制度；打通了海外人才首次依据学术技术水平和能力，直接申报评定相应级别的专业技术资格通道；下放了 15 所高校和 4 家特大型企业高级职称评审自主权，有效激发了科研人员创新创业动力活力。

三　人才集聚效应初步显现

为破解高层次人才短缺难题，中原城市群主体河南省委、省政府坚持以创新人才引育机制为重点，制定出台了一系列人才引进政策，人才集聚效应逐步显现。

1. 高层次人才队伍实现突破

以重大人才工程为抓手，以打造"中原学者""百人计划""省优秀专家"等知名品牌为重点，持续引进培育高层次人才队伍，城市群高层次人才队伍建设取得新突破。截至目前，中原城市群主体河南省拥有院士 27 名（其中省属单位 14 名）、国家"千人计划"专家 21 名、"万人计划"专家 28 名、国家杰出青年科学基金获得者 12 名、长江学者 6 名。尤其是自 2009 年重大人才工程启动实施以来，河南全省共评选省"百人计划"专家三批 32 名；中原学者 54 名，其中已当选院士 7 名；省优秀专家 1367 名，享受国务院政府特殊津贴专家 2492 名，初步形成了一支梯队衔接、结构合理的高层次创新型人才队伍。

2. 高技能人才队伍不断加强

大力实施全民技能振兴工程和职教攻坚工程，以铸造"技能中原"品牌为目标，以高技能人才培养为龙头，加快构建劳动者终身职业培训体系和现代职业教育体系，全面提升劳动者职业技能素质和创新创业创造能力。目前，中原城市群主体河南全省共建成国家级高技能人才培训基地18个、国家级技能大师工作室23个、省级技能大师工作室44个、技师学院11所；全省每年开展职业技能培训300万人次以上，高技能人才达160万人（高级技工124万人，技师31万人，高级技师近5万人），占技能劳动者比例达26.9%，全省共拥有中华技能大奖获得者9人，全国技术能手121人，技术技能人才已成为城市群产业大军的主要来源和开放招商的一张"王牌"。

3. 各类人才队伍建设统筹推进

强化党政人才培养锻炼，党的十八大以来中原城市群主体河南省共举办各类培训班1478期，培训各级党政干部20.33万人次。大力实施企业经营管理人才素质提升工程，每年培训省管企业中层以上管理人员400余人，在8家省管企业开展市场化选聘职业经理人试点。持续推进专业技术人员继续教育计划，通过在线学习等形式培训专业技术人员256万人次，其中高层次、紧缺型专业技术人才4.3万人次。加大农村实用人才培养开发力度，举办农村实用人才带头人省级示范培训班26期，培训各类农村实用人才带头人2600人，带动河南全省培训新型职业农民5.4万人。加强教育人才队伍建设，实施教育名师名家培育工程，大力培养职业学校"双师型"教师，培育青年骨干教师2500人，省级教学团队266个。深入实施创业人才推进工程，中原城市群主体河南省新培育各类创业人才333.4万人，新发展创业类市场主体265.7万户。

四 人才支撑作用不断增强

坚持以用为本理念，持续创新人才使用机制，不断提升人才支撑引领中原城市群经济社会发展能力。

1. 人才服务重大战略和产业转型升级能力不断提升

围绕国家粮食生产核心区、中原经济区、郑州航空港经济综合实验区、郑洛新国家自主创新示范区、中国（河南）自由贸易试验区等重大发展战略，中原城市群深入实施现代工业产业人才支撑工程、粮食生产核心区人才支撑工程、现代服务业人才开发工程等重大人才工程，加快集聚急需紧缺人才，着力用足用好用活人才，有力促进了重大战略实施和产业转型升级需要。比如着眼于服务航空港建设，中原城市群主体河南省出台《关于建设郑州航空港人才管理改革试验区的若干意见》，航空港先后成功获批中国郑州航空港引智试验区、国家级专家服务基地，临空经济人才高地正在形成。强化产业发展人才支撑，培育形成农产品精深加工、超硬材料、特高压输变电装备、新能源客车、盾构机等一批优势产业人才集群。聚焦产业链打造人才链，推动产学研用合作对接，组建省级以上产业技术创新战略联盟72家，其中国家级4家。围绕现代金融、现代物流、"互联网＋"、先进制造等重点产业领域，研究制定人才引进计划，引导各类人才向支柱产业、重点行业流动。

2. 载体平台建设和科技成果转化成效明显

目前，中原城市群成功争取国家技术转移郑州中心、国家专利审查协作河南中心、国家农村信息化示范省等一批"国字号"创新载体，先后建成国家级重点实验室14个、协同创新中心1个、工程实验室33个、企业技术中心80个、工程研究中心4个、工程技术研究中心10个；省级重点实验室125个、工程技术研究中心927个、院士工作站254个、博士后流动站64个、博士后工作站177个、博士后研发基地285个。2010年以来，河南全省共获国家科技奖励124项（其中国家科技进步特等奖4项、一等奖10项，团队奖1项），专利申请累计22.1万件，授权12.5万件，居中西部前列；在现代农业、高端装备制造、特高压输电技术、客车智能驾驶、可见光通信等一些领域核心技术取得实质性突破，城市群发展后劲和基础支撑能力逐步增强。

3. 各地招才引智举措竞相出台

中原城市群各地对人才工作日益重视，各地人才创新政策竞相出台，相继实施了一批人才引进计划，夯实了支撑地方发展的人才基础。郑州市出台了"智汇郑州·1125聚才计划"，统筹安排40亿元专项资金，用于创新创业领军人才、高层次创新创业紧缺人才、领军型科技创新创业团队和科技创业企业家等引进和培养，2016年新引进6个院士团队，国家"千人计划"专家25人、"万人计划"专家3人，人才引进质量和结构实现历史性突破。洛阳市出台了"河洛英才计划"，计划5年内投入不少于20亿元，谋划实施院士、"千人计划"专家、"520计划"、"1211工程"等一批人才项目，2016 年首批签约 3 个创新型团队。焦作市出台《关于引进培育创新创业领军人才（团队）的意见》等"1＋6"政策文件，提出对产业发展具有奠基性、战略性、支撑性的领军人才（团队）特别重大的科技项目实行"一事一议"，最高可获得 1 亿元项目产业化扶持资金资助。新乡市出台《关于引进培育创新创业领军人才和团队的意见》等，5 年内将投入 13 亿元用于高层次创新创业人才引进。开封市大力实施"1851"人才工程，先后与清华大学、中科院等签订人才引进培养协议，成功举办"国家千人计划专家联谊会"，市直单位引进高层次人才 26 名。

五　人才发展环境持续优化

为方便城市群人才更好地创新创业，中原城市群持续强化人才服务保障，着力营造宽松的创新创业环境。

1. 提升人才服务质量

实施城市群省级领导直接联系高级专家制度。中原城市群主体河南省每年在省委党校举办高级专家进修班，截至目前共培训高层次人才 200 余人。积极推荐优秀海外归国人才参加北戴河暑期休假、省团拜会等活动。制定《关于实施留学人员来豫创业启动支持计划的意见》，对优秀留学归国人员给予 6 万~8 万元的创业资金支持；出台《关于支持个体工商户转型升级促进创业人才发展的实施意见》，为企业商事登记等提供了优惠便利。

2. 加大人才奖励支持力度

实行重奖科技领军人才政策，对引进的院士、国家"千人计划""万人计划"人选、"长江学者"、首席科学家等科技领军人才，中原城市群主体河南省财政给予 100 万元科研资助；对省科学技术杰出贡献奖获得者，给予 200 万元奖励；对新入选国家"千人计划"专家在豫创办科技企业，给予最高 500 万元研发经费；对新入选省"百人计划"专家在豫创办科技企业，给予最高 100 万元资助；对科技创新杰出人才、杰出青年，分别给予 50 万元、30 万元科研经费资助，有效集聚了一批高层次人才。

3. 营造干事创业良好氛围

组织协调城市群内主要新闻媒体，大力宣传城市群各地各部门关于人才工作的新举措、新成效，在主流媒体开设"人才工作巡礼""一把手谈第一资源""优秀人才风采录"等专栏专题，通过大力宣传党的人才政策、人才工作典型经验、优秀人才先进事迹，在全社会营造尊重知识、尊重人才、尊重创造的良好氛围。

第二节　人才高地建设存在的主要问题

在肯定成绩的同时，也要清醒地看到，当前中原城市群人才发展的总体水平同城市群各市提出的要求相比仍有较大差距，现行的促进人才发展的政策制度与经济社会发展的要求和各类人才的期望还有许多不相适应的地方。

一　人才总量相对不足

1. 人才总量占人力资源总量比重相对较低

目前，中原城市群主体河南省人力资源总量为 6557 万人，占全国的比重为 6.5%，居全国第 3 位；从人才总量看，河南省人才总量 978 万人，占全国的比重为 6.3%；从人才占人力资源总量比重看，河南省占比为 14.9%，低于全国平均水平 0.6 个百分点，也低于山东（20.8%）、安徽（15.1%）、湖北（17.4%）、湖南（15.1%）、江苏（18.7%）、浙江（25.6%）等省份；从人才占常住人口比重看，河南省占比为 10.3%，低于全国平均水平 1 个百分点，也低于山东（15.0%）、安徽（10.7%）、湖北（12.8%）、湖南（10.7%）、江苏（13.8%）、浙江（19.4%）等省份，与其作为人口大省地位还不相匹配。

2. 人才发展不适应产业需求

特别是城市群高端装备制造、现代金融、互联网等重点发展产业领域，本土培养的领军人才总量不多，外来领军人才数量偏少，高层次领军人才极其缺乏，已成为制约城市群创新驱动发展的重要瓶颈。在对中原城市群主体河南省重点产业企业人才状况调查中，全部 1808 家企业有 67.5% 的企业选择"紧缺"和"非常紧缺"（紧缺为 48.9%，非常紧缺为 18.6%）。

分产业看，人才紧缺程度由高到低依次是，高成长性制造业、文化产业、网络经济、现代农业、战略性新兴产业、金融业、传统支柱产业，分别为 81.4%、78.6%、77.9%、72%、70.5%、67.4%、49.8%。其中，"非常紧缺"的产业中，战略性新兴产业、现代农业、金融业居前 3 位，分别为 35.8%、27.6%、26.5%。这说明，中原城市群主体河南省产业人才普遍紧缺，传统支柱产业对人才需求紧迫程度相对较低，而战略性新兴产业、现代农业、金融业对人才需求更为紧迫。

3. 大专以上学历人员占比较低

目前，中原城市群主体河南省拥有大专以上学历人数为 1183 万人，万人大专以上学历人员数量为 1248 人，比全国平均水平少 675 人，居全国各省（区、市）第 29 位。与周边省份相比，河南省万人大专以上学历人员数量较少，远远低于周边省份，仅为陕西、湖北、山东、安徽、河北的48.6%、57.5%、68.3%、73.9% 和 85.1%。

4. 研发人员数量少且层次不高

目前，中原城市群主体河南省每万人从事科技活动人员 34 人，仅相当于全国平均水平的 54%；每万人 R&D 人员仅为 7.3 人，居全国第 20 位，不仅远远低于江苏（20.4 人）、浙江（16.2 人）等省份，也低于山东（12.5 人）、湖北（12.1 人）、安徽（8.4 人）、湖南（8.2 人）等周边省份（见图 2）。

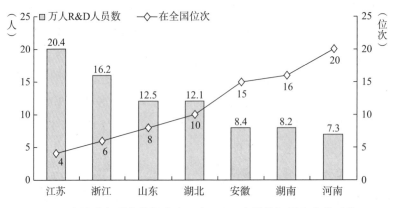

图 2 中原城市群主体河南省万人 R&D 人员数与周边省份对比

从中部六省看，河南省 R&D 人员总量位居中部省份第 1 位，但从 R&D 人员中硕博占比看，河南省仅居第 4 位，低于湖北、安徽、湖南，这说明河南省研发人员层次在中部地区不占据优势（见表 9）。

表 9 中部六省硕博人员数量对 R&D 人员占比情况及在中部省份位次

类别 省份	R&D 人员 （人）	硕博人员数量 （人）	占比 （%）	在中部省份 位次
河南	232105	28927	12.5	4

续表

类别 省份	R&D人员 （人）	硕博人员数量 （人）	占比 （%）	在中部省份 位次
安徽	201085	32790	16.3	2
湖北	218094	43448	19.9	1
江西	76237	12497	16.4	6
山西	73925	13783	18.6	5
湖南	162548	30474	18.7	3

二　人才结构不尽合理

受多种因素影响，中原城市群人才结构呈现出高层次人才严重匮乏、高技能人才占比较低、青年人才储备不足等突出问题。

1. 高层次人才严重匮乏

两院院士、国家"千人计划""万人计划"入选者、产业领军人才和团队等严重匮乏。目前，中原城市群主体河南省拥有"两院院士"、国家"千人计划""万人计划"专家、国家杰出青年科学基金获得者、长江学者数量，分别为27人、21人、28人、12人和6人，分别占全国总数的1.7%、0.31%、1.16%、0.33%和0.24%。与周边省份相比，河南省"两院院士""千人计划"专家等高层次人才总量与其差距较大（见表10）。其中，两院院士分别比湖北、安徽、山东、陕西少44人、8人、17人、37人；"千人计划"专家分别相当于湖北、安徽、山东、陕西的6.3%、9.0%、12.07%、12.14%；"万人计划"专家分别比湖北、安徽、山东、陕西少58人、33人、39人、45人；国家杰出青年科学基金获得者、长江学者数量也远远低于周边省份。

表10　中原城市群主体河南省高层次人才数量与外省比较

单位：人

类别 省份	两院院士	"千人计划" 专家	"万人计划" 专家	国家杰出青年 科学基金获得者	长江学者
全国	1589	6081	2421	3628	2452
河南	27	21	28	12	6
湖北	71	331	86	100 （仅武汉大学、 华中科技大学）	152 （仅武汉大学、 华中科技大学）

类别 省份	两院院士	"千人计划" 专家	"万人计划" 专家	国家杰出青年 科学基金获得者	长江学者
安徽	35	234	61	113	55
山东	44	174	67	65	30 （仅山东大学）
陕西	64	173	73	—	36

2. 高技能人才占比较低

目前，中原城市群主体河南省技能劳动者总量 594 万人，占全省就业人员的 9.11%，低于全国平均水平 10 个百分点；从总量上看，河南省技能劳动者数量比山东省少 225 万人，比湖北省少 181 万人。河南省高技能人才数量 160 万人，占技能劳动者总量的 26.9%，低于全国 27.3% 的平均水平，也低于山东、河北、安徽、湖北、陕西等省份（见表 11）。

表 11　中原城市群主体河南省高技能人才数量比较情况

省份	技能劳动者总量 （万人）	高技能人才数量 （万人）	高技能人才占技能 劳动者总量比重（%）
全国	14630	3994	27.3
河南	594	160	26.9
安徽	407.6	111.3	27.3
河北	440	119.7	27.2
湖北	775	219	28.2
山东	819	218	27
陕西	273	74.3	27.2

注：全国数据来自 2015 年人社部统计公报，安徽、陕西数据为 2015 年年底数据，河北、湖北、山东数据为 2014 年年底数据，均来自各省日报。

从技能人才分布看，河南省技能人才结构与产业结构不相适应，2015 年河南省三次产业结构占比为 11.4∶49.1∶39.5，技能劳动者在三次产业的分布比例为 40.1∶31.9∶28，大部分的技能劳动者集中在第一产业领域（见图 3、图 4）。

3. 青年人才储备不足

青年人才储备不足，尤其是 40 岁以下高学历、高职称、高技能的青年

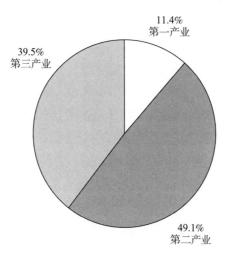

图 3　中原城市群主体河南省三次产业结构分布情况

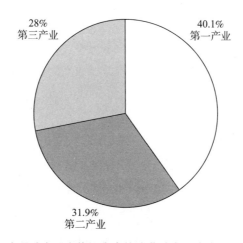

图 4　中原城市群主体河南省技能劳动者三次产业分布情况

人才较为紧缺。2016 年，中原城市群主体河南省国家自然科学基金优秀青年科学基金获得者（简称"优青"）仅 2 人（郑州大学、河南大学各 1 人），占全国（共 400 人）的 0.5%，而周边的安徽省为 17 人、湖北省为 14 人、陕西省为 15 人、山东省为 4 人（见图 5）。2016 年"青年千人计划"（简称"青千"）入选者中，河南省仅河南大学 1 人入选，占全国（共 565 人）的 0.17%，而周边的湖北省为 52 人、安徽省为 28 人、陕西省为 25 人、山东省为 10 人（见图 6）。

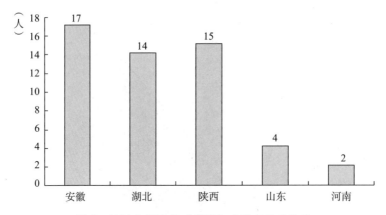

图5　2016年河南省"优青"人数与外省比较

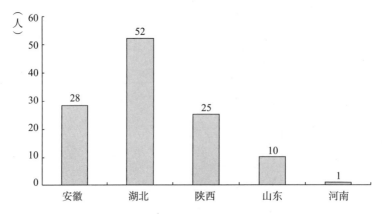

图6　2016年河南省"青千"人数与外省比较

2016年，中原城市群主体河南省公有制企业经营管理人才总量为88327人，其中40岁以下青年人才为39835人，占45.1%，不仅低于广东、江苏、浙江、山东等沿海发达省份，而且低于湖北、湖南、四川、陕西等中西部省份以及全国平均水平（见图7）。

青年人才脱颖而出路径不通畅，科研成果论资排辈、权力化倾向明显。很多青年骨干反映，目前，选拔用人"熬资历"、项目申报"看级别"、成果署名"先领导"等现象依然普遍存在，科研人才成长、展示的路径受阻，对青年人才普惠性支持政策仍然薄弱。

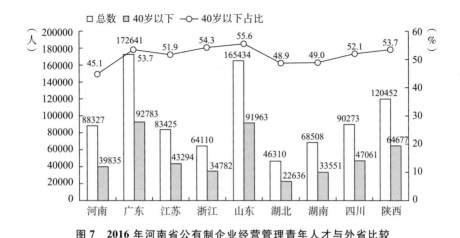

图 7　2016 年河南省公有制企业经营管理青年人才与外省比较

三　人才发展基础不强

1. 高等教育较为薄弱

中原城市群主体河南省拥有人口基数大、生源数量多和质量高等资源优势，但由于河南省受限于在全国具有较大影响力的高水平大学、研究机构比较少，"一流大学"和"一流学科"建设严重滞后等因素，本土培养人才能力不足，根植人才能力不强。截至目前，河南省没有一所教育部直属高校和"985"高校，仅有一所"211"高校。与周边省份相比，河南省高水平大学总量和质量远远落后。因此，谋划推进高水平大学、高端人才集聚平台、科技研发平台等建设，应成为河南省打造人才高地高度关注的重大现实性问题。

2. 创新创业载体不足

当前，中原城市群高新技术企业、重点实验室和实验基地等高层次人才创新创业平台少，低成本、便利化、全要素、开放式众创空间等大众创新创业平台少，对创新创业型人才承载、吸纳能力弱。从高新技术企业数量看，2016 年，全国共有高新技术企业 7.9 万家，中原城市群主体河南省仅有 1353 家，湖北、安徽、湖南分别有 3300 家、3157 家、2168 家，河南省高新技术企业数量分别相当于湖北、安徽、湖南的 41%、43%、63%（见图 8）。

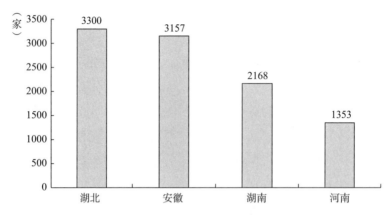

图8 2016年河南省高新技术企业数量与外省比较

目前，河南省国家工程技术研究中心占全国总数的2.89%，居全国第11位，居中部六省第3位，仅相当于湖北省的一半左右；全省国家重点实验室占全国总数的2.91%，居中部六省第2位，仅相当于湖北省的51.85%。二者加起来只有24家，不到山东省56家的一半。大中型工业企业中建有研发机构的比重为14.4%，而安徽为35.3%，湖南为17.7%。

3. 人才资金投入力度不大

中原城市群人口多、底子薄、基础弱，人才投入上历史欠账较多，虽然近年来投入连年增加，但政府、企业、社会多元化、常态化投入机制尚未建立，资金投入总量偏低、投资规模较小的问题依然存在。比如，在人才发展专项资金（基金）方面，上海、江苏、河北、广西、黑龙江、浙江等省（区、市）财政已设立，其中江苏2015年省级人才发展专项资金达19.9亿元；山东、四川、湖北、陕西等省提出鼓励企业、用人单位设立；中部其他省份均已设立。在R&D方面，2014年中原城市群主体河南省资金投入400.01亿元，R&D投入强度1.14%，不仅低于江苏、山东等发达省份，而且低于湖北、安徽等中部省份（居中部第5位），以及全国平均水平（居全国第20位）（见表12）。打造人才高地，加快建立多元化的人才投入机制，切实加大经费投入力度，成为城市群人才高地建设的重点和政策创新的突破口。

在教育投入方面，2014年河南省普通小学、初中、高中、中等职业学校、普通高校生均公共财政预算教育事业费分别居全国第31、30、31、31

和 24 位，除普通高校生均教育事业费外，其他均不足全国平均数的 2/3，在中部六省处于最末位置。

表 12 2014 年中原城市群主体河南省与周边省份 R&D 经费支出情况

省份	R&D 投入额（亿元）	投入强度（%）	人均 R&D 投入额（元）
全国	13312.00	2.09	968
河南	400.01	1.14	422
山东	1304.07	2.19	1324
江苏	1652.82	2.54	2072
湖北	510.90	1.87	873
湖南	381.20	1.41	562
安徽	393.61	1.89	641
江西	165.60	0.99	363
山西	152.20	1.19	415

注：投入强度为 R&D 投入额占地区生产总值的比重。

四 人才政策竞争力不够

目前，中原城市群人才政策存在着力度不大、含金量不高、落实不力等问题，已不适应激发广大人才创新创业活力需要。

1. 高层次人才待遇偏低

在调研中，不少专家学者反映，近年来全国其他省份纷纷出台人才政策，以优厚待遇和条件大力吸引院士、"千人计划"专家、产业领军人才等高层次人才，而中原城市群人才待遇偏低，尤其是院士、中原学者等高层次人才待遇偏低，吸引力不强，在一定程度上面临着被发达省份"挖墙角"等人才流失风险。目前，中原城市群主体河南省院士待遇还是 2004 年制定的支持标准：引进院士待遇年薪不低于 20 万元，省财政一次性给予安家费 15 万元和 100 万元项目资助。而其他省份尤其是河南省周边省份、中西部省份纷纷出台超常规政策来提高院士待遇，如河北省由省财政给予引进院士每人 200 万元安家费、每年 20 万元生活津补贴和 1000 万元科研经费补贴，江西省对新引进院士由省财政一次性给予 300 万元安家费和 1000 万元项目资助，山西省由省专项资金给予每人 200 万元安家费和生活补助费，云南省给予每人每年 20 万元生活补贴等。可见，在新一轮的人才竞争中，河南省如果不进一步加大招揽人才政策创新力度，就会在未来发展和竞争中处于劣势，这就迫切需要提高高层次人才待遇。

2. 政策激励力度不够

座谈中部分专家反映，一方面，成果收入分配不合理，职务发明利益分配的法律法规不健全，相关规定不明确，导致人才做出了"蛋糕"，却只吃点"蛋糕屑"，影响了人才创新创造积极性；另一方面，在科技成果转化、股权期权激励等方面政策创新力度不够，与全国其他地方相比有较大差距。如湖南长株潭城市群在全国较早实行了"两个70%"的激励政策，明确知识产权和科技成果作价入股，占股最高比例可达到公司注册资本的 70%，成果持有单位最高可以从技术转让（入股）所得的净收入（股权）中提取 70% 的比例奖励科技成果完成人。武汉东湖示范区制定《东湖国家自主创新示范区企业股权和分红激励试点办法》，规定科技成果入股、科技成果折股、股权奖励、股权出售、科技成果收益分成、分红权激励和股份期权等股权激励的具体方式和比例，推动邮科院、中冶南方、华工科技等单位开展股权激励试点。山东省出台《关于加强全省金融人才队伍建设的实施意见》，支持省内地方重要骨干金融机构实行股权激励、分红权奖励、技术入股、企业年金等激励政策，在一定范围内探索混合所有制金融机构员工持股办法，走在了全国前列。

3. 政策落实不到位

调研中专家学者普遍反映，近年来，虽然中原城市群各地人才政策出台不少，但缺乏顶层设计，政策、制度、规划缺乏统筹管理，实际操作中地方人才优惠政策与编制、社保、税务、职称等部门法规不统一，政策间相互打架、行业法规相冲突等现象时有发生，"人才制度"与"人事制度"不匹配，导致各地各部门人才引进"雷声大、雨点小"，政策优惠效应"打折扣"。也有一些专家尖锐地指出，优惠政策承诺不兑现，伤了引进人才的心，对城市群的诚信形象造成了损害。

五　人才管理体制僵化

当前，中原城市群在人才管理上还存在着"管得太严""管得过死""管得太多"等问题，人才工作行政化色彩浓厚，制约了人才创新创业创造活力。

1. 编制管理难以适应发展需要

调研中大家普遍反映，编制总量控制过严，岗位设置动态调整不足，不能真正做到按需设岗、按需用人，难以适应事业发展需要。目前，高校院所人员编制仍然执行十几年前核定的标准，人才引进需求与现有编制紧张之间的矛盾突出，造成了人才引进"无编可用"、事业发展"无人可用"的尴尬局面。比如河南大学现有编制仍执行 2001 年的核定标准，然而在校学生规模已由当初不到 1 万人发展到目前的 5 万余人，教师编制缺口较大。此外，编制申报计划周期长、环节多、审批慢，和招聘时间不一致，招来人才入不了编，等计划下来时又错过了招聘时机，造成人才流失。

2. 用人主体缺乏自主权

调研中，大家普遍反映，目前城市群部分市、县（区）机关事业单位在人才招聘过程中，用人单位无法直接参与选人用人，在引才用才过程中缺乏自主权，"招人用人两张皮"现象突出，常常出现适用的人才进不来、招来的人才不适用等问题。职称评聘上，人才评价"唯学历、唯职称、唯论文"问题突出，往往强调论文、课题、获奖、专利等显性指标，其中以医疗行业最为典型，患者深夜排队挂号的著名医生却因论文、课题不足无法荣获高级职称的事例比比皆是。城市群高校师资队伍中高级职称比例较低，职称评审指标不能满足需要，郑州大学、河南大学师资队伍中高级职称占比为 50% 左右，山东大学、武汉大学等高校副高以上职称比例实际达到 60%。近年来，郑州大学按照"正高级≤17%"比例掌握职称评定，参评名额满足不了院系需求，很多专业教师十几年评不上正高级职称，是造成优秀教师外流的原因之一。

在座谈会中多位专家反映，科研经费管理过严、规定过死，全文照搬行政机关财务管理模式，导致科研人员在经费使用中忙于"找发票、贴发票、填明细"，甚至为了达到财务票据要求"被逼弄虚作假"，丧失"学术尊严"。比如中原城市群主体河南省"人头费"占科研经费比例仅为 5%，北京大学为 30%，广东省由 2012 年的 30% 提高到 2016 年的 40%（其中，软科学研究项目、社会科学研究项目和软件开发类项目最高为 60%），美国等发达国家为 50%。

3. 市场作用发挥不充分

调研中大家普遍反映，一方面行政化色彩浓厚，政府习惯于用管理党政干部的方法管理人才；另一方面，市场化、社会化的人才管理服务体系还没有形成，人才市场发展不充分，对外开放程度低，高质量的猎头公司较少。一些高校代表反映，现在很多有成果的高校教师有转让成果的强烈需求，这方面要畅通渠道，要让科研人员劳有所得。一些企业代表强烈呼吁，要抓紧推行市场化薪酬待遇，防止产生人才挤出效应。比如 2015 年以来，中原信托离职业务骨干 21 人，占员工总数的 10%；中原证券离职员工150 人，占员工总数的 7%。

同时，一些长期从事人事人才工作的同志强调，也要注意思想认识问题，防止"四重四轻"：重物质、轻人才，一些部门和领导没有充分认识人才作为第一资源的重要意义，认为抓人才见效慢、是潜绩，常常说起来重要，忙起来次要，做起来不要；重政府、轻市场，习惯于采用行政思维、行政手段抓人才工作，不善于遵循市场经济规律和人才成长规律，运用法制思维、法制方式促进人才发展；重外来、轻本土，注重去外面"招贤纳士"，忽视了对本地现有人才潜力的挖掘，造成当地人才"资源闲置"，增加引才成本，也会"招来女婿气走儿"；重引进、轻使用，引进人才轰轰烈烈，使用人才轻描淡写，甚至部分用人单位引进人才存在盲目性、功利性、随意性，"引进来、挂起来"。这些思想认识误区不解决，不把人才工作放到经济社会大局中去谋划思考，就会偏离人才支撑发展、发展成就人才的方向，容易导致人才发展和经济社会发展"两张皮"，长此以往，不仅不利于党的事业发展，而且影响城市群长远发展大计。

第三节　打造人才高地的对策建议

当今世界的竞争，说到底是人才的竞争。人才在区域竞争格局中日益成为决定性力量，很大程度上决定或影响着区域经济的发展方向、速度和质量。目前，中原城市群人才发展既面临中央深化人才发展体制机制改革的重大机遇，又面临着各地人才激烈竞争的严重挑战，打造人才高地，必须抢抓机遇，着力破除束缚人才发展的思想观念和体制机制障碍，汇聚天下英才为我所用。

一　建立灵活高效的人才管理体制

坚持市场导向和改革取向，充分发挥市场在人才资源配置中的决定性作用和更好发挥政府作用，加快转变政府人才管理职能，保障和落实用人主体自主权，利用市场信号调控人才的流向，推动人才资源在市场中的自由流动和合理化配置，最大限度解放和增强人才活力。

一是人才管理部门要主动清权、晒权。推动城市群省市县三级政府建立人才管理服务权力清单和责任清单，将每项职权的行使主体、办理流程、办结时限和监督方式等，以清单形式列出并向社会公布。同时，按照权责一致的要求，逐一厘清与行政职权相对应的责任事项，明确责任主体，健全问责机制。

二是向用人主体放权、松绑。目前，中央正在大力推进事业单位编制管理改革，人社部正在研究制定高校、公立医院不纳入编制管理后的人事管理衔接办法，建立健全以合同管理为基础的用人机制，北京、广东、浙江等地在编制备案制管理上已经先行一步。中原城市群要以此为契机，在编制管理上积极探索符合城市群实际，更加有利于人才引进和发挥作用的管理办法。引进人才方面，要减少行政审批，对于高校、科研院所等用人单位引进人才，编制、人力资源社会保障等主管部门要统筹协调，简化程序，让人才引进的"绿色通道"真正"绿起来""通起来"。

三是加快健全便利化人才服务体系。借鉴外省做法，在政府行政服务中心设立"一站式"人才服务窗口，在办理人事关系、社保医疗、住房安居、创业扶持等方面简化程序，提高效率，实现从"管理"到"服务"的转变。要加快社会化人才服务机构建设，更好发挥各类行业协会、社会中介机构在人才培训、评价、交流等方面的主导作用，一些人才服务项目可以采用政府购买的形式从政府行政职能中剥离出来。

四是建好人才管理改革"试验田"。借鉴北京中关村、上海张江、深圳前海等人才管理改革试验区经验，在郑州航空港经济综合实验区和郑洛新国家自主创新示范区、中国（河南）自由贸易试验区等建设人才管理改革试验区，发挥政策叠加优势，推进人才政策先行先试，积极探索建立与国际接轨的人才管理制度，为城市群人才工作创新突破探索可复制、可推广的经验。

二 建设更有吸引力的人才集聚高地

人才引进是最便捷、最高效的提升人才竞争力的途径。有些人才本地本单位培养不了，特殊情况下培养也来不及，不能满足事业的急迫需求，需要实行更加务实开放精准的人才引进政策，坚持招才引智与招商引资、产业发展相统一，拿出真金白银来招贤纳士。

一是围绕重点产业发展加强急需紧缺人才引进。围绕中原城市群重点发展的装备制造、食品制造、新型材料制造、电子制造、汽车制造等制造业，以及现代物流、金融保险、信息服务、文化旅游和健康养老等现代服务业，重点培育引进一批具有国际视野、站在科技前沿和产业高端的领军人才，集聚一批拥有重大关键核心技术、能够填补产业空白或提升产业层次的创新创业人才和团队。

二是实行更加精准的人才引进政策。对高层次人才要给予高待遇，引进的院士等顶尖人才，要给予其在全国范围内有竞争力的奖励待遇。对研究型人才要给予项目支持，产业领军人才和团队带项目、带技术、带成果来豫创新创业和转化成果的，由城市群创新创业引导基金给予基金化支持。对重点领域人才要给予特殊政策，如针对科技创新、经营管理、金融、文化等领域急需紧缺的重点人才，要研究制定专项人才方案，出台特殊支持政策，力争在较短时间内实现突破和跨越。对现有人才要给予引进人才同等待遇，防止厚此薄彼，发挥好各类人才的积极性、创造性。

三是加大柔性引才力度。一个地方的创新能力不再完全取决于拥有多少人才，而是取决于掌握多少人才资源，并在多大范围、多大程度上运用并配置这些资源。柔性引才满足了国外省外、体制外人才等对工作地点、工作方式、工作回报的多元化需求，成为引才引智的现实性选择。近年来，城市群经济社会快速发展，区位交通、基础设施、产业发展等综合优势日益凸显，特别是在高铁时代，"米"字形高铁网络逐渐成型，距北京、上海、武汉、西安等人才聚集地的时空距离大大缩短，为城市群柔性引才提供了极为便利的条件。要坚持"不求所有、但求所用，不求所在、但求所为"理念，把柔性引才引智作为聚才用才的重要方式，通过兼职挂职、技术咨询、项目合作、客座教授、"星期天工程师"等多种形式，柔性汇聚人才智力资源。

四是加强创新创业平台建设。要下大力气支持城市群重点实验室、工程实验室、协同创新中心、制造业创新中心、企业技术中心、工程研究中心、工程技术研究中心等高层次创新创业平台建设，要下大力气培育高新技术龙头企业，采取有效措施，充分调动企事业单位用人主体、创新主体、创造主体积极性，不断拓展聚才用才平台载体。

三　坚持需求导向的人才培养体制机制

遵循经济社会发展规律和人才成长规律，树立"大人才观"理念，积极构建"全链条"人才培养模式，强化教育与产业对接、专业和职业对接，促进人才培养、社会需求和就业的良性互动，厚植城市群人力资源优势和人才优势。

一是加快大院名校（所）建设。要加快实现高等教育局部高端突破，借鉴上海的纽约大学、昆山的杜克大学、宁波的诺丁汉大学和清华大学在杭州的西湖学院等办学经验，积极推动城市群高校与国内外一流高校和科研院所加强合作，推动城市群高等教育跨越发展，为本地培养一流人才。抓住国家推进"双一流"大学建设的重大机遇和国家出台中西部高等教育振兴计划的历史机遇，持续实施优势特色学科建设工程，加快高水平大学和特色骨干大学建设。

二是推进人才分类培养。对创新型科技人才，要加强顶层设计，创新载体平台，整合优化各类人才项目，打造中原人才系列品牌。对技术技能人才，要着眼于促进优势提升，加快构建现代职业教育体系，大力培养支撑城市群制造、创造的技术技能人才队伍。对企业家人才，要加强培育培训，优化成长环境，依法保护企业家财产权和创新收益，进一步营造尊重、关怀、宽容、支持企业家的社会文化环境。加快建立国有企业市场化选聘的职业经理人制度，落实市场化薪酬待遇。

三是夯实青年人才战略储备。要完善青年人才普惠性支持措施，在重点人才工程项目中设立青年专项，加大青年科技工作者等培养支持力度。要研究符合青年人才成长特点的科研经费支持、成果考核、待遇保障等配套政策，鼓励和保障青年人才潜心研究、健康成长。注重对青年人才的吸引集聚，参考外地做法，采取给予适当生活补贴等方式，吸引名校高校毕业生来城市群各市工作。

四 创新科学有效的人才评价激励机制

树立正确的人才评价导向，突出德才兼备，注重凭能力、实绩和贡献评价人才，给予相应的待遇和回报，让他们"名利双收"。

一是改进人才评价标准和方式。加快建立多元化人才评价体系，针对不同行业、不同特点，开展人才分类评价，基础研究人才评价以同行学术评价为主，应用研究和技术开发人才评价突出市场和社会评价，哲学社会科学研究人才评价重在同行认可和社会效益。

二是深化职称制度改革。坚决破除评聘中的结构比例限制过死、"评人的不用人，用人的不参评"，以及评聘后的"一聘定终身"、能上不能下等突出问题，强化用人主体在职称评审中的主导作用，合理界定和下放职称评审权限。横向上，在有条件的高校、科研院所、文艺院团以及管理规范、技术领先的企业，可自主评审主系列相应学科高级职称。纵向上，扩大各省辖市职称评审权。同时，要建立职称评审"绿色通道"，对引进的高层次人才、急需紧缺人才等，可通过专设职数、特设岗位、直接考核认定等多种方式评聘专业技术职务。

三是完善人才激励机制。以增加知识价值为导向，建立合理的收入分配制度，健全市场评价要素贡献并按贡献分配的机制，及时表彰奖励作出突出贡献的人才。创新科研经费管理办法，下放科技成果使用、收益和处置权，让人才劳动价值与收入"挂钩"，在符合条件的高校、科研院所进行试点。鼓励支持符合条件的高校、科研院所和企业探索实行协议工资制、年薪制、分红奖励和股权激励等。

五 健全人才优先发展保障机制

要吸引留住人才，就要为人才发展提供服务保障，抓好各项人才政策的落地见效，确保优秀人才引得来、留得住、用得好。

一是切实加强党对人才工作的领导。坚持党管人才原则，改进党管人才方式方法，完善党委统一领导，组织部门牵头抓总，有关部门各司其职、密切配合的工作格局。设置高规格人才领导小组，由各级党委"一把手"任组长，形成"一把手"抓、抓"一把手"的工作机制。健全各级人才工作机构，配强力量。

二是强化人才工作落实机制。要将人才发展列为经济社会发展综合评价指标，使人才工作真正作为经济社会发展的一部分，与经济社会发展重点工作同谋划、同部署、同落实。要建立各级党政领导班子和领导干部人才工作目标责任制，研究制定具体考核办法，细化考核指标，加大考核力度，将考核结果作为领导班子评优、干部评价的重要依据。对抓人才工作不力、造成重大人才流失的，进行责任追究。

三是建立人才发展多元投入保障机制。优化财政支出结构，加大财政投入力度，实施重大建设工程和项目时，统筹安排人才开发培养经费。创新财政人才投入方式，提高人才投入绩效，运用后补助、自主创新产品收购等方式，加大对人才创业创新支持。引导天使投资、风险投资、商业银行等机构开展股、债、贷相结合的融资产品，为人才提供种子期、初创期、成长期全链条金融支持。

四是持续优化人才发展环境。全力营造公平竞争、开放透明的市场环境，公开平等、竞争择优的制度环境，鼓励创新、宽容失败的工作环境，待遇适当、无后顾之忧的生活环境，形成全社会识才爱才重才用才的良好氛围。

第十章 协同打造全国重要的文化高地

中原城市群人缘相亲、文化相融，人员交流和经济往来密切，是中华民族和华夏文明的重要发祥地，国家历史文化名城和国家级风景名胜区数量众多，地上地下文物和馆藏文物数量均居全国前列。中原城市群各城市要发挥文化底蕴深厚的优势，深入贯彻落实党的十八大以来中央有关文化发展的重要精神，大力推进文化建设，积极推进华夏历史文明示范区建设，协同打造全国重要的文化高地。

第一节 文化高地建设的成效分析

中原城市群文化高地建设，取得了公共文化服务水平不断提升，文化产业不断发展壮大，文化遗产保护工作顺利推进等积极成效，城市群文化建设站在新的历史起点上。

一 中原城市群文化建设站在新的历史起点上

大力推进文明城市群建设，城市群人民文明素质不断提高，文化精品不断涌现，公共文化服务体系建设日趋完善，文化产业发展壮大，中原文化影响力不断提升。文化建设的显著成就为加快构筑全国重要的文化高地提供基础支撑。中原城市群主体河南省公共文化服务网络建设基础扎实，成效显著，已建成2个国家级公共文化服务体系建设示范区，待验收的国家级公共文化服务体系建设示范区1个，12个省级公共文化服务体系建设示范区和12个公共文化服务示范项目正在创建中。在文化产业方面，努力做大优势文化产业园区，做强重点文化企业，扶持中小文化企业，培育新型文化企业，提升文化企业的科技含量，省级文化产业示范园区、基地、项目建设持续推进，文化产业规模和效益明显提升，文化产业实力不断增强，文化及相关产业增加值增长速度较快，文化产业发展实现了新的突破，所有这些都为构筑全国文化高地打下了坚实基础。

二　公共文化服务水平不断提升

中原城市群不断加大对公共文化建设的投资力度和政策扶持力度，着力提升公共文化基础设施的科技含量，加强软件方面建设，不断提高服务能力。

一是继续深入实施文化惠民工程，免费开放博物馆、图书馆等公共文化服务设施，积极创建公共文化服务体系示范区（项目），多举措推进基本公共文化服务标准化、均等化进程，取得了阶段性成果。偃师二里头夏朝遗址博物馆、中原考古博物院、省直文艺院团新建剧场等文化项目得到有序推进，濮阳市图书馆、商丘市博物馆等重大文化设施相继建成开放。

二是继续扶持文艺院团演出和艺术精品创作，加强对文物、文化遗产、传统村落的保护力度。如在文艺精品创作方面，坚持以社会主义核心价值观为引领，遵循以人民为中心的创作导向，创作形成了诸如豫剧《张伯行》、话剧《焦裕禄》、歌剧《蔡文姬》、舞剧《关公》等一批优秀剧目，实现了中国艺术节大奖"六连冠"和文华大奖"五连冠"。

三是在城市群范围内新建一大批农民体育健身工程和乡镇体育建设工程。目前，中原城市群主体河南省共有公共图书馆 158 个，文化馆 205 个，艺术表演团体 171 个，博物馆 283 个，其中民办博物馆新增 15 个，全国重点文物保护单位 358 处，113 个项目入选国家级非物质文化遗产名录。全年期刊出版总印数 0.88 亿册，图书出版总印数 2.39 亿册，报纸出版总印数 19.45 亿份。共有综合档案馆 177 个，各类档案已开放 472.78 万卷（件）。基本完成河南省图书馆的数字化、信息化、网络化建设。

三　文化产业不断发展壮大

2016 年，中原文化产业发展实现新的突破，文化及相关产业增加值保持着 12% 以上的增长速度，其中中原城市群财政文化体育与传媒支出较上年有大幅增长，文化、体育和娱乐业在固定资产投资方面完成了较高的投资额，登封市鹅坡少林武术文化博览有限公司等 6 家企业和"中国少林大成（柏林）健康中心"等 2 个项目分别入选 2015～2016 年度国家文化出口重点企业和重点项目名录。据统计，2015 年，中原城市群主体河南省文化及相关产业增加值首次超过千亿元，达 1111.87 亿元，年增幅为 12.9%，其中法人单位实现增加值 1005.51 亿元，年增幅为 12.8%，增速明显高于国民生产总值，占 GDP 比重超过 3.0%。全省文化及相关产业法人单位超过 52000 家，比上年增长 35.71%，其中文化制造业 7410 家，同比增长 34%，占全省法人单位数量的 14.2%；文化批零业 8853 家，同比增长 66.7%，占全省法人单位数的 17%；文化服务业 35840 家，同比增长 30.1%，占比高达 68.8%。全省规模以上文化及相关产业企业 2718 家，比上年增加 542 家，在全国排第 7 位，居中部六省之首。其中文化制造业企业 1006 家，比上年增长 7.2%，单位数居全国第 7 位，中部六省第 2 位；文化服务业企业 1072 家，增长 15.3%，居全国第 5 位，中部六省第 1 位；文化批零业企业 640 家，增长幅度高达 57.4%，居全国第 7 位，高居中部六省第 1 位。全省规模以上文化及相关产业企业拥有资产 2867.57 亿元，比上年增长 17.9%。其中文化制造业企业资产为 1600.84 亿元，比上年增长 11.2%；文化批零业企业 220.66 亿元，比上年增长 3.0%；文化服务业企业 1046.07 亿元，比上年增长 34.5%。全省规模以上文化及相关产业企业实现营业收入 3179.69 亿元，比上年增长 16.0%，居全国第 8 位，在中部六省居第 2 位。其中文化制造业企业营业收入 2431.12 亿元，文化批零业企业 397.23 亿元，文化服务业企业 351.33 亿元，营业收入分别比上年增长 14.2%、14.3%、32.0%。截至 2015 年年末，中原城市群主体河南省文化产业总资产达到 4995.82 亿元，比上年增长 21.1%；年营业收入 4017.45 亿元，比上年增长 17.2%。行业从业人员数量 108.58 万人，比上年增加近 11 万人，增幅高达 9.8%。

四 文化遗产保护顺利推进

在国家文物局印发的《关于印发〈大遗址保护"十三五"专项规划〉的通知》中，中原城市群主体河南省共有包括二里头遗址、偃师商城遗址、汉魏洛阳故城、隋唐洛阳城遗址、殷墟等在内的 16 处历史文化遗产被列入大遗址保护"十三五"专项规划内。在 2016 年度"全国十大考古发现"评选中，河南洛阳汉魏洛阳城太极殿遗址入选，这是河南省自 2003 年以来连续 14 年有重大考古发现入选。2016 年度"河南省五大考古发现"入选项目为灵井许昌人旧石器遗址、洛阳伊川徐阳东周墓地、信阳战国城阳城址八号墓、洛阳汉魏洛阳城太极殿遗址、巩义东区唐宋墓。2016 年，中原城市群主体河南省第七批文物保护单位公布，共有 327 处文物单位入选，包括近现代重要史迹及代表性建筑 59 处，古建筑 149 处，石窟寺及石刻 8 处，古遗址 86 处，古墓葬 26 处，其他 1 处。在非物质文化遗产保护方面，"河南省非物质文化遗产数据库建设工程"的前期准备和数据采集规范培训工作已基本完成，相关配套设施已基本完备，数据采集工作正在有条不紊地进行。正在进行的"河南省传统美术抢救保护工程"，对省内各级非物质文化遗产代表性项目名录内的传统美术项目调查摸底、建档登记。城市群文物科技研究取得重大进展。文物考古研究院研制出的"考古出土干缩变形木质文物润胀复原关键技术"荣获"十二五"文物保护科学和技术创新奖二等奖，这是城市群在文物科技发展方面取得的重大突破，填补了国内空白。河南博物院与浙江自然博物馆共同主办的"生命·超越——中原文化中的动物映像"展览摘取第十三届全国博物馆十大陈列展览精品奖，河南省文物局在第七届博物馆及相关产品与技术博览会上荣获"最佳组织奖"，河南博物院等获得"最佳展示奖"。

五　中原对外文化交流成效显著

中原文化"走出去"迈出了新的步伐。在德国柏林举行的"第四届中国艺术节"上，以河南少林功夫、杂技演出、民间工艺展为主的地方文化展演受到好评；第三届越南国际实验戏剧艺术节上，河南省京剧艺术中心的京剧《罗摩衍那》获得最佳明星奖、3 项表演金奖、2 项表演银奖和最佳组织领导奖，成为整个艺术节的最大亮点。中原出版传媒集团在吉尔吉斯斯坦筹建"中原文化海外发展中亚分中心"，以数字化方式推动中原文化走出去。河南航空港卫视传媒公司也正在积极筹备中，并努力打造成河南加入"一带一路"建设唯一的海外传播融媒体集团。河南影视集团设立的"中国非洲电影频道"仅两年时间就播出时长超过 1.3 万小时，收视率很高，成为海外宣传新窗口、中原文化"走出去"的新平台。2017 年 10 月 14 日凌晨，河南省杂技集团海外上市启动仪式在加拿大温哥华市举行，迈出了开拓海外市场的重要步伐，是中原文化"走出去"又一里程碑式的成就。在 2015～2016 年度国家文化出口重点企业和重点项目名单中，中原城市群主体河南省共有 6 家企业和 2 个项目入选，成为传播中原文化的重要载体，增强了中原文化的软实力和影响力。

第二节　文化高地建设中存在的问题与不足

中原城市群在打造文化高地过程中虽然取得了很大成绩，但也存在一些不足和问题，与实现文化高地建设的目标相比还有不小的差距。主要体现在以下几个方面。

一　文化建设总投入偏低制约打造文化高地

人均国民生产总值虽然与居民的人均收入和生活水平并不等同，但可以反映一个国家或地区在居民人均收入、生活水平及社会建设方面的投入能力与投入水平，因此常常被用来作为居民人均收入水平、生活消费水平和公共文化服务水平的重要参照指标。尽管中原城市群主体河南省近年来的经济增速高于全国平均水平，经济总量稳居全国第五位，表现出"换挡不失速、量增质提升"的态势，但庞大的人口数量、相对粗放的运营模式以及众多影响经济平稳增长的不确定因素，使得河南经济社会文化等方面发展面临的形势依然复杂严峻，公共文化服务能力和城乡居民文化消费水平仍有很大的提升空间。河南省统计局、国家统计局河南调查总队公布的《2015 年河南省国民经济和社会发展统计公报》显示，2015 年年末全省总人口为 10722 万人，常住人口 9480 万人，生产总值 37010.25 亿元，比上年增长 8.3%。其中，第一产业增加值 4209.56 亿元，增长 4.4%；第二产业增加值 18189.36 亿元，增长 8.0%；第三产业增加值 14611.33 亿元，增长 10.5%。三次产业结构为 11.4:49.1:39.5。2015 年河南省人均国民生产总值 34939.38 元，低于全国平均值约 10.92%，较全国人均国民生产总值 39222.39 元还有不小差距。要全面建成小康社会，最艰巨最繁重的任务在广大农村贫困地区。中原城市群主体河南省目前尚有 430 万农村贫困人口，占全国农村贫困人口的 7.7%，脱贫攻坚任务十分艰巨，加上区域发展程度不均衡，因而对文化建设方面的投入不可避免地产生一定程度的影响。

二　文化资源的有效整合和开发利用尚不到位

中原地区丰富的文化资源令人叹为观止。近年来，从政府到民间也都充分认识到这座文化金矿的价值，陆续投入不少人力、物力和资金。从文化事业费投入来看，2015 年全国文化事业费 682.97 亿元，人均文化事业费 49.68 元，比上年增长 16.5%。东部地区文化单位文化事业费 287.87 亿元，占 42.1%，比重提高了 0.5 个百分点；中部地区文化单位 164.27 亿元，占 24.1%，比重提高了 1.2 个百分点；西部地区文化单位 193.87 亿元，占 28.4%，比重下降了 0.9 个百分点。从文化产业增加值来看，2015 年全国文化产业实现增加值 25829 亿元，增速高于同期 GDP 增速 2.3 个百分点，占 GDP 的比重为 3.82%；中原城市群主体河南省文化产业实现增加值 1111.87 亿元，比上年增长 12.9%，占 GDP 的比重首次突破 3.0%。但由于各种因素，目前城市群范围内文化资源的有效整合和保护利用尚不到位，投入和产出大多低于全国平均水平。归根结底，这些现象还是与当地普遍存在着文化发展定位不准确、部分地区供需不对位、基层综合性文化中心千篇一律、地域文化特色不够明显、文化政策落实不足等问题有关，亟需深入探究和妥善解决。

三　中小文化企业发展仍然步履维艰

中小文化企业是推动文化产业发展的重要力量，在推动文化产业健康发展过程中具有不可替代的作用和价值。与全国文化企业的整体发展状况基本一致，中原城市群的中小文化企业发展仍然步履维艰。截至 2015 年年底，中原城市群主体河南省共有中小文化产业企业近 5 万家，其数量占全部经营性文化企业的 97.5%，吸纳从业人员多达 38.8 万人。任何企业的发展都离不开资金和技术的支持，融资能力和技术创新能力更是限制中小企业发展的常见问题。由于受规模偏小、实力薄弱、无形资产多、有形资产少、建设周期长、经济效益不太明显、文化产品与资本市场之间信息不畅等因素影响，相对于那些体量较大、投入较多的大型文化企业来说，中小文化企业属于"弱势群体"，融资难、融资贵、融资慢等问题凸显，企业发展步履维艰，成为制约城市群文化产业快速发展的一大瓶颈。而资金投入的短缺或不及时，又严重影响着文化企业技术创新能力的提高，从而形成恶性循环。因此亟需健全文化产业投融资体系，以多层次、宽领域、高效能的投融资体系为中小文化企业的快速发展提供有力的支撑。

四 高层次文化创意人才依然紧缺

如果说文化创意产业是新经济时代对文化建设工作提出的新挑战、新机遇和新课题，那么人才就是一个国家或地区发展文化产业的决定性因素。党的十八大以来，推动传统产业改造升级和高新技术产业迅猛发展，早已成为中央和地方政府调整经济结构和转变发展方式的普遍共识。但由于观念、政策、知识产权保护体系不够完善等因素的影响，中原城市群文化创意产业原创能力不强、主体力量不足、文化贸易逆差大等问题仍比较突出，归根结底还是因为文化创意人才储备不足，缺少高素质、专业化的复合型文化人才。高层次、复合型文化创意人才的紧缺，将会成为影响城市群构筑文化高地的重要障碍。

五 文化核心产业创新能力不足

在文化产业的几大核心要素中，技术创新能力对于文化核心产业来说至关重要。根据中国文化创意产业网2012年6月独家发布的《2010年全国31个省市区文化产业综合竞争力排名》，中原城市群主体河南省文化产业综合竞争力排名居全国第12位，位次属于中游靠前。在"关联产业及文化资源"和"政府支持和文化供给因子"两个方面得分比较靠前，分别居全国第5位和第7位；但在文化产业发展中居核心地位的"文化环境及实力"和"市场需求及创新"两个主因子，中原城市群主体河南省的排名都比较靠后，分别位居全国倒数第2位和第20位，显然成为制约城市群文化发展的"短板"。从中原城市群主体河南省文化产业发展实际来看，近两年虽然有不少进步，但这些"短板"仍是制约城市群文化产业发展的关键因素。比如2015年，河南的文化及相关产业增加值占全省GDP的比重刚刚突破3%，较全国文化及相关产业增加值占GDP的比重3.97%还有一些差距，与韩国文化产业占GDP的20%、美国文化产业占GDP的30%相比，还有相当大的发展空间。究其原因，就在于城市群文化核心产业的创新能力不足、文化产品形式单一、低层次重复开发、艺术抄袭等现象严重，缺乏深度挖掘本土资源优势的意识，缺乏差异化、特色化、高品质的原创优质文化产品，使大量优秀的文化资源未能被有效转化为文化资本，故而文化企业的产业化能力、专业化水平和创新意识都亟待提升。

以上情况表明，中原城市群建设文化高地，还面临许多困难，任务还十分艰巨，还有很长的路要走。

第三节　深入实施文化高地建设的重大举措

为贯彻落实党的十九大精神，进一步加快文化高地建设步伐，推动文化大发展大繁荣，满足人民群众多样性多方面多层次的精神文化需求，提高中原城市群文化软实力和影响力，需要采取一系列重大举措。

一　以服务经济发展为着眼点，不断提供强大的精神动力和文化支撑

要大力营造正面、向上、和谐、求进的社会氛围，在城市群形成干事创业、建功立业的生动局面。加强互联网、手机等新媒体的管理和运用，努力占领舆论宣传制高点，营造强势主流舆论。正确引领多样化的社会思潮，尊重差异，包容多样，最大限度地形成共识。加强宣传思想文化阵地建设，用社会主义先进文化占领各级各类宣传思想文化阵地。大力弘扬城市群人文精神。大力宣传焦裕禄精神、红旗渠精神、愚公移山精神和"平凡之中的伟大追求、平静之中的满腔热血、平常之中的极强烈的责任感"的新时期精神，动员城市群干部群众积极投身文化高地建设的伟大事业。提高全民科学文化素质。实施人力资源素质提升行动计划，推进人口优势向人力资源优势转化。合理配置公共教育资源，推进义务教育均衡发展。深入实施职业教育攻坚计划，大力发展职业教育，建设一批国家级示范性高等职业院校。优化高等教育结构，提高办学质量和水平，为中原城市群建设培养合格人才。

二　以挖掘保护和开发利用优势文化资源为突破口，提升中原文化的影响力

要打响以"根"文化为代表的知名文化品牌。整合和优化根源文化资源，以黄帝故里拜祖大典、中华姓氏文化节、河洛文化节为龙头，大力开展海内外百家姓民间祭祖活动，吸引海内外炎黄子孙到城市群寻根问祖。

精心打造一批反映城市群历史文化,具有城市群特色、气派的艺术精品和知名文化品牌。要做好大遗址保护和利用。进一步建好用好隋唐洛阳城考古遗址公园、汉魏洛阳城遗址植物园、安阳殷墟遗址公园,以旅游营销、项目带动、产业集聚、环境治理、公共服务为杠杆,抓好其他大遗址的建设、运行和管理。要建设中华历史文化保护核心区。以"华夏文明之源、炎黄子孙之根"为主题,以城市群是中华农耕文化、都城文化、商业文化、思想文化、宗教文化、汉字文化、科教文化、姓氏文化等文化的源头和发源地为依据,构建以城市群为中心、辐射传统中原文化圈的中华历史文化保护核心区,发挥集聚效应、联动效应、整体效应,提升中原文化的影响力。要打造一批世界级文化旅游目的地。以古都开封为依托,以清明上河园为龙头,打造大宋文化旅游园区,使开封古城成为演绎大宋文化的著名国际旅游目的地。以嵩山历史建筑群为依托,以儒、释、道文化圈为主轴,打造大嵩山旅游区。以龙门石窟、白马寺、玄奘故里、汉魏故城、隋唐遗址为依托,打造以佛教文化为主题的世界级文化旅游目的地。以殷墟大遗址公园和中国文字博物馆为依托,整合二帝陵、羑里城、曹操高陵等资源,打造以殷商文化为代表的世界级文化旅游目的地。

三 以做大做强文化产业为着力点,提高城市群文化整体实力和竞争力

要组织实施重大文化项目。着重加强"三网融合"、国家动漫产业发展基地(河南基地)、殷墟国家大遗址公园、大河动漫城、濮阳东北庄杂技文化旅游园区、贾湖文化旅游产业开发等重大项目建设。鼓励国内外大型文化企业在城市群建立地区总部、文化产品生产基地、研发和营销中心。要着力培育大企业、大集团。优化资源配置,鼓励和支持大型国有文化企业进行跨地区、跨部门、跨行业、跨所有制的兼并、联合与重组,引导有条件的文化企业面向资本市场融资,重点做大做强河南日报报业集团、中原出版传媒集团、河南文化影视集团、河南影视制作集团、河南有线电视网络集团、河南歌舞演艺集团等一批骨干文化企业集团。要加强文化产业园区和产业集聚区建设。鼓励各地依据资源优势和产业发展基础,在基础设施建设、土地使用、税收政策等方面给予支持,规划建设一批文化产业园

区和文化产业集聚区。要建立和完善现代文化市场体系。加快建设门类齐全的文化产品市场和文化要素市场。加强市场监管和服务，保护经营者合法权益，形成依法经营、诚实守信、活泼有序的市场秩序。加快培育大众性文化消费市场，繁荣城乡文化市场，构建统一开放、竞争有序的现代文化市场体系。

四　以公共文化服务体系建设为立足点，保障人民群众基本文化权益

要加快公共文化设施建设。加强重点文化设施建设和基层文化基础设施建设。完善中国文字博物馆、中原文化艺术学院等标志性文化设施建设。大力推动公共博物馆、纪念馆、美术馆、体育馆、文化馆、图书馆、基层文化活动中心的建设，不断提高公共文化服务能力和水平。要加大文化产品生产供给。优先扶持代表国家水准和反映时代精神的文艺作品以及具有示范性、导向性的重点文艺项目，推出一批在全国有影响力的精品力作。加强包装和策划，保持文学、书法、绘画、戏曲等艺术门类的比较优势。提高"三农"文化产品供给，对服务"三农"的文化产品在各方面予以倾斜和支持。扎实推进文化惠民工程。深入实施广播电视村村通、文化信息资源共享、社区和乡镇综合文化站、农家书屋、农村电影放映等重大文化惠民工程，研究实施一批新的文化惠民工程，建立健全"建""管""用"的长效机制，满足人民群众读书看报、听广播看电视、进行公共文化鉴赏、参加公共文化活动的基本文化需求。

五　以建设高素质人才队伍为关键点，为文化高地建设提供智力支持

要加快人才培养。培养造就一批优秀理论人才、优秀出版人才和名记者、名编辑、名主持人，推出一批专业贡献突出、引领作用明显、在全国有重要影响力的文化名家、文化大师。建立健全文化人才培养体系，大力发展职业教育和在职培训教育，为文化高地建设培养各类专业人才。要引进高端人才。采取特聘专家制、高级雇员制、客座荣誉制、协议签约制、项目合作制和设立工作室等灵活形式，大力引进全国知名的大师级高端文

化人才和拔尖人才。运用单位聘任制、项目聘任制、外聘制、兼职制等灵活选人用人机制，延揽省内外各领域优秀人才进入城市群文化领域创业发展。鼓励和支持文化企事业单位面向国内外有计划、有重点地引进各类高层次人才。创造良好用人环境。创新文化人才选拔任用制度。坚持以公开、竞争、择优为导向，以业绩为重点，综合考虑品德、知识、能力等要素，选拔任用优秀文化人才。创新文化人才激励机制。在职称评聘、成果评奖、工作考核等方面，打破学历和资历的界限，以创新能力、创作研究成果和经营管理实绩为主要衡量标准。深化分配制度改革，积极探索以知识产权、无形资产、技术要素和管理要素参与收益分配的新路子。

第十一章　协同打造内陆开放高地

中原城市群一体化发展，要实施更加积极主动的开放战略，坚持"引进来"和"走出去"并重，营造法治化、国际化、便利化营商环境，大力发展内陆开放型经济，深化国内外区域合作，构建全方位开放发展新格局，打造具有全球影响力的内陆开放合作示范区。

第一节　积极参与"一带一路"建设

积极发挥优势，主动融入，服务大局，把实施三大国家战略规划与参与"一带一路"建设紧密结合起来，秉持亲诚惠容理念，坚持共商共建共享原则，全面推进与有关国家和地区的多领域开放合作，增强中原腹地在"一带一路"的战略支撑。

一　推进基础设施互联互通

以郑州、洛阳为主要节点，其他中心城市为重要节点，加强外部联系和内部支撑，重点推动跨省域交通、信息等基础设施协同共建和高效衔接，带动形成共同参与"一带一路"建设的整体格局。以陆桥通道为主轴，依托国家铁路和公路主通道，串联中原城市群中心城市，加强与沿线城市和沿海港口群的联系，形成连接"一带一路"的东西双向战略通道。完善以郑州机场为龙头的通航点布局和航线网络，打通"一带一路"沿线主要城市空中通道，着力构建"空中丝绸之路"。以陆桥通道为主轴，依托国家铁路和公路主通道，串联省内中心城市，加快对外快速铁路、大能力货运铁路通道建设，打通高速公路省际出口，向东加强与天津、青岛、日照、上海、连云港等沿海港口群联系，向西密切与西北、东北、西南等省份合作，积极参与中蒙俄、中国—中亚—西亚、中国—中南半岛、中巴、孟中印缅等经济走廊基础设施建设，推进海、公、铁多式联运，畅通东联西进的出境出海通道。以郑州国家互联网骨干直联点为依托，持续扩容互联网国际出口和省级出口带宽，畅通信息丝绸之路。

二　扩大经贸产业合作

突出现代农业、装备制造、能源资源、现代物流等优势领域，率先突破"一带一路"沿线重点国家，建成一批具有示范效应的标志性项目，促进互利共赢发展。发挥农业技术优势，支持省内涉农龙头企业在农业资源丰富的沿线国家，开展农作物种植、畜牧业养殖、生产加工和贸易合作，建设一批境外农业科技示范园、现代种养加工基地。依托重大基础工程项目，推动区内装备制造领域优势企业到沿线国家投资建厂，积极参与国家级合作工业园开发。支持区内能源资源优势企业积极参与国家能源通道建设和境外能源资源开发合作，在沿线国家建设能源、冶金、建材等生产基地。推动省内物流企业在航空货运枢纽机场、郑欧班列沿线中心城市，布局建设综合物流园区、保税仓、电商海外仓，开展境外集疏业务。加强与沿线国家服务外包交流合作，支持企业开展对外承包工程劳务合作。

三　密切人文交流交往

依托与沿线国家历史文化渊源，加强人文交流合作，增强相互理解和认同，深化各领域友好关系。丰富文化交流，积极参与"丝绸之路文化之旅"，与沿线国家联合举办丝绸之路艺术节、文化年，加强古丝绸之路历史遗迹保护和合作利用，打造一批彰显中原城市群特色的丝路文化精品。扩大旅游合作，突出"古丝绸之路"主题策划开发一批经典旅游产品，依托"一带一路"城市旅游联盟等合作平台，推动旅游资源整合开发和旅游市场互动共享，共同打造世界知名的精品文化旅游带，到2020年实现与沿线国家双向旅游人数超过1000万人次。加强教育合作，以沿线国家学生为重点实施"留学河南"计划，支持中医、武术、农业等特色院校赴沿线国家开展合作办学或设立分校。积极推进医疗、科技、人才、环保等领域交流合作。

第二节 建设对外开放合作平台

中原城市群一体化发展,要协同打造一批对外开放平台,提高平台载体发展水平,为城市群打造内陆开放高地提供重要的支撑。

一 高水平建设对外开放战略平台

复制推广上海等自由贸易试验区试点经验,推进河南自由贸易试验区建设,推动安徽自由贸易试验区申建工作。加快中国(郑州)跨境电子商务综合试验区建设,建设跨境电子商务商品物流分拨中心,打造完整的跨境电子商务产业链和生态圈。加快推进郑州中国服务外包示范城市建设,引进国内外知名企业,承接国际服务业产业转移。积极承办国际性会议(展),共建中原城市群联合招商和商贸合作平台。提高河南国际投资贸易洽谈会、中国国际徽商大会、郑州产业转移系列对接活动等既有大型活动知名度。支持各城市组团参加各类国家级、国际性经贸交流活动,鼓励龙头企业合作开拓国际市场。

二 提升航空港对外开放门户功能

加快推动郑州机场形成覆盖全球、通达各洲的国际客货运航线网络,迈进世界级主要货运枢纽行列。探索发展高铁货运,研究开展空铁联运试点。加快推进航空港、铁路港、公路港、海港"四港联动"发展,打造海陆空多式联运的国际货运格局。做大做强航空物流、高端制造业、现代服务业,建设飞机维修中心,打造全球重要的智能终端研发生产基地。合规审慎扩大金融租赁、融资租赁等业务规模,建设全球性产品交易展示中心和国内进出口货物集散中心。支持具备条件的机场因地制宜发展临空经济。

三 推动口岸和特殊监管区域建设

支持城市群进一步完善口岸布局,提升口岸功能,构建全方位口岸开放体系,打造集综合加工、商贸流通、现代物流、文化旅游等于一体的口岸经济,加强口岸检验检疫核心能力建设,确保口岸公共卫生安全。加快海关特殊监管区域和保税监管场所建设,支持符合条件的地区设立综合保税区和保税物流中心。推动海关特殊监管区域整合优化，积极支持城市群海关特殊监管区域开展促进贸易多元化试点，实施区内货物按状态分类监管。支持郑州航空口岸开展 72 小时过境免签、境外旅客购物离境退税，适时申请设立口岸进境免税店。进一步改进口岸通关服务，依托电子口岸平台推进省域单一窗口建设，加快口岸信息互换、监管互认、执法互助通关改革，提升跨地区通关便利化水平。

第三节　全面拓宽开放带动领域

加快中原城市群一体化发展，必须坚持走一条大开放的发展路子，必须坚持对内对外并重、三次产业协同、经济社会统筹，全面拓宽开放领域。在继续抓好经济领域扩大开放的基础上，努力实现现代服务业、科教文卫社会事业、城乡建设、农业等领域对外开放新突破，推动对外开放工作整体推进，加快形成全方位、多层次、宽领域对外开放格局。

一　加快现代服务业开放步伐

现代服务业是在工业化高度发展、社会分工日益细化的阶段产生的，主要依托专业人才、现代管理理念和高新技术，采用现代经营方式和组织形式发展起来的，代表经济社会未来发展方向的重要服务部门簇群，具有高知识含量、高附加值、节能环保、空间高度集中、功能区域辐射、产业内部企业呈金字塔形分布等特点，是衡量一个国家和地区经济社会发展水平的重要标准。作为知识、技术密集型产业的典型，现代服务业不仅在广泛运用现代信息技术和人力资源等方面占据领先地位，而且事实上也处于产业链、价值链和创新链的高端位置，成为服务经济时代的支柱产业。服务业尤其是现代服务业是对外开放的重要领域，符合科学发展观的要求，对推进中原城市群经济发展方式根本性转变具有十分重要的战略意义。

中原城市群服务业发展明显滞后，占生产总值的比重居全国倒数，同时，服务业内部仍以传统服务产业为主，现代服务业比重较小，新兴服务业拓展不足。这与城市群对外开放不够有很大关系。要针对服务业尤其是现代服务业发展不够的实际情况，突出抓好重点领域的对外开放，努力扩大金融、物流、文化旅游等领域招商引资规模。

在金融领域，要以引进金融机构、完善金融体系、扩大融资规模为目标，加大金融招商力度，不断增强集聚力和竞争力。近期要重点加强同境内外金融机构接洽，在北京、上海等金融机构总部集中地区开展专题招商推介行动，加强与华夏银行、汉口银行、平安银行、渤海银行等金融机构的沟通联系，努力引进一批银行、证券、保险机构和各种基金、金融中介组织，争取设立一批金融区域性管理总部、功能中心、后台服务机构、分支机构等。

在物流领域，要依托中原城市群交通区位优势，围绕食品冷链、钢铁、汽车、医药等十大行业，加大专项招商力度，加强与境内外著名物流企业的沟通联系，着力吸引国内外优势物流企业在城市群建立总部基地和营运中心，与本土物流企业形成战略合作关系，打造中西部地区优势突出的国际贸易窗口和全国重要的商品集散地。

在文化和旅游领域，要依托城市群文化、旅游资源丰富的优势，以重点文化产业园和重点旅游景区为依托，鼓励境内外资金参与城市群文化企业重组改制，支持跨国集团和国内企业与城市群文化旅游企业开展合作，以开放促开发、上水平。近期要重点推进与港中旅等大型企业的旅游开发合作，争取引进更多战略投资者参与旅游开发，联网推介运营。要鼓励特色文化产业和品牌扩大对外交流合作，支持文化产品和服务扩大出口，积极利用姓氏文化等文化资源，加强与港澳台地区及东南亚文化交流，通过扩大中原文化影响力为招商引资提供支持。

二　加大社会事业领域开放力度

近年来，中原城市群在发展经济的同时，更加重视发展社会事业和改善民生，经济发展与社会发展的协调性明显增强。但总体上来说，中原城市群社会事业发展缓慢，公共服务水平较低，很大程度上在于财力薄弱、社会资金投入不足，要积极推动科技、教育、卫生等社会事业领域对外开放，通过开放大规模引进民间资本，促进社会事业发展。

在科技领域，要坚持引进、消化、吸收与自主创新相结合，以重大科技专项为载体，广泛开展对外交流合作。重点针对城市群急需的重大关键核心技术，集成省内外科技资源，合作建设一批研发中心、重点实验室，合作攻克一批重大技术难题，引进一批创业投资机构。加强与中国科学院、中国工程院等部门的合作，积极建设工程技术研究中心、重点实验室、科技企业孵化器，精心谋划实施一批重大项目。近期重点实施好与德国西门子联合攻关轨道交通关键技术、与清华大学共同研发兆瓦级风力发电设备等科技合作项目；搞好与中国科学院的战略合作，精心谋划实施一批重大科技合作项目。

在教育领域，要重点围绕城市群经济建设、社会发展急需的学科专业，探索与世界一流大学、知名院校合作培养高层次人才的模式和机制，大力吸引国内外知名高校、职业院校在河南省设立分校，共同举办合作办学机构或项目。通过项目合作、引进海外高层次人才和聘请外籍专家等多种形式，引进国外优质教育资源。

在卫生领域，要重点落实好国家鼓励和引导社会资本举办医疗机构的意见，吸引境内外资本来城市群开办综合性或专科医疗机构，鼓励在非基本医疗服务、特色专科医疗服务、个性化服务领域投资，力争把中原城市群打造成中部地区医疗保健中心。大力实施城市群医学学术技术带头人出国培训计划，培养、引进一批高水平医学带头人和管理型人才。近期重点抓好与北大方正合作共建河南医疗中心的工作，加快实施与美国、法国、德国、挪威等国家以及我国台湾地区达成的医疗合作项目，确保一批重大合作项目尽快见到成效。

三　大力推进城乡建设领域对外开放

城镇化是中原城市群建设的关键举措。加快中原一体化发展，一定要以新型城镇化为支撑，统筹城乡发展，推进"三化"协调发展，走出一条全面开放、城乡统筹、经济高效、资源节约、环境友好、社会和谐的新型城镇化道路。但是，中原城市群城镇化进程缓慢、水平偏低等问题十分突出。城镇化发展滞后已成为城市群经济社会发展各种矛盾的聚焦点。推进城乡建设、加快城镇化步伐仅仅依靠财政投入根本无法解决，要通过开放招商破解资金约束。

推进城乡建设领域对外开放，要大力吸引境内外资本参与城镇化建设，全面开放基础设施投资建设和运营市场，积极推进城市基础设施建设、经营、管理社会化和市场化，放宽市场准入，鼓励引导境内外资金参与城市群轨道交通、城乡公用设施、生态环保、信息化等基础设施建设，促进城乡建设实现多元化投资、产业化经营。近期重点围绕实施城乡建设三年大提升行动计划，抓紧筹备召开城乡建设专题招商会，推介一批城市新区和产业集聚区基础设施建设、老城区和城中村改造、公共服务设施及新型农村社区建设项目，综合运用外商独资、合资、合作或 BT（建设—移交）、BOT（建设—经营—移交）、信托等模式，吸引境内外资金参与建设经营。要抓住房地产开发商向二三线城市转移的机遇，引进一批房地产企业参与城市群商品住宅、产业地产和保障性住房开发。同时，探索建立公益性基础设施和商业性基础设施开发相结合的机制，在更多领域实现"公商协同、以商补公"，加快城乡建设。

四　积极扩大农业领域对外开放

粮食优势是中原城市群发展的突出优势之一，城市群不仅是"国人的大粮仓"，还是"国人的大厨房"。然而城市群农业领域对外开放明显滞后，尤其是农产品出口比重较低，总量不及山东省。中原城市群要继续保持农业和粮食在全国的特殊地位，就必须广泛吸收世界农业先进生产经验，利用国际农产品市场和世界农业资源，拓宽农产品出口通道，提高农业对外开放水平和质量，提升粮食大省在全国乃至世界的地位。

积极扩大农业领域对外开放，要紧紧依托农业资源优势，积极吸引境内外资金发展现代农业，参与农业产业化龙头企业改组改造，促进农业市场化、国际化、标准化，提升全省农业竞争力。围绕粮食核心区建设，在农产品精深加工、农业技术开发推广、规模化种养基地建设、休闲观光农业发展等方面，引进一批国内外知名农业产业化龙头企业；加强对出口企业的扶持力度，加快建设一批优势农产品出口基地和出口食品农产品质量安全示范区。积极组织农产品加工企业参加国际农产品交易会、洽谈会、博览会，增强参与国际市场竞争的能力。

第四节　深化区域交流合作

在经济发展中，由于区域资源禀赋条件的差异，区域之间形成了不同的比较优势，从而导致了区域分工的产生。为实现利益分配的最优化目标，区域间利用各自的比较优势进行经济合作，从而促进了不同范围、不同层次的区域经济合作。加强区域经济合作是提高经济社会总体效益的有效途径。中原城市群对外开放，应坚持对内对外开放并举，从国际、区际、区内三个层面，全面加强区域交流与合作。

一 加强国际经济合作

目前，中原城市群已与180多个国家和地区建立了经贸文化联系，与40多个国家建立了73对友好城市关系。今后，中原城市群各城市还应以中国香港、中国台湾、日韩、东南亚等国家和地区为重点区域，积极开展经贸合作、人才培训、文化旅游等活动，积极发展友好城市关系，每年推出一批重大交流合作项目和经贸文化交流活动。积极搭建农业、基础设施与公用事业、金融、旅游、物流、人才、招商、贸易、卫生、科技、教育、文化等合作平台，加强与东盟、东南亚、欧美、日韩、非洲的经济合作，全面参与国际区域合作。深度开发欧盟、美国、东盟、日本、韩国、中国香港等传统市场，积极开拓中东、非洲、拉美、俄罗斯、印度等新兴市场，不断扩大货物贸易。积极发展服务贸易，大力发展劳务合作、对外工程承包和境外加工贸易。鼓励具备条件的企业采取直接投资、合资、并购等方式开展跨国经营，建立资源供应基地、生产基地和营销网络。

二 加强与其他城市群的互动与合作

中原城市群与相关城市群（圈）开展互动合作，要适应建立社会主义市场经济体制的要求和新的对外开放的环境，充分考虑国内外市场需求的变化，按照市场经济规律和科学的方法，遵循优势互补、互惠互利、讲求实效和共同发展的原则，立足于各自的实际情况，以市场为导向和动力，以政府联合推进为依托，先从条件最成熟的领域入手，然后由浅入深地实施全方位、多层次、宽领域的合作联动。加强与长三角、山东半岛、江苏沿海、京津冀、关中—天水等城市群的经济合作，促进区域资源的无障碍流动，形成政府推动、企业主体、市场导向相结合的区域协作模式。加快基础设施、产业、企业、人才、资金、旅游等对接，推动多领域、多层次区域协作，更好地发挥腹地效应。建立统一有序的市场网络，打破行业垄断和地区封锁，统一市场标准和质量监督体系，促进要素市场、商品市场合理布局，建立健全信用服务体系。按照优势互补、互惠互利、高效务实的原则，遵循市场规律，淡化行政区划意识，重点在区域交通体系、市场体系、信息资源共享、旅游合作、生态环境治理等方面，建立区域协作长效机制。加强与央企合作，充分发挥央企资金实力雄厚、管理技术先进、产业层次较高的优势，促进河南省经济结构调整和发展方式转变，为推动科学发展不断注入新的动力。

三　加强中原城市群跨省区域合作

中原城市群加强跨省区域合作，要通过开展双边、多边及多层次、多形式、多领域的合作，通过地区之间、行业之间、企业之间的联合与协作，促进生产要素的优化组合和生产力布局、产业结构调整的合理化，努力实现资源共享。

首先，编制和完善中原城市群发展规划。中原城市群作为一个多功能、复合主体的发展型区域合作组织，其发展规划的制定是整合区域资源、加快区域发展的基本前提。要通过规划引导，促进生产要素合理流动，实现资源有效利用和环境生态安全。中原城市群总体规划及相关区域专项规划，要本着各地统筹、合理布局、节约土地、集约发展、环境和谐、结构开放、标准适度的原则，改善生态环境，促进资源、能源节约和综合利用，保护耕地等自然资源和历史文化遗产，保持地方特色和传统风貌，防止污染和其他公害，符合区域人口发展、国防建设、防灾减灾和公共卫生、公共安全的需要。

其次，构建统一的中原城市群市场体系。一是建立统一有序、市产联动的商品市场体系。积极推进专业市场建设与产业集群发展、商品市场与物流配送中心建设、外贸发展与内贸发展的紧密结合，建设发展一批各具特色的跨省区域共同市场，促进人流、物流、资金流、信息流的畅通流动。二是构建共赢互利、高效有序的要素市场体系。依托中心城市和交通信息设施，加快建设以郑州、洛阳等为中心的要素市场，促进区域资本、土地、人才、技术、产权等各类专业市场和特色市场的合理布局，加速生产要素向大中城市、优势产业和产业集聚区集聚，提升区域人口、产业承载能力。三是统筹市场监管、优化市场环境。健全区域内政府间沟通磋商机制，合作编制实施中原城市群地区市场体系建设发展规划。进一步打破行政性垄断和地区封锁，梳理和整合地方性政策法规，统一市场准入，规范地方标准，探索制订适应区域一体化的市场政策措施。

再次，加快整合中原城市群产业体系。以创建中原城市群多个跨省界"产业经济协作区"为载体，不断完善区域经济合作机制和合作规划，创新合作模式和合作方式，搭建产业合作平台，促进产业合作链接，形成中原地区产业布局合理、结构优化、层次较高，各区域产业互动、协调发展的良好格局。一是推进工业合作链接。中原城市群以能源原材料基地、现代装备及高技术产业基地建设为重点，强化与周边省份的产业联系，发挥引领带动作用，转变发展方式，实现转型升级。豫北等地区，要发挥煤铁油气资源优势，以煤炭、油气等能源合理开发利用为纽带，调整产业结构，延伸产业链条，联合打造全国重要的重化工基地。豫东等地区，以食品加工和能源产业发展为纽带，加强产业联系，探索多省交汇的传统农区加速工业化、城镇化发展之路。南阳等地区，进一步发挥产业综合基础较好的优势，加强经济技术联系，加快工业化步伐，促进产业集聚发展，形成全国重要的医药、纺织、光电和汽车及零部件产业基地。二是推进农业合作链接。发挥中原城市群的传统农业优势，豫东、豫南、豫北地区分别与周边省份市县合作，加快推进农业现代化进程。三是推进服务业合作链接。以产业结构优化升级为主要目标，加强服务业跨省合作，促进中原城市群服务业加快发展。

最后，构建中原城市群区域合作机制。中原城市群要实现由"虚"到"实"、由"河南一省提出"到"多省认同推进"的历史性跨越，必须在政府、行业、企业三个层次上建立刚性的行政型的跨区行政组织和柔性的协商型的非行政组织。在政府层面，形成"省级政府明确任务、联络办公室协调、专项办公室推进、联席会议落实"的政府合作机制；在行业层面，形成有关职能部门牵头组织沟通协商的行业性跨区域共建共享合作机制；在企业层面，形成行业合作为基础、企业自主参与的区域合作机制。

第五节　优化开放带动的环境

从某种意义上讲，开放型经济就是环境经济。谁能营造更好的环境，谁就能吸引更多客商，谁就能汇聚更多资源。中原城市群一体化发展建设必须增创环境新优势，把中原城市群建设成为全国发展环境最优的区域之一，提升投资环境吸引力。一方面要营造良好的硬环境，另一方面要以建设廉洁、高效的政务环境和社会环境为重点营造良好的软环境，加强诚信建设，营造开放、融洽、亲商的社会氛围，让投资者来河南投资发展安心、放心。

一　建设廉洁高效的政务环境

进一步确立服务理念，坚持"三具两基一抓手"①，扎实推进"两转两提"，努力建设为民、负责、务实、高效、廉洁政府。进一步清理各种不适应开放型经济发展需要的行政审批事项，除国家法律、法规明确规定由国家和省级行使的审批权力和管理权限外，其他一律下放到省辖市或县（市）审批和管理。规范审批行为，简化审批程序，积极推行外商投资企业合同、章程格式化审批，大力推行在线行政许可。对中原城市群经济社会发展有重大影响的外来投资项目，实行一事一议、特事特办、全程代办。加快推进省级行政服务中心建设，规范市、县两级行政服务中心运行管理。充分发挥全省行政效能电子监察系统作用，促进政府系统依法、高效、规范行政。建立健全优化经济发展环境长效机制，综合治理涉企"四乱"、吃拿卡要以及行政乱作为、不作为、慢作为等现象，严肃查处各种影响经济发展环境和行政效能的违规违纪行为。

二　营造开放包容、法治诚信的社会环境

发挥舆论宣传的导向作用，大力宣传中原城市群经济社会发展的成就和良好的投资环境，展示中原城市群对外开放的新形象。提高全社会开放意识，加强为外来投资者服务的环境建设，积极倡导包容兼蓄、开放、自由、平等、宽容、礼让、有序的社会氛围，营造亲商、爱商、安商、富商的良好环境。大力加强法治政府建设，依法保护各类投资者的合法权益。加强诚信政府建设，慎重承诺，有诺必践，说到做到，说好做好。完善外来投资投诉处理机制，加大对外商投诉案件的查处力度。

---

① "三具"，就是做任何事情一具体就突破、一具体就深入、一具体就落实；"两基"，就是切实抓好基层、打好基础；"一抓手"，就是把实施项目带动作为抓手，围绕项目建设形成合力。

三 打造低成本、高效率的物流基础环境

充分发挥中原城市群区位优势，以建设辐射全国、连通世界的区域性国际物流中心为目标，加快物流基础设施建设步伐，构建铁路、公路、民航、水运等多种交通方式功能互补、紧密衔接的综合交通运输体系。发挥现有干线交通的作用，加强出海大通道能力建设，东向连接长三角、山东半岛，北向连接京津冀，西向经亚欧大陆桥至大西洋，增开郑州通往北美、欧洲、东北亚、东南亚国际航线，改善对外开放的区位条件，降低物流成本，扩大国际贸易规模。

完善口岸功能，加强口岸能力和空港、物流园区、分拨配送中心等物流节点建设。建设郑州综合保税区，适时推动洛阳、南阳、许昌、商丘、焦作、平顶山、三门峡、周口等建设出口加工区和保税物流中心。完善保税物流中心运营管理，加强出口加工区、国家级开发区等开放平台建设，抓好产业配套、市场发育和城市综合服务能力建设，积极争取开展跨境贸易人民币结算试点，进一步拓展对外开放空间。加强铁路、航空口岸建设，完善大通关机制，强化铁海联运、铁空联运，进一步促进投资贸易便利化。加快全省物流信息化建设。

第十二章　协同统筹城乡一体化发展

实现城乡协调发展，是推进新型城镇化的重要内容，也是推进中原城市群一体化发展的主要途径。党的十八届三中全会将城乡发展一体化提到了新的历史高度，将健全城乡发展一体化体制机制列为全面深化改革开放的重要组成部分。中原城市群提出了到 2020 年，城乡发展一体化格局基本形成的城镇化发展目标。近年来，城市群坚持城乡统筹发展，积极推进城乡一体化，取得了明显成效，新型城乡关系和城乡统筹发展格局初现。然而，在人口多、底子薄、基础弱、发展不平衡的基本区情下，面对复杂的国内外经济社会发展形势，城乡一体化发展面临一系列问题。亟需通过对这些问题的研究，进一步探索河南省未来实现城乡一体化发展的途径。

第一节　实现城乡一体化发展的重大意义

实现城乡一体化发展，是科学发展观坚持以人为本、实现全面协调可持续发展的必然要求。坚持中原城市群一体化发展，要统筹实现城乡一体化发展，对于实现当前经济社会建设目标，夯实长远发展基础，具有重要的现实意义和长远意义。

一　贯彻落实科学发展观的必然要求

科学发展观要求坚持以人为本，实现全面协调可持续发展。持续探索不以牺牲农业和粮食、生态和环境为代价的发展之路，是中原城市群全面贯彻落实科学发展观、加快经济发展方式转变的具体实践。中原城市群推进城乡一体化发展，就是要通过统筹城乡发展、推动农业人口向城镇有序转移和基础设施与基本公共服务向乡村地区延伸，逐步实现城乡要素的平等交换和公共资源的均衡配置，是科学发展观坚持以人为本、实现全面协调可持续发展的必然要求。这就要求中原城市群在推进一体化发展过程中，必须坚持将人的城镇化放在核心地位，科学认识城镇和乡村以及工业和农业在经济社会发展中的地位作用和复杂关系，不断调整城乡关系、科学协调城乡发展，进一步转变经济发展方式，加快体制机制创新，形成有利于推动城乡一体化发展的市场机制、政策体系和法制保障，最终形成"工农互惠、城乡一体、以城带乡、以工补农"的新型工农、城乡关系。

二 全面建成小康社会的重要目标

推进中原城市群一体化发展，全面建成小康社会，是城市群未来主要的战略任务和经济社会发展目标。到 2020 年，基本实现城乡基本公共服务均等化和城乡经济社会发展一体化新格局，是建设中原城市群的重要发展目标之一，也是全面建成小康社会的内在要求。党的十八大提出，要到 2020 年全面建成小康社会，其重要衡量指标中，一个是要使发展的平衡性、协调性、可持续性得到明显提升，其中就包括城乡发展的平衡性和协调性；另一个是基本实现城乡基本公共服务均等化、提高充分就业能力和缩小收入差距。其中，城乡均衡发展和收入差距缩小，对中原城市群全面建成小康社会具有重要的现实意义。目前，经济发展人均水平低，社会发展特别是城镇化发展水平低、质量差，吸纳农村劳动力就业和带动乡村发展能力差，城乡差距较大是中原城市群全面建成小康社会的现实障碍。因此，逐步实现城乡要素平等交换和公共资源均衡配置，推动城乡一体化发展，成为全面建成小康社会的内在要求。

三 破除城乡二元结构的重要途径

构建社会主义和谐社会，是中国特色社会主义社会建设的一个重要组成部分，其基本内容既包含社会各方面利益的妥善协调，也包含对安定有序社会环境的要求。城乡二元结构，是发展中国家在城市化和工业化过程中普遍面临的问题。新中国成立以后，在特殊时期和当时经济社会发展水平条件下，我国建立起了城乡、工农分割的管理体制，并将这种结构制度化，以加快建立起国家工业化发展的基础条件。这种不平等的城乡二元结构和制度，在工业化初期为国家工业发展的基础积累起到一定的作用，但也形成了城乡要素之间的不平等和公共资源配置的失衡。党的十八届三中全会明确指出，"城乡二元结构是制约城乡发展一体化的主要障碍"。实现城乡一体化发展，本质上就是要求通过加快改革开放，逐步破除不公平和失衡的经济和社会体制机制，"健全体制机制，形成以工促农、以城带乡、工农互惠、城乡一体的新型工农城乡关系"；建立起有利于推动城乡居民在社会保障、要素回报和公共资源配置等方面获取公正平等权益的政策和制度体系，从而最终建立起有利于城乡要素公平、有序流动的体制机制，"让广大农民平等参与现代化进程、共同分享现代化成果"，形成全社会共同享有经济和社会发展成果的经济基础和制度基础，实现构建和谐社会的发展目标。

四　解决"三农"问题的根本途径

党的十八大指出，解决好农业农村农民问题是全党工作的重中之重，城乡一体化发展是解决"三农"问题的根本途径。推动城乡一体化发展，建立新型城乡关系，本质上就是要求加快推进新型城镇化，千方百计地促进充分就业，加快有序推进农业劳动力与农村人口向非农产业与城镇转移，城镇基础设施和公共服务向乡村地区延伸，是中原城市群从根本上解决"三农"问题和推进社会主义新农村建设的根本途径。

第二节　城乡一体化发展的现状特征

在新型城镇化推动下，中原城市群城乡一体化呈现出良好的发展趋势和发展态势。新型城乡关系正在逐步形成，农村、农民和农业问题得到一定程度解决，城乡居民收入差距和城乡经济社会发展差距扩大的趋势在一定程度上得以遏制，城乡一体化发展的空间格局初具雏形。

一　新型城乡关系逐渐清晰

改革开放以来，中原城市群根据自身经济社会发展的阶段性特征，积极适时调整城乡关系，减轻农民负担，支持农业发展。进入 21 世纪以来，城市群在全国农业税费改革背景下，全面取消农业税费，减轻农民负担；逐步扩大和提高农业补贴的范围和水平，推动城乡关系向城市反哺乡村、工业反哺农业转变，不断夯实农业和农村发展的经济基础，提高农民收入。

在探索推进城乡一体化发展道路的过程中，中原城市群十分重视典型地区的先行试点。2006 年 6 月 12 日，中原城市群的主体河南省先后出台了《关于加快推进城乡一体化试点工作的指导意见》（以下简称《指导意见》），明确城乡一体化发展要以科学发展观统领全局，以体制机制创新为动力，以缩小城乡差距和提高城乡居民生活水平为目标，以加快城镇化为核心，以构建城乡统一的基础设施、公共服务体系为着力点，打破城乡二元结构，统筹城乡发展。《指导意见》同时确定在经济社会发展水平相对较高，财政保障能力较强，城乡一体化发展条件相对较好的鹤壁、济源、巩义、新郑、偃师、义马和舞钢等七市开展试点工作。按照《指导意见》精神，河南省相关部门就户籍制度改革、城乡就业、农村土地承包经营权流转等出台了改革意见；各试点市结合本地实际，按照《指导意见》和相关改革意见，制定了本市《城乡一体化发展规划纲要》。此外，信阳市和新乡市还先后分别被列为省级和国家级新农村改革发展综合试验区和统筹城乡发展改革试验区，分别以新农村改革发展和统筹城乡发展为主题，进行综合改革试点，推进城乡一体化发展。

随着新型城镇化的推进和城乡一体化试点工作的深入发展，中原城市群城乡一体化改革发展开始逐步向更高层次推进。一方面，城市群自 2009年起按照郑汴新区规划与城市总体规划、土地利用总体规划"三规合一"的原则，体现一二三产业复合和经济、生态、人居功能复合的理念，相继规划了 16 个复合型城市新区，进行城乡一体、产业融合、统筹发展的城市复合型功能性区域的示范建设工作；另一方面，2010 年中原城市群主体河南省先后出台《关于加大统筹城乡发展力度进一步夯实农业农村发展基础的实施意见》和《关于推进城乡建设加快城镇化进程的指导意见》，加快推进城乡一体化发展。国务院《关于支持河南省建设中原经济区的指导意见》和《中原经济区规划》也对河南省城乡一体化发展做出了明确的要求。此外，相关部门在户籍、教育、医疗、社会保障、基础设施建设和公共服务等重点和关键领域也出台相关配套措施，加快推进城乡一体化发展。

二　城乡收入差距扩大趋势得以遏制

中原城市群是传统的农业大区和人口大区，中原城市群主体河南省第一产业在全省国内生产总值中所占据的优势地位直到 1986 年才被第二产业所取代。2005 年，河南省城镇人口数量达到 2994 万人，城镇化率达到 30.7%，开始进入快速城镇化阶段。此后，河南省城镇化和工业化发展迅速，城镇化率每年以 1.7 或 1.8 个百分点快速提升。截至 2012 年，河南省城镇化率已经达到 42.4%，第一、二、三产业在全省国内生产总值中的比重分别为 12.7%、56.3%、31.0%，仍处于快速城镇化和工业化阶段。

城镇化和工业化的加速发展，为中原城市群丰富的农业剩余劳动力创造了大量的就业机会。按照城乡划分，中原城市群主体河南省城镇从业人员数量从 2002 年的 831 万人，增加到 2012 年的 1383 万人，占全省从业人员比例则相应地从 15.05% 提高到 21.99%。从就业结构看，第二三产业就业人员占全部就业人员的比重也已从 2002 年的 38.5% 提高到 2012 年的 58.2%。从就业的地域选择来看，河南省农村劳动力转移的地域取向也发生了很大的变化，形成了以省内转移为主、外省就业数量逐步减少的趋势。

农业劳动力的转移，不仅带来了城镇的繁荣发展，也为农村居民带来了更为稳定和高收益的收入来源，城乡居民间收入差距扩大的趋势开始得到遏制。自 2006 年至 2012 年，农村居民人均纯收入增长幅度有五年（除 2008 年和 2009 年两年外）超过城镇。2012 年，中原城市群主体河南省农村居民家庭人均纯收入为 7525 元，比 2005 年的 2871 元增加了一倍多。其中工资性收入为 2989 元，家庭经营收入中农业收入为 2558 元，非农收入为 1415 元，分别占到总的纯收入的 39.73%、33.99% 和 18.80%。比较而言，2005 年河南农村居民总的纯收入中，这三者的比例分别为 30.71%、45.34% 和 23.48%。工资性收入成为河南农村居民家庭人均纯收入稳定增长的重要因素。

三　城乡一体化发展格局初步建立

现代社会是一个以城镇为主要经济和社会发展平台的城市化社会。一个区域的健康、稳定、快速发展，需要建立在区域内部结构合理、功能互补、产业发达、社会稳定的现代城镇体系之上。基于现实区情，中原城市群主体河南省已经规划并且正在实施以郑州市为国家中心城市、各省辖市及其城市组团为省内区域中心城市、县城为基础、小城镇为支点的现代化城镇体系。

在城镇化发展思路上，中原城市群主体河南省按照产城一体、产城融合的原则，坚持新型城镇化对新型工业化和城乡一体化发展的引领作用。一是以建设郑汴新区和郑州航空港经济综合实验区为抓手，提高对外开放、吸纳国内外优质发展资源的能力和水平，提升河南省经济社会发展的整体水平。二是以城市复合新区、产业集聚区、特色商务中心区和商业区为载体平台，加快产业聚集、优化产业布局和推动产业升级，增强和提高承载农业劳动力转移的能力和水平。三是以县城和重点镇建设为基础，加快推动农业劳动力和农村人口就近就地转移，扩大农村地区居民收入渠道，提高农村地区居民收入水平，推动城乡一体化发展。

在推动城乡一体化发展的过程中，中原城市群主体河南省注重体制创新，努力破解影响城乡一体化的制度障碍，推动城乡一体化机制的形成。2011 年 1 月 12 日，河南省政府出台了《关于促进农民进城落户的指导意见》，要求在全省范围内逐步取消农业、非农业二元制户籍管理制度，全面放开县（市）城及小城镇的户籍限制，有条件地放开省辖市的户籍限制，实行城乡统一的户口登记管理制度。对于已经在城镇顺利落户的转移人员，在公共服务、社会保障、子女教育、就业、住房等制度和政策上提出了明确的要求。对这些转移人口的合法土地权益，也要求在一定时期内给予保护，并且鼓励农村的土地流转，加强管理与服务，逐步建立农村土地流转市场体系。2011 年 7 月 25 日，河南省出台了《关于开展城乡居民社会养老保险试点工作的实施意见》，开始部署城乡社会保障的一体化试点工作。该《意见》要求建立社会统筹与个人账户相结合的城乡居民社会养老保险制度，与家庭养老、土地保障、社会救助、社会福利等其他社会保障政策措施相配套，尝试将城乡居民社会养老保险的保障范围，扩展到年满 16 周岁（不含在校学生）、未参加职工基本养老保险的农村居民和不符合职工基本养老保险参保条件的城镇非从业居民，实现城乡居民社会养老保险全覆盖，保障城乡居民老年基本生活。

四 农村居民生活得到明显提升和改善

城乡基础设施和基本公共服务一体化发展，是推进城乡公共资源均衡配置的具体体现。在城乡基础设施规划和建设过程中，既强化骨干网络建设和完善，又大力推动城镇基础设施向乡村地区延伸。2000 年以来，围绕区域一体化发展大局，中原城市群规划了以国家高速公路干线为主干、联络线和支线为补充的高速公路网络，在全国率先实现全省"20分钟上高速"和"县县通高速"，构建起连接城镇高速基础设施通道和城乡一体化发展基点的重要节点。

中原城市群尝试推进城乡基础设施和公共服务一体化发展。新乡、许昌和漯河等一些统筹城乡发展的先行和试点地区，已经尝试将环卫、燃气和供暖等市政基础设施向新型农村社区延伸，提供与城镇一样的基础公共服务。郑州市对城乡交通设施进行了统筹规划，提出建设生态廊道，按照市、县、镇和新型农村社区的等级，根据不同等级城镇交通流量，进行城乡一体化交通基础设施建设，优化城乡发展格局。

基础设施和基本公共服务的提高与完善，为农村地区居民生活水平的提高，提供了良好的物质条件和保障机制，农村地区居民消费结构和生活水平不断提升。2012年，农村地区家庭恩格尔系数已经降至33.8%，接近城镇的33.6%。与此同时，农村地区居民家用电器普及率提升极为明显，主要通行工具发生明显改变，饮水、卫生条件得到进一步改善。截至2012年年末，农村地区居民家庭平均每百户拥有洗衣机99.73台，电冰箱93.37台，家庭汽车15.60辆，摩托车18.66辆，电动助力车63.59辆，农村自来水普及率达到62.2%，农村卫生厕所普及率达到72.9%，几乎所有农村地区达到通行汽车能力。农村居民生活的便捷程度、卫生安全程度和现代化程度得到了极大的提升，与城镇居民之间的差距日益缩小。

第三节　推动城乡一体化发展的思路举措

在日益复杂的国内外经济形势下，中原城市群要解决深层次矛盾，实现城乡一体化的稳定快速发展，必须坚持新型城镇化的积极作用，从理顺城乡关系着手，创新体制机制，转变经济增长方式，推动县域统筹和小城镇发展，构建实现城乡一体化发展的有效机制，增强实现城乡一体化发展的能力，强化实现城乡一体化的主体和力量支点，最终形成城乡一体化发展的新型城乡关系和格局。

一　推动城乡间利益补偿机制建设

推动中原城市群稳定快速实现城乡一体化，首要的就是科学认识和正确处理城乡关系。在现代产业关系和社会实际中，农业在国民经济和社会发展中的基础性地位没有变，农村地区在维系社会稳定方面的调节作用仍然具有重要意义。在现有的农业产品，特别是粮食产品的价格形成机制下，农业产品稳定物价的社会公益性日益凸显。在市场化和全球气候变化背景下，由于农业产品往往具有较强的刚性需求，其在自然灾害面前和供求关系急剧变化下的脆弱性日益增强。随着农业生产条件和城乡居民消费方式的变化，农业生产的生态性、安全性和休闲性日益重要，多功能性日益明显。农村人口的有序转移和市民化，有利于充分发挥中原城市群的劳动力资源优势，有利于降低推进城乡一体化发展的资源、资金、技术和管理等经济社会成本，有利于提高统筹城乡一体化发展能力。

因此，在经济社会发展中，中原城市群需要注重城乡关系协调，加快推进城乡间利益补偿机制建设。一是积极争取国家财政补贴和与粮食净调入地省市之间的协作，加大地方政府财政资金投入，努力提高对粮食生产和其他基础性农产品生产的补贴标准，加大农业补贴力度。二是积极承接中央和相关省份与农业关系密切、增强财政能力和就业吸纳能力强的产业转移，建立支持粮食核心生产县增强财政能力和支农能力发展的长效机制。三是为对资源环境友好的农业生产方式、资源综合利用行为和具有一定美学与经济价值的农业景观制定经济补偿政策，建立和完善农业生态补偿机制。四是加强技能培训、住房保障和公共财政投入，构建对转移到城镇的农民和农村地区居民进行补贴的有效机制。

二 推动经济增长增强吸纳就业和促进增收能力

在人口数量巨大、平均受教育水平较低、经济社会发展相对落后的中原城市群，推进城乡一体化发展，转变经济增长方式是关键。中原城市群在未来发展中，应充分发挥自身劳动力资源充裕的优势，将经济增长由主要依赖资源消耗，向主要依靠强化农业基础、促进产业升级和劳动力素质提升挖潜转变，促进人口城镇化，推动农村和农业现代化，实现城乡一体化发展。

一方面，中原城市群应当继续加快农业现代化发展，夯实科学推动新型城镇化发展的根基。始终把粮食生产作为农业现代化建设的首要任务，夯实农村和农业发展基础，保障耕地和粮食安全。加快实施现代农业产业化集群培育工程，推进都市生态农业工程，加快农业结构调整，增加农民收入。积极发展新型农业经营主体，加快构建新型农业社会化服务体系，向农村地区和农业提供智力、经验模式、金融和资金支持，推动新型现代农业和地方特色产业发展，扩大农民收入来源，增强农村地区自我发展能力。推动农业经营主体多元化、服务专业化、运行市场化，促进农业生产向集约、高效、生态、绿色、安全发展。

另一方面，还要继续积极承接产业转移和扩大对外开放，推动本地经济增长方式转变，提高吸纳就业能力，增强农业人口市民化能力。提高人口受教育水平和劳动技能素质，加强高等教育和高等级科研机构建设，补足高水平发展短板。继续加快推动高等职业技术教育和职业技能培训，积极培育适于现代制造业发展的智慧型、创意型、创新型、技能型人才，壮大结构合理的技能型现代产业工人队伍。积极推进"人地挂钩"试点，将城市发展空间的拓展与劳动力就业和转移人口的接纳能力相挂钩，推动农村人口有序转移和市民化。加快产业结构转型升级，规划实施就业薪酬递增和保障计划，逐步提高经济增长中劳动要素的重要性和经济报酬，形成稳定、高效的产业队伍，增强区域综合竞争力。

三　强化城乡一体化发展的实现主体和力量支点

县（市）是中国兼具完整行政功能和经济区划的最基层行政区划单元，也是推进城乡一体化的前沿和主阵地。小城镇是县（市）域内具有一定城镇基础设施，能够提供部分公共服务，形成一定规模产业聚集的区域。目前，中原城市群县域经济城乡融合趋势明显，县域已经成为现实中城乡一体化发展的实现主体。小城镇也成为现实中向周边供给就业岗位，进行商业和商务交流，以及提供公共服务的城乡一体化发展支点。

在推进城乡一体化发展中，应该坚持新型城镇化的积极作用，强化县域统筹作用。一是要突出县（市）城和小城镇在城乡一体化发展中的特殊作用，着力推动县城发展壮大和增强中心镇的发展能力，提升乡镇综合公共服务能力。二是要坚持城乡统筹，将县城发展与县域发展结合起来，将完善城市功能、推动产业转型升级和增强吸纳劳动力就业能力，与推动公共资源向乡村地区延伸，引导社会资金、管理、技术等进入乡村地区发展齐抓并举。三是根据县域作为经济社会发展最小完整单元的现实情况，原则上以县为单元，立足自然资源、环境条件和发展基础，科学编制实施新农村规划，全面改善农村生产生活条件，建设"美丽乡村"。四是要尊重区域性差异的客观现实，注重地方创新，鼓励各级政府按照自身实际情况和县域内部的区域差异性，建立自己的城乡一体化发展模式。加强分类指导，及时介绍和推广成熟的经验模式。

四　构建和完善城乡一体化发展的政策体系

实现城乡一体化发展，还需要加强体制机制创新的力度。中原城市群需要在充分总结城乡户籍改革试点经验的基础上，尽快建立以居住证为依据的基本公共服务提供机制，实现人口管理和公共服务一体化。在公共财政支出方面，根据经济和社会发展实际，适时适度向农业和农村倾斜，改善农业生产状况和农村居住环境条件，促进农业转型升级，推动新农村建设向更深层次发展，实现公共财政支出城乡一体化。在资金筹措方面，要加强政府投入，积极引导企业和其他社会主体，以及金融信贷和风险资本等具有一定杠杆性的资金向农业和农村流动，实现投资和金融信贷城乡一体化。在参与主体方面，坚持家庭经营在农业中的基础性地位，推进家庭经营、集体经营、合作经营、企业经营等共同发展的农业经营方式创新，积极发展专业大户、家庭农场，科学发展农业专业合作社，引导企业和其他社会主体参与现代农业建设和经营，培育新型现代农业经营主体，推动经营主体性质城乡一体化。在基础设施建设方面，积极争取国家涉农资金，加大本级财政投入，加强农村和农业基础设施建设，特别是对增强粮食生产保障能力、抗风险能力和收益能力的基础设施建设，加快实施高标准粮田"百千万"建设工程，保农田、保产量，实现城乡基础设施建设一体化，并逐步降低农业生产经营风险，提高农业生产收益，夯实现代农业发展的生产基础和经济基础。在农村转移人口权益保护方面，切实保障农民土地承包经营权、农户宅基地用益物权和农民集体经济收益分配权，积极探索农民相关权益的实现形式，消除农民进城的后顾之忧。在政府角色方面，将政府角色由农村建设和农业生产的发动者、组织者和实施者的全能型政府，向农民和农业经营主体利益的引导者、协调者和守护者的服务型政府转变。

五　分类科学推进城乡一体化发展

推进城乡一体化需要继续加强试点探索和示范建设。一方面，继续支持新乡统筹城乡发展改革试验区和信阳农村改革发展综合试验区两个国家级试验区在各自领域的城乡一体化试点探索，加强推进鹤壁、济源、巩义、义马、舞钢、偃师、新郑城乡一体化试点工作；另一方面，继续充分重视和持续做好城乡一体化示范区建设，坚持三次产业复合和经济、生态、人居功能复合的理念，以健全城乡一体化发展体制机制为目标，统筹推进城乡规划建设、三次产业协调发展、基础设施一体化建设、公共服务均等化、城乡生态网络建设、要素合理流动，率先建成全省城乡一体化先行区域，为实现现代化探索路子，积累经验。

推进城乡一体化发展应根据当地自然条件和经济环境等具体情况，坚持分类指导。对于城中村、城郊村和产业集聚区等城镇发展和规划范围内的村庄，要将其有序纳入城市统一规划、建设和管理，加快城市化改造，将农民直接转为城市居民。对于城镇发展规划范围外的村庄，要在尊重农民意愿的基础上，按照发展中心村、保护特色村、治理空心村的要求，科学引导农村住宅和居民点建设，方便农民生产生活。大力实施扶贫攻坚计划，逐步实现农村贫困人口稳定脱贫。加大扶持力度，促进革命老区加快发展。对自然条件恶劣的贫困村庄，要有序推进易地扶贫搬迁。

第十三章 协同推动基础设施一体化布局

基础设施建设具有"乘数效应",能带来几倍于投资额的社会总需求和国民收入。基础设施建设一体化,是指区域内交通、能源、信息和水资源等方面的基础设施,按照统一规划、统一建设、统一经营和统一管理的要求,从区域整体上进行统筹规划,努力实现互联互通、共建共享。基础设施建设一体化是区域经济一体化的突破点,也是区域内各方开展合作的重要基本条件。因此,按照统筹规划、合理布局、适度超前、安全可靠的原则,加快交通、能源、水利和信息基础设施建设,推进中原城市群基础设施一体化发展,提高保障水平,实现基础设施现代化。

第一节 加强综合交通网络体系建设

按照统筹规划、合理布局、适度超前、安全可靠的原则,以推进交通网络和综合交通枢纽建设为重点,统筹规划建设区域交通基础设施,优化配置交通运输资源,强化枢纽和运输通道建设,促进各种运输方式紧密衔接,提高交通运输管理水平,构建适应区域经济一体化要求的现代综合交通运输体系。

一 加快综合交通运输体系通道建设

适应中原城市群一体化发展的新要求,根据铁路、公路、民航、水运、管道等运输方式的发展特点,改造提升既有线路,高起点规划建设新线路,消除通道局部瓶颈,打通省际通道出口,强化通道安全保障,加快推进综合交通运输通道建设,提升中原城市群综合交通运输通道在全国的地位。

提升国家级综合交通运输通道发展水平。国家级综合交通运输通道是在国家发展格局中居于重要地位、发挥重大作用的战略通道,具有连接地域广、运输量大等特点。根据《国家综合交通网中长期发展规划》，在中原城市群范围内有两大国家级交通运输通道，即京广大通道和陇海大通道。京广大通道主要由京广铁路、京广客专、京港澳高速、大广高速、G106、G107、西气东输一线、成品油输油管线（锦州至郑州、郑州至长沙）等构成，是纵贯京广产业带、全国南北向重要综合交通运输通道。陇海大通道主要由陇海铁路、徐兰客专、连霍高速、G310、成品油输油管线（兰州至郑州）、西气东输二线、沱浍河航道、涡河航道等构成，是亚欧大陆桥重要综合交通运输通道。当前，要着眼于强化中原城市群在东部地区产业转移、西部地区资源输出和南北区域交流合作中的重要作用，加快推进商丘至杭州客运专线、兰考至菏泽铁路等项目建设，加快推动京港澳高速改扩建、连霍高速改扩建等项目建设，切实做好G310、G107改造升级项目建设，着力推进沱浍河航运开发建设工程等项目建设，不断提升中原城市群对外交通能力和综合交通运输能力，增强"十"字形国家级综合交通运输通道的战略支撑力。

强化区域性综合交通运输通道建设。区域性综合交通运输通道是实现和增强区域之间经济社会联系的重要战略通道，对推动区域经济发展具有重大战略意义。当前，要着眼于强化中原城市群与周边城市群的联系，加快推进京九、焦柳、宁西和侯月新兖等四大区域性交通通道建设，重点推进宁西复线工程、月山至新乡第二双线铁路等项目建设，着力推进G220、G207、G327等改线项目以及G312改造升级项目建设，不断强化"井"字形区域性综合交通运输通道对"三化"协调科学发展的支撑作用。

加快地区性综合交通运输通道建设。地区性综合交通运输通道是沟通地方联系、促进地区经济发展的基础性战略工程。要着眼于推进地方经济社会发展，加快推进宁洛通道、三淅通道、长泰通道等三大地区性综合交通运输通道建设，引导周边区域产业与城镇布局向通道集聚，增强对周边地区经济社会发展的辐射带动力。"十三五"期间，要围绕三大通道建设，着力实现晋豫鲁铁路、南林高速豫鲁界至南乐段等项目建成通车，力求实现漯阜二线工程、沙颍河周口至漯河段航运开发建设工程等项目投入使用，着力推进蒙西至华中地区铁路项目、G311和G329改线工程等项目建设，不断提升三大地方性通道对"三化"协调科学发展的支撑能力。

积极培育射线形综合交通运输通道。随着国家规划的郑（州）渝（重庆）客专、郑（州）合（肥）客专、郑（州）济（南）客专、郑（州）太（原）客专等规划建设，河南未来将形成以郑州为中心的东北西南向、东南西北向的射线形综合交通运输通道。目前，要着眼于提高郑州综合枢纽地位，积极与国家有关部门沟通衔接，尽快推进四大射线形交通通道建设，着力加快相关配套项目的建设，着力加强郑州与主要枢纽城市间的快捷高效联系，吸引高端要素向通道与核心区集聚，引导河南加快形成新的发展轴和"米"字形重点开发地带，为中原城市群一体化发展提供重要支撑。

二　加强综合交通运输体系枢纽建设

综合交通枢纽是载运工具流产生、汇集、交汇的关键区域，主要解决不同交通运输方式、不同运输方向间交通流的转换问题，对于提升综合交通运输网络的运输能力、应急保障能力和服务水平等均具有重大意义。要把构建合理有序的综合交通枢纽体系置于重要位置，按照客运"零距离换乘"、货运"无缝衔接"理念，统筹推进各种交通基础设施建设，加强多种运输方式在交通枢纽上的匹配与衔接，逐步实现综合交通运输体系的布局合理化、衔接顺畅化和运行高效化，为中原城市群快速发展提供基础保障。

巩固提升郑州全国性综合交通枢纽地位。充分发挥郑州区位交通优势，以铁路、民航、公路建设为重点，优化多种运输方式的规划布局和资源配置，完善城市交通基础设施及相关配套设施建设，加强铁路站点、民航机场、公路站场及公交站点的配合与衔接。加快郑州客运枢纽体系建设，重点加快郑州高速铁路客运枢纽、郑州机场综合交通枢纽建设，着力完善郑州火车站客运功能，加强民航、铁路、公路、城市交通等多种交通运输方式的相互衔接，形成布局合理、功能互补、换乘便捷的三大现代化综合客运枢纽站。加快郑州货运枢纽建设，重点推进郑州国家干线公路物流中心、郑州铁路集装箱中心站二期和航空港物流园等建设，完善提升郑州北编组站、郑州货运东站功能和既有货物集疏运体系，依托陆桥和铁路、公路口岸，加强与沿海港口和各大枢纽对接，打造内陆"无水港"和东方陆港。积极发挥郑州机场一类口岸优势，把郑州机场打造成为国家重要的国内航线中转换乘和货运集散区域性中心。积极发挥郑州区位优势，在郑州规划建设全国性快递集散交换中心、中南邮政物流集散中心和电子商务产业园区，引导国内外知名快递物流企业入园进驻，形成直通国际，连接华南、华东、环渤海地区，辐射中西部的全国九大重点快递集散交换枢纽之一。

强化洛阳区域性综合交通枢纽建设。进一步挖掘洛阳交通区位优势潜力，以公路、铁路建设为重点，以民航建设为辅助，加快交通场站配套建设，优化多种运输方式的配合与衔接，把洛阳打造成为区域性综合交通枢纽。加强洛阳综合客运枢纽建设。重点完善洛阳火车站、火车南站综合交通枢纽建设，着力加强洛阳机场与洛阳市其他客运站的联系，着力促进铁路、公路、民航、城市公交和出租车等多种交通方式的紧密衔接，构建形成洛阳综合客运枢纽站场系统。强化洛阳综合货运枢纽建设。重点实施唐寺门物流园区、关林物流园区等的改扩建工程，着力推进中州西路物流中心建设，完善各类场站、货场建设，加快省内区域快件分拣中心建设，把洛阳打造成为区域性货运交通枢纽。

加快地区性综合交通枢纽建设。加快推进开封、平顶山、安阳、鹤壁、新乡、焦作、濮阳、许昌、漯河、三门峡、南阳、商丘、信阳、周口、驻马店和济源等地区性综合交通枢纽建设，重点推进各市高铁客运枢纽站建设，完善高铁客运站与公路客运站的一体化布局与配套衔接。积极推进南阳机场、洛阳机场改扩建工程，切实做好商丘机场、信阳明港军民合用机场建设以及豫东北机场、鲁山机场前期准备工作。不断完善周口港的港口功能，以物流园区建设为依托，实现公铁水联运服务。加快建设安阳、南阳、信阳、商丘4个省内区域快件分拣中心。完善多式联运，强化功能配套，加快形成地区性综合交通枢纽与郑州、洛阳两大枢纽联动发展的良好格局。

培育重要县级交通枢纽。选择部分经济较为发达、交通区位条件较好，同时又距离中心城市较远的县（县级市）建设县级交通枢纽，促进城乡人流、物流中转和集散。重点建设潢川县、永城市、民权县、巩义市、渑池县、灵宝县、西峡县、沈丘县、淮滨县等县级交通枢纽。同时，要科学规划，合理布局，货运站布局建设要考虑与产业聚集区的配套衔接，做好公路、铁路、水运不同运输方式在枢纽站的衔接；客运站布局建设要统筹考虑与城市交通、城乡交通等的接驳和换乘，配合客运专线建设提前做好规划，在铁路客运站配套布局公路客运场站。

第二节　加强能源资源支撑体系建设

能源是经济社会发展的重要物质基础和保障，能源产业是国家重要的基础产业和先行产业，其发展的状况直接影响着经济社会发展进程与人民生活质量。适应能源供求格局的新变化和转变发展方式的新要求，要突出保障区域能源供应，着力优化能源结构和布局，提高能源开发利用效率，构建安全、稳定、经济、清洁的现代能源产业体系，建设全国重要的综合能源基地。

一　加强资源勘查与开发

加大能源资源勘查和开发力度，提高资源供应能力，满足中原城市群一体化发展的需要。统筹安排资源勘查、开发、利用与保护，加强地质找矿力度。积极推进矿产勘查开发"走出去"战略，在群外、境外开展矿产勘查开发，建立一批有重要价值的勘查和开发基地。加强技术攻关，推广先进技术工艺，改善资源开采技术装备和管理，提高煤炭普采率和资源回采率，实现煤、石油、天然气等优势资源的保护性开发与高效利用。

加快安阳、鹤壁、焦作、义马、郑州、平顶山、永夏7个大型矿区建设，稳定豫北和豫西等老矿区生产能力，扩大豫中和豫东矿区生产规模。加快资源富集地区开发，重点开发禹州、汝州、登封等资源相对富集地区。坚持在保护中开发、在开发中保护的方针，搞好矿山生态环境的保护。健全资源有偿使用制度和合理补偿机制。严格矿业准入标准，建立矿业权交易制度，打击非法开采、乱采滥挖行为，整治资源开发秩序。加大资源整合力度，提高产业集中度，推动产业结构调整升级，拉长煤电产业链条，鼓励煤炭企业与电力企业联营和合作。

二　强化能源资源的有效利用

加大能源资源整合与开发力度，实施资源"走出去"战略，有效利用中原城市群内外能源资源，不断提高能源资源的保障能力。

促进煤炭集约发展。实施百亿吨煤炭资源勘查工程，加快煤炭资源勘查和开发利用，不断提升煤炭供应能力。优化煤炭开发布局，以大中型现代化矿井建设为重点，稳定焦作、鹤壁、义马、永城矿区产量，高效开发郑州、平顶山矿区，增强煤炭保障能力。积极实施"走出去"战略，强化群外、境外能源资源勘查开发力度，加强与山西、陕西、内蒙古等煤炭资源丰富省份的合作，积极利用区外煤炭资源，提升煤炭供应能力。深入推进煤炭资源整合和企业兼并重组，合理配置后备资源，培育壮大骨干煤炭企业，提高煤炭产业集中度。加强煤矿安全技术改造和产业升级，提升采掘机械化和自动化水平，大力推进煤层气开发和瓦斯综合治理，建立煤炭安全生产长效机制，增强抗灾能力。

持续增强电力保障能力。立足本区保障、兼顾区际调剂，促进电源电网协调发展。加快推进核电建设，切实做好信阳、洛阳、平顶山等核电建设的前期准备工作。继续围绕南太行、豫南煤炭矿区及陇海等重要输煤通道，以现有电源扩建为主，布局高效清洁的大型燃煤电站。适度发展抽水蓄能和燃气电站。鼓励煤电联营和一体化发展，支持骨干煤炭企业开展电源建设。

积极利用区内外油气资源。加大油气资源勘查力度，扩大勘查范围，加快新区勘探，增加后备储量。完善油品输配网络，提高成品油供应能力。优先发展管道燃气，积极利用煤层气及液化天然气、压缩天然气等燃气资源。依托国家西气东输实施"气化河南"工程，加快构建燃气干线管网，配套完善支线管网和城市储气设施，着力建设中原油田、叶县地下储气库等重点项目。

三　加强新能源和再生能源开发利用

新能源和再生能源开发利用是中原城市群调整能源结构、提升能源效率、实施能源可持续发展的重要举措，也是提升能源保障能力的重要途径。中原城市群要制定优惠的产业政策，改善能源结构，提升技术水平，积极开发太阳能、光热利用、生物质能源、风力发电等新能源，不断提高可再生能源和新能源的消费比例。

加快开发利用太阳能。大力发展太阳能光电、光热利用，以产业集聚区和城市新区为重点，积极实施太阳能屋顶计划和金太阳示范工程，推广使用太阳能光伏电源，鼓励建设与建筑物一体化的屋顶太阳能并网光伏发电设施，在光照条件较好的地区建设太阳能发电示范电站。

大力开发利用生物质能。充分发挥农业大区的资源优势，合理布局，积极实施秸秆等生物质能发电工程，将具备条件的燃煤小火电机组改造为秸秆发电机组。在大中型畜禽养殖场、工业有机废水排放重点企业和城市污水处理厂建设大中型沼气工程，并配套安装沼气发电设施。加快培育能源植物新品种，扩大燃料乙醇生产能力和使用量，开发并推广使用生物柴油等其他生物液体燃料。

加强风能和地热能资源开发。重点开发西北部太行山区、西南部秦岭大别山区等区域的风能资源，加快三门峡、南阳和信阳等风电场建设。积极利用地热资源，加快地热能源开发。

四　推进配套设施建设

加快推进能源体系配套设施建设，不断提升中原城市群能源保障能力。

加强电力设施建设。促进电网与电源协调发展，加快完善主网架，强化省际联络，加强城市电网建设和农村电网升级改造，积极发展智能电网。优化电源布局，建设火电集群，以沁北电厂为中心，着力建设豫北火电集群，积极推进焦作、济源、新乡、鹤壁、安阳等电源点建设；以姚孟电厂为中心，着力建设豫南火电集群，积极推进平顶山、南阳、许昌、驻马店、信阳等电源点建设；依托陇海线运输通道优势，着力建设陇海线火电集群，积极推进三门峡、洛阳、郑州、开封、商丘等大型电源点建设。

按照河南省电力公司"十三五"发展规划，到 2015 年，河南将建成以"一个支撑、两组通道、三大环网"为特征的河南电网主网架结构，500 千伏变电站布点到市，220 千伏变电站覆盖到县，初步实现电网智能化，基本实现各级电网协调发展，能源保障水平、安全稳定运行水平显著提升，建成结构优化、技术先进、运行灵活、经济高效的国内一流电网。

加快油气管线建设。利用区内外油气资源，加快油气管道建设，形成布局合理的管道运输网络。实施炼油、地下储气库、成品油储备工程，重点建设洛阳—驻马店、兰州—郑州—长沙、锦州—郑州、中石化二期等成品油管道及郑州大型油品储备中心和输配枢纽，形成以郑州为中心的区域性输油管网。实施"气化河南"工程，加快燃气干线管网、配套支线管网、大型储气库和城市储气调峰设施建设，重点建设陕西榆林—濮阳、西气东输二线天然气管线和山西晋城至焦作煤层气管线，形成以郑州为中心辐射城市群的供气网络，增强燃气保障能力。

第三节 加强重大水利基础设施建设

水利基础设施是促进国民经济发展的重大基础工程，也是推动中原城市群一体化发展的基础保障。实施中原城市群一体化发展，要把水利基础建设放在重要位置，坚持兴利除害并举、防灾减灾并重，统筹区域水利基础设施建设，形成由南水北调中线工程干渠和受水配套工程、水库、河道、灌区及城市生态水系组成的复合型、多功能的水利网络体系，为中原城市群经济社会发展提供重要的战略支撑。

加大重大水利基础设施建设。实施重点项目带动战略，加快推进区域性重大基础设施建设，为中原城市群一体化发展提供用水保障。加快推进南水北调中线工程城市群段及沿线城市受水工程建设，着力实施南水北调中线总干渠防洪影响工程建设。着力推进黄河、淮河治理工程，全面推进汝河、贾鲁河、沙河、北汝河、金堤河、卫河等骨干河道治理工程，重点支持河口村、出山店、前坪等大中型控制性水利工程建设，加强中小河流治理和蓄滞洪区建设，加强山洪灾害防治。充分利用国家分配引黄水量，适度开展引黄调蓄工程建设，新修一批引黄调蓄工程。加快推进黄河小浪底枢纽至南水北调中线工程干渠贯通工程建设。加快灌排体系建设，实施大型灌区和重点中型灌区续建配套与节水改造工程建设。加快应急水源工程建设，建设一批规模合理、标准适度的抗旱应急水源工程，建立健全应对特大干旱和突发水安全事件的水源储备制度。

加快水生态环境工程建设。加强水生态保护工作，全面改善水生态环境质量。科学编制水系开发治理规划，着力实施水土保持、地表水污染治理、地下水保护、城市水源地保护、入河排污口综合整治等工程，建设跨区域、跨流域的水系网络，加快河道整治，恢复水生态功能，有条件的河流恢复水运功能。实施新一轮治淮工程，推进贾鲁河、北汝河、汝河治理工程，加大沁河、伊洛河、金堤河、唐白河、卫河、漳河等河流治理力度。加大易灾地区、革命老区、黄河淤地坝等国家水土保持重点防治工程建设，实施存在安全隐患的大中型淤地坝的除险加固工程建设。大力开展水土保持生态清洁型小流域建设和生态示范工程建设，积极推进浅山丘陵、坡耕地整治工程，加大梯田、坡面水系和以水窖、塘堰坝为主的小型水保工程建设力度，提高农田蓄水保墒能力。严格水土保持制度，建立健全水土保持、建设项目占用水利设施和水域等补偿制度，探索建立生态环境用水保障机制和补偿机制。

完善城乡给排水网络建设。加快推进城乡给排水设施建设，保障城乡居民、产业发展等的用水需要。加强城市新区、产业集聚区、商务中心区和特色商业区等基础设施建设规划编制工作，高标准、高要求配套相应的给排水设施和给排水管网。实施城镇老城区给排水设施改造工程，集中整治和改造一批设施落后、管网老化的给排水设施和管网，满足城镇居民和企业的用水需求。加大财政资金支持力度，实施农村集中供水工程和安全饮水工程，切实改善农村居民的饮水安全问题。

第四节　加强信息网络基础设施建设

当今社会是信息社会和知识经济社会，信息化发展在促进国民经济社会发展、提高区域竞争力、提升人民生活品质等方面，具有重要意义。加快中原城市群一体化发展，要把信息化发展放在优先位置，强化信息基础设施建设，提升基础信息网络性能，建设重大应用网络平台及信息系统，促进网络资源共享和互联互通，不断提升信息服务能力。

第一，加快信息网络设施工程建设。实施信息网络设施建设工程，着力推进"宽带河南"、"数字城市"和"感知中原"等工程建设，为经济社会发展提供信息网络设施支撑。

实施"宽带河南"工程。引导电信运营商和用户实施城市光纤入户改造和农村光纤到村工程，形成城镇"百兆到户、千兆进楼、百万兆出口"网络覆盖能力，推进农村"光纤到村"。促进新一代移动通信、下一代互联网、物联网新一代信息通信技术研发与应用，支持移动通信网络优化升级，鼓励有条件的城市与电信运营商合作部署 Wi-Fi（无线相容性认证）、WiMax（全球微波互联接入）无线宽带网络接入点，为市民提供方便快捷的网络接入环境。同时，鼓励广电运营商建设移动数字多媒体广播系统（CMMB）发射台，建设覆盖全省省辖市、县（市）城区的移动电视网络。

实施"无线城市"工程。坚持"政府引导、市场运作"的原则，着力推进"无线城市"建设。选择基础较好的城市开展"无线城市"试点工作，探索"无线城市"服务平台建设和普及应用的方式方法，形成符合河南实际、满足经济社会发展需要的"无线城市"建设与应用模式。加快"无线城市"建设，形成中原"无线城市"群，为中原经济区建设提供服务和支撑。在此基础上，拓展应用领域，实施智能公共设施、智能交通、智能供水、食品安全监管等工程，推进"智能城市"建设，逐步实现城市管理和服务智能化。

实施"感知中原"工程。充分发挥物联网行业协会的引领作用，推进物联网产业发展，开展以物联网架构体系、频率体系、地址与编码体系、解析体系，设备互联互通操作、网络信息安全等为重点的标准体系研究，推进传感技术产业化，培育发展传感产业。推进传感网在安全生产、道路交通、城市管理、环境监控、质量监督等领域的应用。在此基础上，推进物联网与电信网、广播电视网和互联网融合发展，完善行业应用服务体系，促进"智慧中原"建设。

第二，加快重大应用网络平台建设。加快网络平台建设，为信息化发展提供重要平台和载体支撑。着力实施"三网"融合工程。积极推进电信网、广播电视网和互联网升级改造，开展"三网"融合应用服务。推进全省有线电视网络数字化、高清化整体转换工作，完成"三网"融合省级视频播控平台建设工作。实施郑汴电信同城工程，推进网络互联互通和资源共享，实现郑汴电信一体化。加快电子政务网络平台建设。推动电子政务网络向基层延伸，形成全省统一的电子政务网络平台。建设电子政务内网互联互通平台，实现党委、人大、政府、政协、检察院和法院六大系统电子政务网络的顶层互联互通。推进电子政务外网资源整合，形成全省统一的电子政务外网整体布局。

第三，推动重大信息系统建设。建立健全功能完善、高效快捷的公共卫生信息网络体系，推进医疗服务信息化，加快推广应用电子病历和数字健康档案，促进医疗、医药和医保机构信息共享、业务协同。建设城市群统一的人力资源和社会保障信息系统，完善信息网络和数据中心，实现"数据向上集中、服务向下延伸"、"同人同城同库"和社会保障"一卡通"。加快推进国土资源、房管、交通、公安、人口计生、民政等领域的专业应用系统和公共信息平台的集成建设，实现城市管理和城市运行数字化、网络化。完善人口、宏观经济、自然资源和空间地理、法人代码等基础信息数据库建设，促进税收、金融等基础信息资源的开发和应用。实行网格化管理，提高城市科学管理水平。强化信息化对科技创新的支持，建设科技成果展示和交易平台，促进科技成果产业化。推进教育信息化，普及"家校通"，广泛部署基于互联网的教育和学习终端，营造普惠泛在的学习环境。引导社区信息化发展，鼓励城镇社区居委会建立社区管理与服务信息系统，创新社区服务，增强社区组织的管理服务能力，将政府服务延伸到社区和家庭。

第四，健全网络信息安全保障体系建设。落实信息安全等级保护、涉密信息系统分级保护和风险评估制度，建立网络信任、容灾备份、计算机病毒防治、应急处置等体系，提高网络信息安全综合防护能力。建立省、市两级重要信息系统密钥管理体系，建设两级密钥管理系统，实现对全省重要信息系统密钥的统一管理。完善省电子政务内网和外网电子认证管理平台，建设省、市两级电子认证注册审核系统，为河南网络信息体系建设提供基础支撑。推进信息安全测评实验室建设，构建功能完备的信息安全测评体系。推进容灾备份体系建设，建设省级信息数据容灾备份中心，建设数据库系统和备份处理系统，进一步提高信息数据安全管理水平。

第十四章　协同推进社会事业发展

经济发展与社会进步，是相互依赖和相互促进的。区域之间实现互补和协同发展，最重要的是社会事业发展的均等化。推进中原城市群一体化发展，要以保障和改善民生为重点，统筹教育、卫生、科技、文化、社会保障等公共服务资源在区域之间、城乡之间的合理配置，促进公共服务资源共建共享，推进基本公共服务一体化，切实保障和改善民生，实现发展成果更多更公平惠及全体人民。

第一节　统筹教育事业发展

百年大计，教育为本。教育是经济发展的基石，教育公平是社会公平的重要基础。在中原城市群一体化发展过程中，要坚持育人为本、德育为先，实施素质教育，提高教育现代化水平。通过推进义务教育均衡发展，大力发展职业教育，提升高等教育发展水平，优化教育资源配置等途径，统筹中原城市群区域教育事业发展。

一　重视学前教育发展

建立政府主导、社会参与、公办民办并举的办园体制，引导学前教育健康发展。鼓励优质公办幼儿园举办分园或合作办园，加快建设一批城市社区公办、民办公助幼儿园，加强城市住宅小区配套幼儿园建设，重点发展农村学前教育，在人口较为集中的行政村，统筹利用中小学富余校舍等资源，改建或新建一批村级幼儿园，积极倡导公办乡镇中心幼儿园在各行政村直接举办分园或教学点。

二　推进基础教育均衡发展

强化政府对义务教育的保障责任，巩固提高义务教育质量和水平，高水平、高质量普及九年义务教育，促进教育公平。推进义务教育学校标准化建设，建立健全义务教育均衡发展保障机制，促进区域内教育资源均衡配置。适应城市化发展需要，调整优化中小学校布局，逐步实现初高中分设，加快普通高中特色化发展步伐。进一步加大对教育基础设施的投入力度，加强薄弱学校改造，继续实施中小学校舍安全工程，解决市区大班额、入学难的问题，保障进城务工人员子女与城市居民子女享受同等水平的义务教育。引进域外优质教育资源，合作建设一批国内一流品牌中小学校，提高中小学教育水平。实施优质教育资源倍增计划，满足社会对优质教育资源的需求，基本实现均衡教育。加大对欠发达地区学校的投入力度，推进城乡、区域之间义务教育均衡发展。

三 大力发展职业教育

加大对职业教育发展的财政保障力度。加快国家职业教育改革试验区建设，扩大职业教育规模，提高职业教育质量，支持职业教育向规模化、集团化、品牌化发展。积极推进职教攻坚计划，加快职业教育园区和职业教育集团发展。深化办学模式和教育教学改革，加强职业院校校企合作，不断提升职业教育办学质量和培养高素质技能型人才能力。鼓励学校突出优势，面向市场需求，兴办特色学校、特色专业，实现差异化发展。结合装备制造、电子信息、服务外包、文化创意、旅游商贸、生态农业等产业发展需要，科学设置职教专业，共同培育技能型人才。加强示范性中等职业学校、示范性高等职业院校和职业教育实训基地建设。完善工学结合、顶岗实习的人才培养模式，在人才紧缺的专业领域推行职业院校与企业共同培养人才。

四 提升高等教育发展水平

加快高等教育发展，稳步扩大规模，大力提高教育质量和大众化水平。完善现有高校功能，推动市属高等教育快速发展，引进国内外优质教育资源，积极扩大与国内外知名高校的合作办学，吸引国内外一流院校设立分校，扩大与国内外知名高校、科研机构的学科共建、合作办学、科研交流，不断提升办学层次和整体实力。加大对郑州、洛阳、开封、新乡等高等院校的支持力度，支持郑州大学、河南大学等高校"双一流"高校建设。加快龙湖区域、新郑龙子湖高校园区建设，尽快完善各高校园区的配套设施。支持高校重点实验室、科研基地建设，加大对重点学科、重点研究方向（领域）的扶持力度，积极利用高校的技术、人才和信息等资源，把高校的学科建设与地方经济社会发展的现实相结合，提高高校服务经济社会发展能力。开展多种形式的联合办学，鼓励跨区域整合资源，设立教学、培训和科研分支机构，支持利用现代信息技术构建远程教育平台，开展校际课程互选、学分互认。探索组建教育科研协作联盟，开展科研课题合作和跨区域联合攻关，提升高校科技创新和服务能力，实现教育科研成果共享。

五　完善继续教育体系

大力开展成人教育和岗位培训，构建学历与非学历教育并重，社会化、多元化、开放式继续教育体系。健全面向全体劳动者的职业培训制度，开展就业技能培训、岗位技能提升培训和创业培训。大力发展现代远程教育，充分利用各级各类学校、科研机构、文化馆、图书馆、博物馆等公共资源开展继续教育。重视发展老年教育。广泛开展学习型机关、学习型企业、学习型社区创建活动。

六　优化教育资源配置

提倡学校之间牵手帮扶，建立优秀校长和教师定期交流机制，推进教师跨地区流动和优质教育资源共建共享。整合教育培训资源，逐步实现教师继续教育和培训的互联互通。协商共建共用高等院校科研实验室、职业技能鉴定中心等。通过举办教师技能比赛、教育观摩、教学现场会、名校联谊会等方式，加强教学方法、校园文化、办学理念等领域的交流和合作。建立优质教育资源共享信息平台，统筹挖掘优势资源，加快资源库建设步伐。推进统一继续教育网络平台建设，自由选择培训网络和课程，互认继续教育学分。合理配置义务教育资源，实现常住人口子女平等接受义务教育。

第二节　统筹卫生事业发展

健康是人全面发展的基础，关系着千家万户的幸福。中原城市群一体化发展过程中，要统筹卫生事业发展，注重加强公共卫生体系建设、优化医疗卫生资源配置、开展公共卫生和医疗服务合作，提升医疗卫生水平。

一 加强公共卫生体系建设

加强重大传染病、慢性病、地方病、职业病和出生缺陷疾病的防控以及职业卫生和食品安全监管工作，提高突发公共卫生事件应急处置能力，建立疾病预防控制联防联控机制，着力构建覆盖城乡的公共卫生服务体系。扩大国家基本公共卫生服务项目。推进城乡医生签约服务，提高签约率和履约质量，完善城乡片医服务模式，加强城市社区卫生服务，人均基本公共卫生服务经费标准新增部分继续向基层卫生服务和村医倾斜。

二 优化医疗卫生资源配置

加快城市大医院和县级人民医院、中医院、妇幼保健院等综合性医院、专科医院建设，提高综合性医院服务能力和辐射带动作用；以建设社区卫生计生服务中心（站）、乡镇卫生院、村卫生室为重点，加快基层医疗卫生服务体系建设，实现医疗卫生服务机构全覆盖。健全覆盖城乡居民的基本医疗保障体系，逐步提高保障标准。建立和完善以国家基本药物制度为基础的药品供应保障体系，确保药品质量和安全。加快构建大医院与基层医疗卫生机构的分工协作机制，探索建立双向转诊制度。引进国内外优质医疗资源，建立现代化高水平医疗保健机构，推进全国区域性医疗服务中心建设。坚持中西医并重，支持中医药事业发展。加强以全科医生为重点的基层医疗卫生队伍建设，提高基层医疗卫生服务的能力和水平。

三 创新公共卫生与医疗服务合作

开展公共卫生合作。加强中原城市群疾病预防控制、卫生应急等公共卫生机构建设。强化医疗卫生机构公共卫生服务功能。积极探索重大疫情联防联控机制，加强重大传染病检测信息与技术交流，提高突发公共卫生事件应急联动处置能力。建立卫生监督工作协作机制，开展卫生监督联合执法。创新医疗服务合作机制。探索建立中原城市群区域内双向转诊、临床用血应急调配等合作机制，鼓励开展疑难疾病联合攻关和重大疾病联合会诊。推动各市医师多点执业，促进医师合理流动和医疗卫生机构之间人才交流。

四　建立医疗卫生信息共享机制

依托河南省卫生信息平台，推动中原城市群卫生信息平台对接，实现卫生数据及时交换，信息系统互联互通。加强免疫规划信息系统建设，实现各市儿童可异地接种疫苗。探索医疗市场管理信息互通机制，建立重大医疗卫生案件查办协作和联席会议制度。大力推行医疗联合体和区域协作机制，促进医疗卫生均衡发展。

五　深化医药卫生体制改革

按照保基本、强基层、建机制的要求，增加财政投入，深化医药卫生体制改革，调动医务人员积极性，把基本医疗卫生制度作为公共产品向全民提供，实施优质医疗资源促进计划，优先满足群众基本医疗卫生需求。建设公共卫生服务体系、医疗服务体系、医疗保障体系和药品供应保障体系，建立覆盖城乡居民的基本医疗卫生制度。强化政府责任，建立政府主导的多元卫生投入机制，鼓励和引导社会资本发展医疗卫生事业。积极稳妥推进公立医院改革，鼓励社会资本以多种方式规范参与公立医院改制重组。鼓励社会资本以多种形式举办医疗机构，促进有序竞争，加强监管，提高服务质量和效率，满足群众多样化医疗卫生需求。

第三节　统筹文化事业发展

中原城市群是华夏文明的发源地，历史文化博大精深，源远流长，其历史文化地位不可替代。中原城市群实现一体化发展，要统筹文化事业发展，进一步提升公民文明素质，繁荣发展公益性文化事业，大力发展文化产业，加大对历史文化资源保护，形成独具优势、充满活力、全面繁荣的文化发展新局面。

一　进一步提升公民文明素质

广泛开展社会主义核心价值体系宣传普及活动和群众性精神文明创建活动，大力弘扬爱国主义、集体主义、社会主义思想。建设学习型社会，全面提升公民文化水平。以增强诚信意识为重点，进一步加强社会公德、职业道德、家庭美德和个人品德建设，形成文明健康的社会风尚。发扬优秀历史文化传统，推进文化创新，积极倡导"博大、开放、创新、和谐"的文化精神，彰显城市文化个性。弘扬优秀文化，大力发展舞台剧目，形成具有地方特色的城市文化。加强城市公共文化设施建设，提升城市品位，打造城市名片，增强城市文化凝聚力。广泛深入开展文明城区、文明社区、文明村镇、文明行业、文明单位、文明家庭等各类群众性精神文明创建活动，全面提高市民现代文明素质和城乡整体文明程度。

二 繁荣发展公益性文化事业

增加公益性文化事业投入，以农村、基层为重点，统筹推进市级文化场馆和城乡社区公共文化服务网络建设，提高公共文化设施的服务能力和水平。实施一批重大文化设施项目，提供更多、更好的公共文化服务。开展形式多样的群众文化活动，丰富文化活动内容，满足群众基本文化需求。繁荣发展文化艺术事业。精心组织扶持文化产品的创作和生产，逐步推出一批精品力作。扩大政府采购覆盖面，积极开展"舞台艺术送农民、高雅艺术进校园"及企业、社区、广场等文化活动。弘扬特色优秀文化，抢救和保护地方特色剧种。推进文化资源共享。进一步推进博物馆、纪念馆、图书馆、文化馆、美术馆免费开放。推动公共图书馆文献资源共建和服务协作，组建数字图书馆联通平台。加强文化交流合作，共同承办全国性、国际性重大文化活动和组织对外文化商演展览。积极促进文化市场各专业团体的联合，组建专业联合体等，联手打造区域文化品牌，推出具有国内乃至国际影响力的现代文艺精品。

三 大力发展文化产业

依托科技创新促进文化产业发展繁荣，整合品牌，创造名牌，延伸产业链，扩大影响力。重点发展文化休闲旅游、广播影视、新闻出版等优势产业，大力发展文化创意、动漫游戏、文化会展等新兴产业，积极发展演艺娱乐、艺术品和工艺美术业等传统产业。依托黄河、古都、功夫、名胜古迹等资源，推进文化与旅游的融合，形成一批在全国有影响力的文化品牌。充分发挥历史文化资源聚集的优势，走文化资源保护与开发并举的新兴产业化发展道路，打造一批地域特色明显、展现中原风貌、具有国际影响的文化品牌和国际文化交流平台，打造全国乃至世界闻名的功夫文化和禅文化、中华人祖文化、河洛文化、帝都文化、牡丹文化、民俗文化等特色文化基地。深化公益性文化事业改革，加快经营性文化产业发展，逐步建立与社会主义市场经济体制相适应的文化管理体制和运行机制。扩大文化领域对外开放，吸收借鉴世界优秀文化遗产传承成果，推动文化与外贸、援外、旅游相结合，积极推动文化"走出去"。

四 实施文化遗产资源保护

坚持保护传承与开发利用相结合、物质文化遗产与非物质文化遗产并重，积极推进文化遗存遗址的保护开发利用，加大非物质文化遗产的传承保护力度，打造华夏文化传承创新核心区。强化传统经典挖掘与文化品牌打造，推动保护传承，传承弘扬黄河文化、河洛文化、帝都文化、丝路文化、黄帝文化、嵩山文化、牡丹文化等。强化文化遗产保护展示，推动保护传承。积极开展文化资源保护工程，重点加强大遗址保护，实施商城遗址保护工程，做好大河村遗址、裴李岗遗址、郑韩故城、荥阳故城、巩义宋陵等重大文化遗址的规划、保护工作。建设隋唐洛阳城宫城遗址公园、隋唐洛阳城定鼎门遗址公园、隋唐洛阳城外郭城城墙遗址公园、汉魏故城宫城区遗址公园和礼制区遗址公园、古代仓城遗址公园、二里头遗址公园、偃师商城遗址公园、邙山帝陵遗址公园等国家遗址公园。做好唐三彩、河洛大鼓、河洛剪纸、小相狮舞、洛阳宫灯、洛阳水席、仿古青铜器、潜彩画等非物质文化遗产的保护传承。加强文化遗产的展示和宣传，提升历史厚重感和国际知名度。

第四节 统筹就业和社会保障

就业是民生之本，社会保障是民生之安，就业和社会保障关系着每一个人、每一个家庭的福祉。就业和社会保障一体化也是推进区域发展一体化的重要内容。中原城市群实现一体化发展，要统筹发展就业和社会保障，按照经济与社会协调发展的理念，加大扶持力度，拓宽就业渠道，加大技能培训，构建良好的就业创业环境，同时要建立完善覆盖面广、多层次的社会保障体系。

一 努力扩大就业

将产业发展和扩大就业相结合，鼓励发展劳动密集型产业和服务业，支持中小企业和非公有制经济发展，推进全民创业，努力扩大就业容量。加大对高校毕业生、返乡农民工等创业扶持力度，加强创业培训服务体系建设，以创业带动就业。增强失业保险制度预防失业、促进就业功能，探索研究建立企业裁员报告制度。完善重点人群就业支持帮扶机制，促进以高校毕业生为重点的青年就业和农村转移劳动力、城镇困难人员、退役军人就业。加强区域劳动就业合作，引导劳动力在地区、城乡之间合理有序流动。实施统一的人力资源市场信息发布制度，完善就业咨询服务、中介引导和纠纷调解服务，定期联合组织召开就业推介会、招聘会。加强流动人口管理合作，加快中原城市群流动人口统计信息数据库建设，实现居住地和户籍地网上通报及基本信息共享。加大中原城市群劳动监察执法力度，维护劳动者合法权益，构建和谐劳动关系。建立创业协调机制，取消创业扶持政策中的户籍限制，实现跨地区创业享受与当地人员同等待遇。

二 广泛开展劳动者技能培训

适应区域产业转型升级和经济发展需求，加强职业技能培训，加快培养一批高素质、专业化的高技能人才，提升劳动者职业技能和综合素质。依托职业学校和职教中心在师资、场地、设备等方面的资源，提升职业教育质量，加大职业教育投入，形成适应发展需求、产教深度融合、中职高职衔接、职业教育与普通教育相互沟通，体现终身教育理念的现代职业教育体系。根据企业用工和就业群体需求开展定向、定岗和订单式培训，实现培训服务与企业用工有效对接。突出培训重点，组织扶持企业开展职工转岗培训，促进农村劳动力稳定转移就业。实施高技能人才振兴计划，创新高技能人才培养途径，抓好企业在岗职工培训。强化职业技能鉴定，规范就业准入，提高培训质量。积极开展劳动就业培训合作，开展多层次、多类型、订单式的就业培训。

三 完善社会保障体系

坚持广覆盖、保基本、多层次、可持续方针，把完善基本养老、基本医疗、最低生活保障制度作为重点，健全包括社会保险、社会救助、社会福利在内的社会保障体系，逐步实现社会保障全覆盖，不断提高社会保障水平。实现新型农村社会养老保险制度全覆盖，完善实施城镇职工和居民养老保险制度。推动机关事业单位养老保险制度改革。进一步做实养老保险个人账户。不断加大住房保障力度，大力发展公共租赁住房建设，重点推进廉租住房建设和棚户区改造工作，统筹发展经济适用房建设。以城乡居民最低生活保障、农村五保、孤儿供养制度为基础，以临时救助、城乡医疗救助、司法救助、流浪乞讨人员救助等制度为补充，建立完善覆盖城乡的社会救助体系。加强最低生活保障与其他社会救助制度的有效衔接，加大对有劳动能力最低生活保障对象的就业扶持力度。推进区域社会保障合作。探索建立社保互通模式，实现社会保障信息共享和网络互联互通。加强民政业务的交流合作，建立社会福利共享机制，统一发布区域养老服务信息，联合推介养老机构，形成层次不同、形式多样的养老公共服务体系。

第十五章　协同促进生态环境共建

中原城市群地跨海河、淮河、黄河、长江四大流域，是淮河、海河的源头和南水北调中线工程的水源地。处于中国南北气候过渡带，伏牛山、桐柏山—大别山、太行山三大山脉和黄河湿地对于涵养生态、调节气候、保护生物多样性具有非常重要的作用。加快中原城市群一体化发展，必须按照建设生态文明的要求，坚持开发与保护并重、节约与利用并举，加强资源节约集约利用，大力发展循环经济和绿色经济，加大环境保护力度，努力建设资源节约型、环境友好型社会，全面增强区域可持续发展能力，建设绿色经济发达、居住环境优美、资源永续利用、生态环境良好、人与自然和谐发展的城市群。

第一节　共筑生态屏障

坚持"预防为主、保护优先，综合治理、突出重点"的原则，实施更加严格有力的措施，加强重点领域、重点区域综合治理，实施生态保护工程，努力改善生态质量，维护生态安全，提高环境综合承载能力。

一　构筑"三屏四廊"生态网络

全面落实主体功能区战略，划定生态保护红线并实施严格管控，维护自然生态空间，着力构建以山区生态屏障、水系生态廊道、平原生态绿网为主体的生态保护格局。依托太行山、伏牛山、桐柏山—大别山建设三大山地生态屏障，打造国家魅力发展区。建设南水北调中线工程、明清黄河故道、淮河、黄河等四条河流水系生态廊道，统筹推进流域综合治理、沿线防护林带建设、自然保护区建设和旅游产业开发，打造水系生态景观带。大力推进城镇绿化和农田林网建设，改造提升城市群交通干线两侧绿化带及城镇绿化隔离带，构建以区域绿道、城市绿道、社区绿道为主体的城市群绿道体系。

二 建设重点生态功能区

强化生态建设协调联动机制，共同推进重点生态功能区建设，筑牢区域生态安全屏障。实施黄土高原沟壑丘陵区、豫西山区、丹江口库区及上游地区、太行山区、大别山区等水土保持工程，强化自然保护区、风景名胜区、地质公园、森林公园、湿地公园保护和监管。共同推动太行山和豫南大别山水土保持功能区、豫西伏牛山生物多样性维护，桐柏山及丹江口水库水源涵养功能区、沿淮调蓄洪区生态保护区建设。高水平建设平原生态涵养区。加强生态修复保护。加强对淮河、黄河中下游、海河及其主要支流源头区、重点水源涵养区、各类自然保护区和生态脆弱地区的保护，积极推进重点河流湖泊生态环境修复试点，推动漳河、沁河、涑水河水生态修复工程建设。推进滨河（湖）带的修复，实施重点河段水污染治理，保护城市周边天然湿地，恢复湿地功能。开展大规模国土绿化行动，实施新一轮退耕还林、还草工作，大力推进沿河沿湖、产业区和环境敏感型基础设施周边、生态脆弱区的林业草业生态建设，加强农田林网、滨河林带建设，着力提高森林草地覆盖率和森林质量。加快国家森林城市建设，适时启动县级市（县）森林城市创建工作。开展水土流失、坡耕地及清洁型小流域、破损山体、采煤塌陷地和工矿废弃地、地下水超采区等综合整治，加强丘陵岗区、荒山等植被系统修复，减少水土流失。以"一控两减三基本"为目标，加强农业面源污染治理。促进地方探索建立横向生态补偿机制，加大区域生态环境建设投入力度。

三 健全生态文明制度

深化生态文明体制改革，修订完善生态文明建设地方法规和标准，基本形成源头预防、过程控制、损害赔偿、责任追究的生态文明制度体系。健全资源有偿使用和生态补偿制度，积极开展生态补偿试点。全面落实生态环境损害赔偿制度，建立严格监管所有污染物排放的环境保护管理制度，实施覆盖所有固定污染源的企业排放许可制。推行环保机构监测监察执法垂直管理制度，探索建立跨地区环保机构，建立区域环境监测应急中心。

推动多种污染物综合防治和统一监管，推行全流域、跨区域和城乡协同治理模式。推进生态环境大数据建设，建成全省实时在线、能满足环境质量评价与信息发布需求的生态环境监测监控网络，完善环保信息公开和举报制度，开展环保督察巡视。健全生态保护市场体系，推行合同能源管理、能效环保领跑者及环境污染第三方治理等市场化机制。建立健全用能权、用水权、排污权、碳排放权初始分配制度，发展交易市场。健全资源环境承载能力监测预警机制。建立环境质量目标责任制和评价考核机制，建立企业违法排污黑名单制度。推进国家生态文明先行示范区建设。提高全民生态文明意识，倡导合理消费，力戒奢侈浪费，推动形成勤俭节约的社会风尚。

第二节　推进环境共治

以推进流域大气污染防治为重点，协同建立合作平台和协作机制，协调推进环境治理，共建共享生态环境，建设美丽的中原城市群。

一　共同推进大气污染治理

建立完善大气污染联防联控协作机制和合作平台，共享区域间大气污染监测数据，建立区域大气污染应急预警机制，编制城市空气质量限期达标规划，明确空气质量改善的时间表和路线图。加强能源、交通、建筑等重点行业的大气污染治理，推进城市群内燃煤电厂、燃煤锅炉超低排放改造，加快石化、化工、工业涂装、包装印刷等行业挥发性有机物综合治理，加强噪声和光污染防治工作，加大餐饮油烟、扬尘和机动车污染综合整治力度，限制老旧车使用，确保空气质量优良天数明显增加。加强碳排放权交易试点地区交流合作，积极开展碳排放交易。

二　协同加强流域水污染治理

加大区域内工业污染治理力度，加快建立水污染政策调控及利益协调机制和监测信息共享机制，协同开展区域内海河、淮河、黄河、长江流域和丹江口库区等水环境综合治理。重点解决流域源头污染，严控江河源头、饮用水源保护区及其上游区域开发建设，建立淘汰产业退出机制。强化跨省市断面水质统一管理，确保跨界水环境水质达到水功能区水质目标要求。提高骨干河道水质，强化中小河道和城市黑臭水体治理力度。通过截污、扩容、升级等措施完善城乡污水处理系统，加强雨污分流、清污分流、污水管网改造与建设，提高污水收集处理效率。推动跨区域间的污泥处置与资源化利用，加强跨省（市）界环境污染纠纷协调，建立环境污染赔偿机制。强化水环境质量目标管理，提高流域水环境监管能力。

三　共同推动土壤污染防治

以农用地和重点行业用地为重点，开展土壤污染状况详查。加强土壤环境质量监测网络建设。实施农用地分类管理，保障农业生产环境安全。实施建设用地准入制度，明确管理要求，落实监管责任，防范人居环境风险。强化未污染土壤保护，严控新增土壤污染。加强污染源监管，加大对危险废弃物非法倾倒的打击力度，推进危险废弃物处置能力建设，做好土壤和地下水污染预防工作。有序开展土壤和地下水环境治理与修复，实施土壤和地下水治理与修复工程。

第三节　建设绿色城市

以提高城市资源利用率、发展城市循环经济为重点，协同建设绿色城市，推动形成城市绿色的生产方式和生活方式。

一　提高城市资源利用效率

强化能源和水资源消耗、建设用地等总量和强度双控，提高节能、节水、节地、节材、节矿标准，促进生产、流通、消费过程的减量化、再利用、资源化，提高城市资源利用效率。

全面推动能源节约。实施全民节能行动计划，全面推进工业、建筑、交通运输、公共机构等领域节能，实施锅炉、电机升级改造等重点工程。加强节能技术产品应用推广。实施绿色建筑行动，推广绿色建材。推动能源管理体系和能耗在线监测系统建设，开展用能节能审计。实行能源消费总量预算管理制度。

推进节水型社会建设。实行最严格的水资源管理制度，实施全民节水行动计划，加快农业、工业、城镇供水管网节水改造，加强重点用水单位监管，推广节水技术和高效节水产品。实施雨洪资源利用、再生水利用工程，加快非常规水资源利用。合理调整产业结构布局，优化水资源配置。依法淘汰电力、钢铁等高耗水行业耗水超标的落后工艺、设备和产品，推广高效工业节水和循环利用技术，减少结构性耗水。加强城市污水再生利用设施建设。积极发展替代水源，搞好雨水综合利用。严格控制地下水开采。提高农业灌溉水有效利用系数。搞好水资源供需预测，统筹安排城市用水、农业用水和生态用水，提高水资源的综合利用效率。加强水资源梯级利用、循环利用，推行阶梯式水价和季节性水价，建设节水型社会。

强化土地节约集约利用。严格土地用途管制，推进建设用地多功能开发、地上地下立体开发综合利用，推广应用节地技术和模式，降低工业用地比例，推进城镇低效用地再开发和工矿废弃地复垦，严格控制农村集体建设用地规模。重点在地下水漏斗区、重金属污染区、生态严重退化地区，探索实行耕地轮作休耕制度试点。

加强矿产资源开发和保护。加大能源和重要矿产资源勘查力度，实施矿产资源"走出去"战略，提高矿产资源保障能力。强化矿产资源规划管控，加强复合矿区开发的统筹协调，大力发展绿色矿山和绿色矿业，实施矿产资源节约与综合利用先进技术推广示范工程，提高矿产资源开采回采率、选矿回收率和综合利用率。推行煤炭、铝土矿等重要资源整合，提高资源利用效率。加强技术攻关，推广先进技术工艺，实现煤、铝、钼、金、石油、天然气、天然碱、萤石、耐火黏土等河南省优势资源的保护性开发和高效利用。坚持在保护中开发、在开发中保护的方针，搞好矿山生态环境的保护。健全资源有偿使用制度和合理补偿机制。严格矿业准入标准，建立矿业权交易制度，打击非法开采、乱采滥挖行为，整治矿产资源开发秩序。

二 发展城市循环经济

按照减量化、再利用、资源化原则，促进经济发展方式向低投入、低消耗、低排放和高效益转变，努力建设全国循环经济发展示范城市群。

着力提升循环经济发展水平。抓好资源开发、资源消耗、废弃物产生、再生资源利用和社会消费等关键环节，构建资源循环利用体系。打造有色、煤炭、非金属、农业和再生资源等循环产业链，积极培育再生资源利用产业、机电再制造产业和节能环保产业等循环经济新兴产业，加快壮大循环经济规模。以冶金、建材、火电、煤炭、食品、造纸等行业为重点，延长产业链条，提高资源利用效率。鼓励现有工业企业向园区转移，引导新建工业项目向园区布局，实现集聚生产、集中治污、集约发展。

加强废旧资源综合利用。大力发展再制造产业，推动再生资源回收利用体系建设，逐步推行城市垃圾分类回收处理，加快形成跨区域再生资源回收网络，加强城市低值废弃物资源化利用，创建一批资源循环利用基地。加强资源综合利用和再生利用，推进废金属、废纸、废塑料、废旧轮胎、废弃电子电器产品、废旧机电产品、废弃包装物等的回收处理，实施"城市矿山"工程，建立和完善再生资源回收利用体系，实现废旧物资"分散回收、集中处理、综合利用"。推进农业秸秆肥料化、饲料化、原料化和能源化利用，发展户用沼气和规模化畜禽养殖场沼气工程，支持建设一批重点生态农业示范园区，形成以秸秆综合利用和沼气为纽带的农业循环经济产业链。

健全循环经济发展激励机制。实施循环发展引领计划，加快推进循环经济试点建设，扩大循环经济试点，创新循环经济发展模式，重点打造有色金属、煤炭、非金属矿、再生资源等领域循环产业链，形成一批各具特色的循环经济示范区和示范企业，重点支持鹤壁、洛阳、新乡等国家循环经济示范市（县）建设。加快循环经济法规和标准体系建设，完善循环经济相关政策措施，有效利用财税、价格、投融资等机制，促进循环经济加快发展。

三　推动城市绿色低碳发展

低碳经济是一种以低能耗、低污染、低排放为特点的发展模式，是以低碳产业、低碳技术、低碳能源、低碳生活、低碳管理、低碳城市等为表征的经济形态，是人类社会继农业文明、工业文明之后的又一次重大进步。发展低碳经济，不仅是一场大规模的环境革命，更是一场深刻的经济变革。要全面实施应对气候变化国家方案，大力推进低碳经济发展模式，加快构建以低碳排放为特征的工业、建筑、交通体系，不断增强适应气候变化的能力。

　　加快建设以低碳排放为特征的产业体系。调整优化产业结构,加快传统产业升级改造,大力发展高新技术产业,积极推进低碳科技服务业、旅游业等现代服务业发展,努力构筑低投入、高产出、低消耗、少排放、能循环、可持续的低碳产业体系。加快用低碳技术改造提升有色、钢铁、煤炭、电力、建材、化工、造纸、纺织等高碳排放产业,积极发展低碳装备制造业。完善机动车尾气排放控制标准,加强公共交通设施的技术改造和更新,发展新型能源交通工具,控制交通运输业碳排放过快增长。扩大环境友好、可再生利用的低碳建筑材料应用比例,建设以低碳为特征的建筑体系。

　　加强低碳技术开发和推广。加快减缓和适应气候变化领域重大技术的研发和示范,提高常规能源、新能源和可再生能源开发和利用技术的自主创新能力,以技术创新和产业升级实现经济社会向低碳化发展。实施煤的清洁高效开发和利用技术,加快发展可再生能源技术,加快智能电网建设,鼓励开发清洁发展机制项目。加强生物固碳、土壤固碳和物理固碳技术研究与推广。加强气候变化基础科研工作和区域合作。

　　增强应对气候变化的能力。加强对各类极端天气与气候事件的监测、预警、预报,完善气象灾害应急体制机制,科学防范和应对极端天气与气候灾害及其衍生灾害。逐步建立碳排放统计和监测体系,建立和完善碳交易市场和管理机制。落实支持低碳产业发展的产业政策、财税政策、信贷政策、投资政策,形成有利于积极应对气候变化的政策导向和体制机制。加强低碳教育和宣传,引导全社会形成低碳生产方式和消费模式,建设低碳生态文明。

第十六章　促进中原城市群一体化发展的政策支撑体系

中原城市群一体化发展战略的谋划与实施，面临着各个城市行政分割、行业垄断、土地制约、资金瓶颈等突出问题，迫切需要给予积极指导和大力支持，尤其是加大财政、资金、金融、土地、人才、产业等方面的政策倾斜力度。因此，制定并实施推进中原城市群一体化发展的政策支撑体系，各个城市加强协作确保有关政策的落地生效，对中原城市群一体化进程的顺利推进至关重要。

第一节　强化财税政策支持

当前，中原城市群各个城市的财税政策存在一定差异。而区域一体化进程中面临的最大障碍，就是现行财税体制下产生的地方利益冲突。这就需要加强统筹协调，在各地协商一致的前提下将其政府间的财税竞争关系转化为财税合作关系，即一方面中央和相关各省要加大财政支持力度，为中原城市群一体化发展提供专项资金支持；另一方面，各个城市要在平等协商的基础上，通过建立中原城市群区域横向财政转移支付机制，统一区域内部税收环境，建立公平的产业转移利益分享机制和重构地方税体系等措施，逐步缩小各地之间的差距，真正地实现利益共享。

一　强化财税政策支持

财税政策在合理引导资源要素流通、均衡社会财富分配和促进公共服务质量提升方面发挥了重大作用。中原城市群各个城市发展不协调的一个重要原因，就是公共服务非均等化，其根源就在财税体制上。正是长期实行的"分灶吃饭"的财税政策，在刺激各地追求本区域发展的同时，还导致了社会财富分配不均和行政区域间以邻为壑、恶性竞争的局面。能否解决好这个问题，直接关系到中原城市群一体化谋略的成败。因此，要加强顶层设计，创新财税政策支持中原城市群一体化的发展，使税收政策不仅有助于中原城市群内部推平沟壑、协同发展，而且成为促进中原城市群深入融合发展的重要动力。

二 构建中原城市群一体化发展的财政支持政策

积极发挥财政政策支持中原城市群一体化的作用，通过各地公共服务均等化来逐渐缩小各个城市之间的差距，加速中原城市群区域的一体化发展。首先，积极争取中央财政给予专项转移支付，重点支持中原城市群的重大项目建设。其次，充分发挥各个省财政的调配作用，解决好各个城市之间的财力协调问题。相关各省财政安排专项资金支持中原城市群一体化发展，重点支持基础设施、产业布局调整、生态环境、公共服务等领域的建设。同时，各省已有的各项专项资金适度向中原城市群区域倾斜。在资金分配上综合各地的财政需求和发展定位，重点向综合实力较弱的城市倾斜。最后，各个城市在积极争取中央和省里财政支持的同时，不能一味依靠上级财政加大投入来搞一体化建设。针对城市间经济实力差距较大、区域内部发展不均衡的现实，各个城市政府协商建立横向财政转移支付机制，设立中原城市群一体化发展与协调基金，重点用于区域利益补偿，支持跨地区重大项目建设等，促进各市产业、资源的有序转移和区域分工布局的快速形成，为中原城市群优化城市和产业布局奠定财政体制基础，真正地促进中原城市群区域的一体化发展。

三 构建中原城市群一体化发展的税收支持政策

能否确保税收和税源的均衡性，是影响中原城市群一体化实现的重要经济问题。为了逐步消除中原城市群区域内部的巨大差异，避免各地任何一方为了税收收入"打自己的小算盘"，相关各省发改委和财政厅等有关部门应当抓紧研究制定中原城市群税收体制改革方案和税收分配机制，实现各个城市的利益共享。首先，在各省发改委和财政厅等有关部门的指导下，各个城市相关部门加强协作，系统梳理和全面比较各地现行的税收政策。紧密结合中原城市群一体化发展的实际需要，共同制定统一的、有利于各地协同发展的税收政策。并通过统一征管服务、统一发票管理、统一信息平台等措施，实现区域税收环境的一体化。其次，为有效化解一体化进程中产业转移可能造成的地区间税收利益冲突，中原城市群要建立公平的产业转移利益分享机制，使产业转入地、转出地双方政府实现共赢。最后，针对产业转移等可能造成一方税源下降的问题，各地要加快重构地方税体系的步伐，在资源税、环境税、消费税和房地产税等方面积极做出探索，重新界定各自具有支柱作用的财源，确保各个城市都拥有稳定、持续的税源。

第二节　强化资金政策支持

制定促进中原城市群一体化发展的投资政策，创造中原城市群区域良好的投资环境，建立健全政府、企业和社会多元化的投入机制，有助于破解中原城市群一体化发展的资金难题，推动中原城市群一体化向纵深发展。

一　完善政府投资政策，健全政府投入机制

加强对中原城市群投资倾斜和政策优惠，有利于促进各个城市的协同发展，逐步消除各地之间的经济社会发展差距，加速中原城市群一体化的进程。首先，中央和各个省财政加大资金投入力度，将中原城市群一体化发展纳入政府年度财政预算范围，列入专项资金进行支持。重点提高对中原城市群产业协同发展结构优化，公路、铁路、民航、水利等基础设施建设，生态环境保护及旅游休闲养老度假产业的发展等领域重大项目的投资补助标准和资本金注入比例。针对区域内一些特殊的贫困落后地区，在加大基础设施和民生项目建设等方面考虑由中央和省财政直补，取消地方配套资金。其次，各地政府进一步健全政府投入机制，按照一定比例各自拿出专项资金并形成合力，用于区域内产业转移，高层次人才的培养和引进，基础设施和公共服务设施的均衡发展等方面。在资金分配使用方面，重点向城市群综合实力较弱的城市倾斜。通过各地间的财政转移，发挥其自动稳定器作用，促进区域内部的均衡发展。最后，为鼓励合理利用低丘缓坡土地资源拓展城镇和产业发展空间，各地要加大对利用低丘缓坡土地的市县的资金投入力度，支持低丘缓坡区域的基础设施和公共服务设施建设，以及生态环境保护项目的投入。

二 加强政府引导，鼓励社会资本参与投资

中原城市群各个城市加强政策引导和环境营造，积极吸引符合国家、省产业政策和中原城市群一体化发展的实际需要，具备良好的发展前景和显著的经济社会效益的战略投资者以及实力强大的企业集团入驻。对那些有利于中原城市群产业结构调整的战略性新兴产业、现代服务业企业等在所得税、营业税、增值税等方面给予一定的税收优惠。对于利用低丘缓坡区域从事工业生产的，且符合产业发展政策和导向，投资强度高的企业，尤其是属于国家重点支持的高新技术产业，在企业营业税、企业增值税和企业所得税等方面，给予一定的优惠；支持有条件的地区利用低丘缓坡区域发展旅游业、现代物流业等服务业。除此之外，中原城市群全面落实国家鼓励非公有经济发展的政策措施，积极探索让民间资本更加规范化和阳光化的道路，鼓励和引导优质的民间资本参与中原城市群一体化的建设与发展。具备条件的地区和生产领域，可在当地政府的引导下加强政府与社会资本的合作（PPP），进一步释放社会资本的活力和发展潜力，促进中原城市群一体化的纵深发展。

三 优化区域投资环境，提升区域整体竞争力

各地要加强协作，坚持深化改革、继续推进简政放权，取消和下放行政审批事项，研究探索负面清单管理模式，切实为市场主体松绑，把市场活力和增长动力充分激发出来。形成合力逐步消除各地经济协同发展的政策性障碍，构建起统一、有序的市场准入、法制和服务环境，提升中原城市群整体的竞争实力。首先，全面加强中原城市群在资源配置、产业布局、融资、对外开发协作、一体化公共服务及其他重大工作上的统筹协调和争议问题协商处理，加强各个城市政策的互联互通互用，构建行政服务和政策支持的"绿色通道"和共享共通的投资优惠政策。其次，各个城市共同清理和修订阻碍要素合理流动的法规和政策，制定并实施统一的市场准入政策，营造中原城市群公平合理、互通共利、统一规范的市场准入环境；整合各市工商部门的行政监管力量，增强对跨地区经济违法查处的针对性，增强中原城市群各个城市市场监管的联动性；根据产业分类统一市场服务规范、统一服务标准和统一信息发布制度，突出区域公共服务的公平、公正

和规范性，提高行政指导的统一性和行政保护的有效性。最后，加强中原城市群区域信用体系建设。以完善信贷、纳税、合同履约等信用记录为重点，推进区域社会信用信息交换共享，规范信用服务行业发展，开展联合监督管理，构建"信用城市群"，有效改善中原城市群区域投资的软环境。

第三节　强化金融政策支持

金融是支持区域经济发展的核心动力，金融合作是区域合作的重要支撑。积极构建区域金融协调机制，加强区域金融基础设施建设，优化区域金融生态环境，有利于破解中原城市群金融服务不足、企业项目融资困难等突出障碍，为中原城市群一体化发展提供强劲的动力支持。

一　构建区域金融协调机制，强化区域金融资源综合管理

构建完善的区域金融协调机制，探索实施区域金融一体化战略，有利于加强地区间的金融合作。省政府金融部门加强对各地的指导，支持其筹建中原城市群区域金融合作发展委员会，作为中原城市群区域金融合作的领导机构和利益协调机构。其主要职责，在决策层面负责建立中原城市群区域联席会议制度和经济金融信息共享机制，制定中原城市群区域统一的金融合作方针及政策，规划中原城市群区域金融合作的总体框架蓝图。在协调层面，每半年召开一次例会，就中原城市群区域重大的金融合作事宜进行商讨协调。公平、妥善地处理和协调可能出现的地区间利益冲突，强化区域金融合作的系统性及可操作性，确保区域金融合作的顺利推进。在执行层面，对外口径一致，对内整合经营中原城市群区域内的金融资源，紧密围绕金融服务实体经济的目标，促进金融资源要素在区域内的优化配置和高效利用。另外，允许各城市的金融机构打破行政区划，在中原城市群区域范围内开展金融业务。中原城市群区域金融合作发展委员会对金融机构及其开展的业务保持关注和监督。

二　大力培育引进金融机构，重视区域金融基础设施建设

中原城市群各个城市要加大培育、引进金融机构的力度，积极争取国家开发银行、农业发展银行等政策性银行，加大基础设施建设中长期融资

贷款规模，支持实力强大的金融机构进驻，鼓励其建立区域金融综合基地；整合中原城市群金融资源，组建区域性金融机构，支持融资性担保机构的发展。鼓励本土的金融机构加快发展，鼓励民间资本依法设立或参与组建金融租赁公司、消费金融公司、村镇银行等金融机构。支持区域内符合条件的企业通过上市挂牌、发行债券、引入私募股权基金等方式进行融资，鼓励其探索资产证券化等其他创新融资方式。支持区域内法人金融机构和企业在银行间市场发行债券融资工具，探索通过区域集优融资模式助推中原城市群区域战略性新兴产业的发展。与此同时，中原城市群各市要重视和加强区域支付结算平台、区域票据交换中心、区域信用卡管理中心等金融基础设施建设，为区域金融合作过程中的信息流、资金流、人才流提供渠道，并降低交易成本，提升中原城市群金融行业的整体水平。

三 优化区域金融生态环境，全力提升区域金融服务水平

良好的区域金融生态环境是经济成长的主要动力，也是社会稳定和谐的重要保障。中原城市群各个城市在区域金融合作发展委员会的指导下，加强发展改革、金融、司法等部门的合作，共同改善金融法治环境，严厉打击逃避金融债务行为，加快中原城市群区域信用体系的建设。加大对中介机构行业的整顿规范，严格行业准入和行业监管，并从政策上扶持专业性的中介机构的发展，提高行业竞争性和自律性，促使中介机构提升业务水平和诚信水平。建立区域金融专业人才培训制度，加强金融人才的培育。加深各方银政企的对口交流和直接对接，共同营造良好的区域金融发展环境，以此提升金融支持区域经济发展的能力，实现金融与区域一体化发展的良好互动。

第四节 强化土地政策支持

土地资源是经济社会可持续发展的重要支撑，土地政策更是促进产业结构优化升级的有效抓手。目前，中原城市群一体化发展面临着保障发展和保护资源"两难困境"的制约，如何在国家土地政策许可的范围内，制定促进中原城市群一体化发展的土地政策，协调好区域内部不同功能用地之间的矛盾，是加快中原城市群一体化发展的关键点之一。

一　制定区域性土地利用规划，统筹管理区域土地资源

各相关省国土部门根据中原城市群区域土地资源的禀赋条件及生态环境，以优化中原城市群区域产业布局，把握合理的城市发展功能定位为重点，科学编制中原城市群区域性土地利用规划，提出中原城市群区域土地利用战略，明确土地利用目标、任务和管理措施。同时，要做好与中原城市群其他区域性重大规划的衔接。在土地利用计划安排上，各个省新增建设用地指标适度向中原城市群区域倾斜，区域的重大基础设施和重大产业项目等用地优先列入各个省土地利用年度计划。支持中原城市群区域符合条件的县（区、镇）开展城乡建设用地人地挂钩试点。中原城市群在各省国土部门的指导下，合作筹建中原城市群土地收购储备机构，加快土地储备工作的改革创新，提高区域土地整理、储备的效率和力度；建立中原城市群土地利用信息基础数据库系统，完善各地多部门联动监管机制，加强区域内部各类土地利用的动态监管；争取国家批准中原城市群区域开展农村集体经营性建设用地流转，农村宅基地有序退出和农村宅基地抵押、担保、转让等试点，加快成立中原城市群区域城乡统一土地交易市场。土地交易中心总部可设在郑州市，另在各个城市设立办事处。区域内的国有土地产权、农村集体经营性建设用地产权等交易都放在该交易中心进行。

二　积极盘活存量建设用地，提高区域土地集约利用水平

相关各省政府将中原城市群区域列入各省节约集约用地示范区，各省国土部门加紧制定中原城市群区域层面的土地节约集约利用和开发强度控制整体思路和策略。中原城市群各市国土资源管理部门加强合作，根据中原城市群统一的产业政策，合理编制《中原城市群区域产业用地标准》，严格项目用地准入门槛。通过实行产业差别化的供地导向，大力保障产业集聚区、城市新区、商务中心区等重点区域用地需求；保障各地重大招商引资项目，尤其是先进制造业、战略性新兴产业、现代服务业等鼓励发展的产业项目用地，禁止对"三高两低"项目、落后产能项目和不符合产业转型升级及规划布局的项目供地。鼓励中原城市群区域实行土地利用资源、效能、机制"三位一体"的全生命周期管理模式，探索建立工业用地弹性出让和年租制度以及存量低效建设用地退出机制；鼓励制定存量低效和闲

置产业用地加快流转奖惩结合的管理办法，支持探索低效和闲置土地的"市场化"二次开发机制，提升区域土地利用效率。

三 合理开发利用低丘缓坡，拓展城镇和工业发展空间

争取中央将中原城市群列入国家开发利用低丘缓坡未利用地实施工业和城镇建设的试点地区。鼓励区域内部具备条件的县（区）、镇利用低丘缓坡土地资源建设坡地新区或低丘缓坡型产业集聚区。允许使用低丘缓坡土地资源开展建设活动的地区适时开展土地利用总体规划评估修改试点，定向单列土地利用年度计划指标；对于使用低丘缓坡荒地发展城镇和各类工业项目的，可适当降低建设用地容积率和建筑系数，实行建设用地征转分离审批；项目区范围内保留的地貌景观和生态保护用地，可只办理土地征收，不再办理农用地转用审批手续；对使用低丘缓坡未利用地发展工业项目的，土地出让金最低标准按照《全国工业用地出让最低价标准》的15%～50%执行；对低丘缓坡型产业集聚区前期开发建设配套的水、电、路、暖等基础设施，免缴省级新增建设用地土地有偿使用费；试点项目实施期间，项目用地的开发利用不纳入土地卫片执法范畴。

第五节　强化人才政策支持

人才是科技进步和经济社会发展最重要的资源，实施区域人才合作战略则能够成为区域一体化发展的重要抓手。中原城市群各地应当尽早达成共识，通过制定和实施区域人才合作战略，将中原城市群区域建设成为人才集聚高地，为中原城市群一体化发展提供强有力的人才支撑。

一 制定区域人才合作政策，促进人才资源合理流动

中原城市群要坚持自主培养和引进国内外人才并重，开展多领域、多层次、多形式的人才合作，实现区域人才资源的合作与共享。首先，积极实施中原城市群人才培育项目。设立中原城市群区域人才培养专项基金，依托高等院校、职业技术学校和企事业单位，加强科研、经营管理和公共服务高层次人才和技术技能型人才培养。鼓励各市共建人才创新创业载体，共同创办高水平科技研发中心。其次，重视推进各市人才交流和共享。郑

州、洛阳等城市要有计划地向其他地区输出人才，其他各市应组织相关部门总结梳理培养民营企业家队伍的好经验、好做法，并在中原城市群区域范围内进行交流和推广。各市政府部门之间、企业之间，以及政企之间可广泛开展挂职锻炼、任职交流、短期实训等多种形式的人才培养工作。积极鼓励各地联合或各自与发达地区开展人才交流，重点是企业经营管理、高新技术专家等各领域人才的交流和培训，全面提升中原城市群区域人才的创业创新能力。再次，加大人才引进力度。实施高层次人才引进计划，加大财政投入和强化激励保障，引进具有国际化视野的高层次经营管理人才和企业家领军人物，引进急需的创新科研团队和科技领军人才；鼓励与国外机构合作设立海外人才工作站，实现海外引才引智常态化。加快构筑起中原城市群人才高地，为中原城市群一体化发展提供强有力的人才支撑。最后，构建一方引进、多方使用机制，实现区域的人才资源共享，如建立各市引进两院院士、长江学者等高层次人才信息库，逐步实现高层次专家资源和智力成果共享。

二　创新区域人才管理服务，促进各类人才发挥作用

建立健全中原城市群一体化的人才管理与服务体系，为中原城市群区域培养和吸引更多紧缺急需、高素质高层次等人才资源。建设中原城市群统一开放的人才市场体系，消除地区障碍，引导人才合理有序流动。中原城市群各城市要协商制定有关的章程、协议，建立人才信息共享和发布机制。探索设立郑巩洛地区区域人才网联盟，实现人才网联盟各成员网站的跨网查询、无限制浏览和有条件下载，破解各地区人才信息分散、标准不一致的问题，推动郑巩洛地区区域人才公共服务信息化水平的整体提升。推进人力资源公共服务系统的联网贯通和信息资源共享，制定统一的人力资源服务网络管理政策，促进人力资源服务机构一体化发展。建立统一规范、高效共享的人才交流平台，联合发布人力资源公共服务信息、薪酬调查报告和年度人才供求报告。深化人事代理合作，推进开展相互委托的异地人事代理、人才租赁（派遣）、人才测评等服务。积极推进人才智力资源共享，实现区域人才培训和考试资源共享，推进职业资格证书互认；探索建立评委库专家、高层次人才、博士后工作站资源共享和专业技术资格证书互认，促进职称业务联动办理。开展劳动人事争议仲裁协作，互设人才

工作站。建立相互包容的社会保障制度,加快医疗保险制度衔接,实现各市企业职工基本养老保险关系转移接续,加强社会保险经办合作。

三 完善人才评价激励机制,激发人才创新创业活力

人才是发展的第一资源,创新人才分配激励机制,建立健全以政府奖励为导向、用人单位和社会力量奖励为主体的人才奖励制度,有助于中原城市群"留住人才"和实现"人尽其才"。弘扬重实绩、讲贡献的社会价值取向,让创造一流业绩的一流人才能够获得一流的报酬,有效激发中原城市群区域人才创新创业活力。切实建立起以业绩和能力为导向的专业技术资格、职业技能水平评审鉴定制度,健全创新型人才及团队的选拔、培养、评价和激励机制。将按劳分配与按生产要素分配结合起来,探索资本、技术等要素参与分配的多元化方式,形成人员能出能进、岗位能上能下、待遇能升能降的用人机制。鼓励科技成果等生产要素参与收益分配,支持知识产权的创造和运用,探索建立期权及股权分配等多种形式的人才激励机制,推进按要素贡献大小参与分配的改革。

第六节 强化产业政策支持

中原城市群作为国家重要的经济板块,必须有强大和完备的产业体系作支撑。制定实施符合区域实际情况的、具有前瞻性、指导性和可操作性的产业政策,搭建区域产业交流合作的平台,推进交通、信息等重要基础设施建设,夯实一体化发展根基等,有利于加快促进各地的产业融合发展和结构优化升级,加快培育中原城市群区域的现代产业体系。

一 强化政策统筹协调,深化区域产业合作

各省要加强对中原城市群产业发展的政策支持和协调,由各省发改委组织编制《中原城市群产业布局一体化发展规划》,明确中原城市群各自的产业方向和定位,促使区域产业梯度转移、形成错位发展的产业分工格局;指导各个城市研究制定《产业发展重点支持目录》,引导地区社会投资方向,促进产业融合发展,着力提升区域产业竞争力。制定统一规范的产业准入机制,加强生态环境保护,抑制市场无序开放和地方政府间无序

竞争。鼓励探索实行跨区域的财税分配和经济指标统计制度，逐步建立利益补偿机制，鼓励投资主体跨行政区域的横向经济联合、投资或产业转移等活动，提高产业集中度。各省财政部门运用贷款贴息、研发补助、租金补贴及引导担保机构金融融资担保等方式，对重点产业项目给予扶持。各省安排节能减排和能源消费总量指标，适度向中原城市群区域倾斜。支持中原城市群开展直供电试点，培育发展产业集群。支持该区域逐步建立生态补偿机制，对因资源保护而牺牲发展利益的生态发展区给予补偿等。中原城市群各市通过每年举行的市长联席会议，就区域内投资新建重大产业项目和重要产业基地发展及其涉及的经济利益等重大问题进行协商，给予解决。

二　搭建产业合作平台，加强区域产业对接

鼓励中原城市群探索建立产业集聚区联盟，以产业集聚区合作共建，带动区域企业交流、要素流动、技术溢出、人才培养等，形成区域产业发展的利益共享格局。中原城市群各市积极筹办市场转移对接洽谈会，为中原城市群各市增进相互了解、相互推介、深度合作搭建交流平台，促进各地产业的对接合作；深化各地科技合作，共建科技支撑体系，打造若干开放共享的重大技术创新平台和孵化基地。加强重点实验室、企业技术中心、产业技术创新平台、工程技术研发中心、国家级检测平台和企业研究院等载体建设，整合和优化配置创新服务资源。建设区域旅游集散服务中心和电子商务平台，打造一体化营销网络；加强国际产业合作，健全区域对外投资服务体系，鼓励有条件的优势企业到国外建立生产基地、研发中心、营销中心和经贸合作区，并通过各类有效平台，引导国际优秀科技资源与中原城市群产业对接。

三　推进重大基础设施建设，夯实一体化发展基础

各省在重大基础设施建设项目上向中原城市群倾斜，统筹各地的交通规划与建设，加快构建适应一体化发展的，布局合理、衔接紧密、内通外联、便捷高效的现代综合交通运输体系；强化区域信息基础设施一体化建设，全面提升区域信息网络承载能力。重点提高中原城市群各个城市之间信息交换能力，实现信息互通共享的"同城效应"，促进区域物流、人

流、信息流的自由流通。引导郑州、洛阳等城市充分发挥交通枢纽优势，加快物流资源、物流企业跨地区整合，建立物流联盟。鼓励中原城市群各地利用重要交通干道沿线的低丘缓坡荒地，建设一批综合性和专业性物流中心。

第十七章 促进中原城市群一体化发展的保障措施

抓住机遇，开拓创新，探索建立适应中原城市群一体化发展要求的体制机制，打破阻碍一体化发展的行政壁垒，加强组织领导，突出规划引领，着力制度创新，营造优越环境，建立协调机制和强化法治保障，为中原城市群一体化发展提供强大动力和体制机制保障。

第一节 加强组织领导

切实加强对促进中原城市群一体化发展的领导作用。成立由各省主要领导担任组长，省直相关部门和各城市市委、市政府负责同志为成员的中原城市群一体化发展协调领导小组（以下简称"领导小组"），加强对中原城市群一体化发展的领导。领导小组下设办公室，具体负责落实领导小组确定的重大事项，研究制定中原城市群一体化发展规划、重大项目布局、政策措施。领导小组要加强与国家部委等有关部门的沟通衔接，强化与周边省份的互动合作，扎实推进工作开展。省直有关部门要按照职能分工，根据规划提出的各项工作任务和改革措施，尽快制定出台相关配套政策措施，推动人口、土地、资金、住房、生态环境等方面政策和改革举措形成合力。中原城市群各市要建立联席会议制度，共同设立专门机构，抽调专门人员，具体牵头组织推进中原城市群一体化发展的各项工作。

第二节 突出规划引领

在国家、各省有关部门的指导下，科学编制中原城市群一体化发展规划，研究出台《关于促进中原城市群一体化发展的指导意见》，有关部门要尽快编制《中原城市群主体功能区规划》《中原城市群资源综合利用规划》《中原城市群综合交通发展规划》《中原城市群重大支撑项目行动计划》《中原城市群环境保护与建设规划》以及《中原城市群公共服务发展规划》等相关专项规划，科学制定中原城市群一体化发展的实施方案和三年行动计划，明确发展思路、发展目标、发展重点和政策措施，科学指导中原城市群一体化发展。借助编制国民经济和社会发展第十三个五年规划的重大机遇，科学谋划中原城市群一体化发展。加强中原城市群各市发展战略、经济社会发展规划、城乡规划、土地利用规划等重大战略和规划的衔接协调，联合制定和实施中原城市群基础设施互联互通、产业协作、环境保护、旅游合作、教育培训等专项规划，联合开展重大设施衔接规划、重点地区整合规划和城乡一体化规划等研究和编制工作，增强一体化发展的协调性和整体性。

第三节　着力制度创新

创新经济社会发展体制机制，认真贯彻落实党的十九大、十九届一中全会精神，围绕制约中原城市群一体化发展的突出障碍、群众反映强烈的突出问题深化改革，深入破解人口、土地、资金等要素制约和难题。创新新型城镇化发展体制机制，以农业转移人口市民化成本分担机制的持续探索为基础，深入破除城市内部二元结构，积极探索一体化发展的户籍制度、土地保障机制、资金多元筹措机制和生态环境保护制度。创新社会治理体制机制，改进社会治理方式，坚持系统治理，加强党委领导，发挥政府主导作用，鼓励和支持社会各方面参与，建立重大群体性事件、食品药品安全、重大疫情、安全生产事件等领域应急和防范协同处理机制，正确处理政府和社会关系，激发社会组织活力，创新有效预防和化解社会矛盾体制，健全公共安全体系。创新行政审批体制机制，共同推广"一站式服务""网上办事"和"网上审批"，开辟一体化建设重大项目"绿色通道"，制定和完善市场"负面清单"、政府"责任清单"和"权力清单"，激发市场活力。

第四节　营造优越环境

环境作为"软实力"，日益成为区域经济发展的核心竞争力。要切实增强环境是第一竞争力、核心竞争力的意识，把营造发展环境作为一项战略任务、系统工程，为中原城市群一体化发展提供良好的环境支撑。营造秀美宜居的生态环境，按照"宜林则林、宜农则农、宜建则建"的原则，加强低丘缓坡土地资源的有效开发与利用，沿宜林荒山、铁路、公路建设绿化带，维护农田林网绿色空间，加快形成中原城市群境内黄河、伊河、洛河等沿河的重要生态廊道，共同构筑以伊洛河水系和道路绿化、农田林网为主要框架的网络化生态廊道。加强环保信息沟通，公开跨界重点污染源信息，联合整治工作计划及实施进度，对可能造成跨区域污染的重大建设项目实施环评联审，共同研究制定跨界流域和区域的限批、禁批办法，严格控制高污染、高耗能项目的审批立项，探索建立地区间排污权交易制度。营造廉洁高效的政务环境，结合新一轮政府机构改革，以转变职能、简政放权为突破口，率先推进政企、政事、政社、政资分开，推动政府职能向创造良好发展环境、提供优质公共服务、维护社会公平正义转变。营造积极进取的人文环境，充分发挥中原城市群丰富的历史文化资源优势，广泛利用新闻媒体、网络开展丰富多彩的公益性文化活动，从舆论宣传上形成中原城市群一体化发展的文化氛围。

第五节　建立协调机制

建立合作共赢、共建共享的发展协调机制。各个城市要以"开放、宽松、公平、高效"为准则，积极探索和建立适合一体化发展的人口迁移政策，土地使用政策，就业、养老、失业、医保政策，互通互惠各种优惠政策。按照互惠互利的原则，通过经济纽带和市场化运作方式，切实加强在重大规划问题上的协调衔接，促进基础设施、社会事业设施的共建共享。建立相互帮扶机制，充分发挥郑州、洛阳等城市的扶持和带动作用，加大贫困点扶贫开发力度，着力促进中原城市群全面协调可持续发展。建立资源统筹配置机制，实行资源跨地区、跨部门、跨行业优化配置，对土地、原材料、能源、教育、科技、人才、知识产权、信息、管理、旅游等资源，要重构无障碍共享机制，实现互利共赢。建立环境联治机制，建立水环境综合整治、空气污染防治、防沙治沙、生态林业建设等区域环境保护一体化政策体系，实现环境管理制度的整体对接。建立定期协商机制，各市政府及相关部门每年定期召开联席会议，交流发展情况，共商基础设施建设、产业发展和布局、共同市场开拓及利益共享等重大问题，协调解决区域经济一体化过程中的困难，提高各地协调联动的效率。

第六节　强化法治保障

建立保障中原城市群区域经济合作的法律法规体系，按照法治优先原则，建立有利于进行跨行政区建设和管理的法律法规体系，从根本上扭转各自为政、缺乏协调的局面。改善法制环境，增强政府、企业和个人的法制保障意识，完善政府、企业、社会共同运作的诚信体系和责任追究制度。建立健全中原城市群一体化的法律服务市场，为区域内各级政府、各类企业和个人的法律服务需求提供统一的服务平台。加快推进相关立法工作，研究中原城市群一体化推进过程中的户籍管理、社会保障、土地利用、生态环境建设、公共服务设施建设、投资促进等新情况新问题，及时将实践中的好经验上升为地方性法规、规章，及时清理并修改与中原城市群一体化发展不相适应的地方性法规、规章、规范性文件，促进中原城市群一体化发展的规范化、科学化。积极推进公共决策公示、公共听证和专家咨询论证制度，确保决策民主、程序正当、结果公开。严格规范征地拆迁和补偿行为，依法解决矛盾和纠纷，维护群众合法权益。

参考文献

1. 刘道兴、谈得胜：《郑巩洛一体化发展研究》，河南出版社，2016。

2. 喻新安等：《经济新常态与河南发展新方略》，经济管理出版社，2015。

3. 喻新安等：《新型城镇化引领论》，人民出版社，2012。

4. 王发曾：《新型城镇化引领三化协调科学发展》，人民出版社，2012。

5. 喻新安、顾永东：《中原经济区策论》，经济管理出版社，2011。

6. 喻新安等：《中原经济区研究》，河南出版社，2010。

7. 刘道兴、吴海峰：《转型与升级——郑洛工业走廊发展研究》，河南出版社，2010。

8. 王发曾、刘静玉等：《中原城市群整合发展研究》，科学出版社，2007。

9. 喻新安、陈明星：《中原崛起目标的提出与深化》，《中州学刊》2010年第3期。

10. 喻新安：《建设中原经济区若干问题研究》，《中州学刊》2010年第5期。

11. 喻新安：《转型崛起：河南的必然选择与理性决断》，《黄河科技大学学报》2010年第3期。

12. 吴海峰：《关于中原经济区发展布局的思考》，《"科学发展与区域转型"学术研讨会论文集》，2010。

13. 河南省人民政府：《河南林业生态省建设规划》，2007。

14. 吴海峰：《加强南水北调、城镇环境保护和绿地系统建设》，《"探索环境保护新道路 推动河南生态省建设"高峰论坛论文集》，2010。

15. 人口长期均衡发展课题组：《以科学发展为主导，构建人口均衡型社会》，《人口研究》2010年第5期。

16. 喻新安、陈明星：《转变农业发展方式要有新思路》，《经济日报》2010年5月24日，第10版。

17. 陈耀：《新时期中国区域竞争态势及其转型》，《中国经济时报》2005 年 6 月 17 日。

18. 杨兰桥：《推动中原城市群抱团融合发展》，《河南日报》2017 年 3 月 25 日。

19. 杨兰桥：《科学把握河南构建现代市场体系的着力点》，《决策参考》2017 年第 7 期。

20. 杨兰桥等：《用新的理念谋划河南"十三五"发展》，《决策参考》2015 年第 11 期。

21. 杨兰桥：《大力开创河南区域发展新局面》，《河南日报》2014 年 10 月 8 日。

22. 杨兰桥：《构建大中原城市群的战略思考》，《区域经济评论》2014 年第 7 期。

23. 杨兰桥：《我国新型城镇化发展趋势探讨》，《区域经济评论》2013 年第 11 期。

24. 省政府研究室课题组：《加快推进我省现代市场体系建设》，《河南日报》2014 年 12 月 17 日。

25. 刘晓萍：《加快推进河南现代市场体系建设》，《河南日报》2014 年 12 月 5 日。

26. 朱晓杰：《河南现代市场体系进程的测度》，《管理工程师》2015 年第 4 期。

27. 侯丽芳：《加快构建郑州现代市场体系研究》，《中共郑州市委党校学报》2015 年第 2 期。

28. 皇甫小雷：《关于河南省加快构建现代市场体系的战略思考》，《决策探索》2015 年第 1 期。

29. 廖富洲：《加快构建河南现代市场体系的着力点研究》，《黄河科技大学学报》2015 年第 9 期。

30. 刘雨平：《转型期城市形态演化的空间政策影响机制——以扬州市为例》，《经济地理》2008 年第 4 期。

31. 唐兵：《我国市管县体制的反思与改革趋向》，《理论与改革》2008 年第 1 期。

32. 吕娥：《加快建设公共服务型政府的若干建议》，《中国改革》2007 年第

10 期。

33. 韩兆柱、司林波：《论转型期地方政府职能转变与重新定位》，《学习论坛》2007 年第 3 期。

34. 薛亮：《我国农业科技发展面临的重大挑战》，《学习时报》2011 年 2 月 21 日，第 7 版。

35. 张锐、吴海峰、陈明星：《全面提升农田水利建设水平》，《经济日报》2011 年 1 月 31 日，第 13 版。

36. 宋衍涛：《对中国区域经济平衡发展的理性思考》，《理论导刊》2007 年第 10 期。

37. 袁政：《区域平衡发展优势理论探讨——城市相互作用理论视角》，《武汉大学学报》2010 年第 5 期。

38. 王琴梅：《转型期区域非均衡协调发展的机制及其构建制度创新》，博士学位论文，西北大学，2006。

39. 牛文元：《可持续发展理论的基本认知》，《地理科学进展》2008 年第 3 期。

40. 蔡昉：《"工业反哺农业、城市支持农村"的经济学分析》，《中国农村经济》2006 年第 1 期。

41. 茆志英、李晓明：《新时期工业反哺农业的机制和政策研究》，《农业现代化研究》2007 年第 4 期。

42. 洪磊：《探析我国"工业反哺农业"的原则》，《商场现代化》2006 年第 6 期。

43. 洪银兴：《工业和城市反哺农业、农村的路径研究——长三角地区实践的理论思考》，《经济研究》2007 年第 8 期。

44. 曾祥炎：《工业反哺农业应遵循农村经济发展次序》，《南华大学学报》2005 年第 8 期。

45. 王建增：《论城乡一体化利益协调机制的构建》，《河南师范大学学报》2011 年第 1 期。

46. 陈明星：《"十二五"时期统筹推进城乡一体化的路径思考》，《城市发展研究》2011 年第 2 期。

47. 牛帅、朱选功：《河南省科技资源优化配置研究》，《平顶山学院学报》2013 年第 2 期。

48. 刘小可：《河南省科技资源优化配置对策研究》，《创新科技》2015 年第 7 期。

49. 孟冬冬：《河南省科技资源的优化配置》，《南都学坛》2015 年第 1 期。

50. 隗玮：《对科技资源开放共享发展思路及其开发利用能力提升的探索》，《科技通报》2014 年第 3 期。

51. 刘剑：《科技资源优化配置提高集合创新力研究》，《科学管理研究》2014 年第 4 期。

52. 霍文惠、杨运杰：《工业化理论研究新进展》，《经济学动态》2010 年第 3 期。

53. 吴敬琏、江平：《洪苑评论》，中国政法大学出版社，2005。

54. 柏程豫：《建设紧凑型城市的若干思考》，《中州学刊》2010 年第 4 期。

55. 黄桂荣：《从社会结构转换视角看城乡经济社会一体化》，《社会主义研究》2010 年第 5 期。

56. 刘伟、张士运等：《我国四个直辖市城乡一体化进程比较与评价》，《北京社会科学》2010 年第 4 期。

57. 廖元和：《重庆市统筹城乡综合配套改革的背景与战略思路》，《开放导报》2007 年第 8 期。

58. 曾翔：《实施差异化发展战略推进武汉城市圈综合配套改革》，《江汉大学学报》2008 年第 6 期。

59. 陈修文：《西部大开发青海重大项目布局研究》，《青海社会科学》2003 年第 1 期。

60. 赵雪莲：《可持续发展宏观经济调控政策体系比较研究》，博士学位论文，新疆大学，2006。

61. 朱斌：《统筹城乡发展制度创新研究》，博士学位论文，苏州大学，2006。

62. 刘洪彬：《基于集群理论的统筹城乡发展研究》，博士学位论文，东北林业大学，2006。

63. 陆杰华、朱荟：《建设人口均衡型社会的现实困境与出路》，《人口研究》2010 年第 4 期。

后　记

　　新中国成立以来，随着我国区域经济的不断发展，城市群不断兴起和壮大，已成为我国推进新型城镇化的主体形态和支撑带动全国经济社会发展的重要力量。自从 2003 年中原城市群构想提出到 2016 年国家批复《中原城市群发展规划》以来，中原城市群经济社会发展总体上呈现出好的态势、好的趋势、好的气势，已站在一个新的历史起点上。以中原城市群为研究对象来探讨城市群一体化发展问题，既是城市群发展的本质要求，也是城市群发展的客观需要，对于城市群自身发展壮大和支撑全国经济社会发展大局，具有十分重要的意义。

　　本书用全局的眼光、系统的思维和区域经济的理念，在深刻阐释推进中原城市群一体化发展的战略意义的基础上，系统研究了推进中原城市群一体化发展的现实基础、总体思路，同时对中原城市群全面深化改革、构建现代市场体系、构建现代城镇体系、产业分工合作、交通设施一体化布局、社会事业发展、生态环境共建等方面进行了深入探讨，并提出了推进中原城市群一体化发展的保障体系，以期为我国城市群一体化发展提供理论和决策参考。

　　本书在写作过程中参阅了河南省社会科学院原院长喻新安研究员、河南省社会科学院原副院长刘道兴研究员、河南省社会科学院文学研究所原所长卫绍生研究员，以及郭小燕研究员、唐晓旺研究员、杨波研究员、赵执助理研究员、彭俊杰助理研究员等的研究成果，得到了河南省社会科学院创新工程的资助出版，在此一并谢过。

　　本书研究探讨的中原城市群一体化发展是当前中国区域经济发展面临的一个热点问题，由于水平所限，书中的不足之处在所难免，敬请广大读者批评指正。

作　者

2018 年 2 月于郑州

图书在版编目(CIP)数据

中原城市群一体化发展研究／杨兰桥著. -- 北京：
社会科学文献出版社，2018.11
（中原学术文库. 青年丛书）
ISBN 978 - 7 - 5201 - 3887 - 1

Ⅰ.①中… Ⅱ.①杨… Ⅲ.①城市群 - 经济一体化 -
研究 - 河南 Ⅳ.①F299.276.1

中国版本图书馆 CIP 数据核字（2018）第 252552 号

中原学术文库·青年丛书
中原城市群一体化发展研究

著　　者／杨兰桥

出 版 人／谢寿光
项目统筹／任文武
责任编辑／王玉霞　李艳芳　刘如东

出　　版／社会科学文献出版社·区域发展出版中心　（010）59367143
　　　　　地址：北京市北三环中路甲 29 号院华龙大厦　邮编：100029
　　　　　网址：www.ssap.com.cn
发　　行／市场营销中心　（010）59367081　59367083
印　　装／三河市尚艺印装有限公司

规　　格／开本：787mm × 1092mm　1/16
　　　　　印张：15.5　字数：251 千字
版　　次／2018 年 11 月第 1 版　2018 年 11 月第 1 次印刷
书　　号／ISBN 978 - 7 - 5201 - 3887 - 1
定　　价／78.00 元